Mythos Atlantis

Inhalt

Die Erfindung der versunkenen Insel »Atlantis«

Antike und spätantike Rezeption

Amerika als »wiederentdecktes Atlantis«?

Atlantis und utopische Entwürfe

Atlantis als poetischer Fluchtort

Atlantis als Ursprung der Kultur

Atlantis in der »Science Fiction« und in der Fantasyliteratur

Das Auge des Entdeckers

Und da so viele Welten vergessen werden
Wer sind sie die großen Vergesser
Wer ist es der uns Weltteile vorenthält
Wo ist der Kolumbus der schuld daran ist
daß ein Kontinent verschwindet

(nach Apollinaire)
Nicolas Born

(zwischen 1970 und 1972)

Die Erfindung der versunkenen Insel »Atlantis«

»Was war denn das für eine Geschichte, Kritias?«
aus Platon, *Timaios*

Platon

Timaios

[19b–e]

[...] 2. *Sokrates.* So hört denn jetzt im Anschluss, wie es mir im Blick auf den Staat, den wir entworfen haben, ergeht. Meine Empfindung ist etwa derart wie bei einem, der schöne Tiere betrachtet – seien sie gemalt oder auch wirklich lebendig, aber regungslos, und der jetzt den Wunsch verspürt, sie in Bewegung zu sehen, und wie sie in kämpferischer Aktion etwas von dem darbieten, was für ihre Körper charakteristisch zu sein scheint. [c] Genauso ergeht es mir mit der Stadt, die wir entworfen haben. Gern würde ich jetzt also hören, wie jemand von den Kämpfen erzählt, die die Stadt zu bestehen hat, wenn sie gegen andere Städte kämpft, in den Krieg zieht, wie es angemessen ist, und in der Kriegsführung eine ihrer Bildung und Erziehung würdige Probe ablegt, sowohl in der Ausführung der Taten als auch in Verhandlungen mit Worten gegenüber den jeweiligen Städten. Darin nun, Kritias und Hermokrates, [d] habe ich schon selbst das Urteil über mich gesprochen, dass ich niemals imstande wäre, die Männer und die Stadt gebührend zu preisen. Und bei mir ist das gar kein Wunder, aber ich habe dieselbe Ansicht auch über die Dichter der alten Zeit und auch der heutigen gewonnen, womit ich keineswegs die Dichterzunft herabsetzen will, aber es ist doch jedem klar, dass der Stamm der Nachahmer das, womit er aufwächst, sehr leicht und gut nachahmen wird, das aber, was außerhalb seiner Erziehung liegt, für jeden schwer in Taten, [e] noch schwerer aber in Worten gut nachzubilden ist. [...]

[20b–25d]

[...] Nachdem ich also meinen Auftrag erfüllt hatte, trug ich euch im Gegenzug auf, was ich jetzt darlege. Nach gemeinsamer Beratung habt ihr nun vereinbart, mir jetzt von eurer Seite das Geschenk eurer Reden abzustatten. [c] Und hier bin ich, geschmückt dazu und von allen am meisten bereit, es in Empfang zu nehmen.

Hermokrates. Ganz richtig, Sokrates, wie Timaios hier schon gesagt hat, werden wir es auf keinen Fall hierzu an Bereitschaft fehlen lassen, und es gibt für uns keinerlei Vorwand, dies nicht zu tun. Deshalb haben wir auch gestern sofort nach unserer Ankunft in dem Gästezimmer bei Kritias, wo wir beherbergt werden, und schon vorher auf dem Weg ganz genau darüber nachgedacht. Dieser hat uns eine Geschichte aus alter Überlieferung erzählt. [d] Trag diese jetzt auch dem Sokrates vor, lieber Kritias, damit auch er sein Urteil abgibt, ob sie zur Erfüllung des Auftrags geeignet ist oder nicht.

Kritias. So soll es geschehen, wenn auch der Dritte im Bund, Timaios, einverstanden ist.

Timaios. Einverstanden.

Kritias. So höre also, Sokrates, eine höchst ungewöhnliche, aber völlig wahre Geschichte, wie Solon, der weiseste unter den Sieben Weisen, einst versicherte. [e] Er war nämlich, wie er selbst an vielen Stellen in seinen Dichtungen sagt, ein vertrauter und guter Freund meines Urgroßvaters Dropides. Zu meinem Großvater Kritias sagte er, wie auch der alte Mann mir gegenüber häufig erwähnte, dass die Stadt in alter Zeit große und bewundernswerte Leistungen vollbracht habe, die im Laufe der Zeit und durch das Hinschwinden von Menschengenerationen in Vergessenheit geraten sind. Von allen aber sei eine die größte; [21a] daran jetzt zu erinnern dürfte für uns angemessen sein, um auf diese Weise dir den Dank abzustatten und zugleich die Göttin anläßlich ihres Festes in einer Art Hymnos gebührend und wahrhaftig zu preisen.

Sokrates. Das hast du schön gesagt. Aber von welcher Leistung berichtete Kritias da, die nicht nur erzählt, sondern von dieser Stadt in grauer Vorzeit auch wirklich vollbracht wurde nach dem Bericht Solons?

3. *Kritias.* Ich will eine alte Geschichte erzählen, die ich von einem nicht gerade jungen Mann gehört habe. Denn damals war Kritias, wie er sagte, beinahe schon neunzig Jahre alt, [b] ich aber um die zehn Jahre; es war gerade der dritte Tag des Apaturienfestes. Die Feier nahm auch damals für die Jungen den gewohnten Verlauf. Die Väter hatten nämlich Preise für die besten Gedichtvorträge ausgesetzt. Es wurden also viele Gedichte vieler Dichter

rezitiert. Eine große Zahl von uns Jungen trug Werke Solons vor, da sie zu jener Zeit modern waren. Bei dieser Gelegenheit sagte jemand aus der gleichen Sippe, sei es, dass er es damals wirklich glaubte, sei es, weil er Kritias schmeicheln wollte, Solon sei seiner Meinung nach auf allen Gebieten der Weiseste gewesen [c] und auch in seiner Dichtung der hochherzigste aller Dichter. Der alte Mann, ich erinnere mich ganz genau, freute sich sehr und sagte mit einem Lächeln: »Wenn er nur, Amynandros, die Dichtung nicht nebenbei betrieben hätte, sondern mit dem gleichen Ernst wie andere, und die Geschichte, die er von Ägypten hierher mitgebracht hatte, vollendet hätte, und nicht wegen der Unruhen und anderer Übelstände, die er bei seiner Ankunft hier vorfand, gezwungen gewesen wäre, sie liegen zu lassen, [d] dann hätte nach meiner Meinung weder Hesiod noch Homer noch irgendein anderer Dichter ihn jemals an Ruhm übertroffen.« – »Was war denn das für eine Geschichte, Kritias?«, fragte er. Darauf Kritias: »Eine über die bedeutendste und sicher mit größtem Recht berichtenswerteste Tat von allen, die diese Stadt vollbracht hat, deren Kunde aber wegen der langen Zeit und wegen des Untergangs derer, die sie vollbrachten, nicht bis heute überdauert hat.« Und Amynandros: »Erzähl von Anfang an, was und wie Solon berichtet hat, und von wem er es als wahre Geschichte gehört hat.«

[e] Kritias begann: »Es gibt in Ägypten in dem Delta, um dessen Spitze herum sich der Nilstrom teilt, den sogenannten Saïtischen Bezirk, die größte Stadt dieses Bezirks aber ist Saïs – daher stammte übrigens auch der Pharao Amasis. Für die Bewohner ist eine Göttin die Gründerin ihrer Stadt, die auf Ägyptisch Neïth und auf Griechisch, wie jene berichten, Athena heißt. Sie nehmen in Anspruch, den Athenern sehr zugetan und in gewisser Weise mit ihnen verwandt zu sein. Dorthin also gereist, sei Solon, wie er erzählte, bei ihnen mit großen Ehren empfangen worden. [22a] Er habe sich dann einmal bei den Priestern, die am meisten darüber wussten, nach der alten Zeit erkundigt und habe dabei geradezu die Erfahrung gemacht, dass weder er selbst noch irgendein anderer Grieche sozusagen auch nur das Geringste über derlei Sachverhalte wisse. Einst habe er in dem Wunsch, sie zu Erzählungen über die alten Zeiten zu veranlassen, sich daran gemacht, über die ältesten der hiesigen Ereignisse zu berichten, über Phoroneus, der als der erste Mensch bezeichnet wird, und Niobe; und dann habe er die Geschichte von Deukalion und Pyrrha erzählt, wie sie nach

der großen Flut sich durchschlugen, [b] habe dann die Abfolge ihrer Nachkommen aufgezählt und versucht, die Zeit zu berechnen, indem er sich die Anzahl der Jahre seit den erwähnten Ereignissen vergegenwärtigte. Darauf habe einer der Priester, ein hochbetagter, gesagt: ›Ach Solon, Solon, ihr Griechen bleibt doch immer Kinder und einen wirklich alten Griechen gibt es nicht!‹ ›Wie meinst du das?‹, habe er gefragt, nachdem er es vernommen. ›Jung seid ihr alle in euren Seelen‹, habe er geantwortet; ›denn ihr habt in ihnen keine durch altehrwürdige Tradition bewährte Meinung und kein mit der Zeit ergrautes Wissen. Die Ursache davon ist folgende: [c] Viele Vernichtungen der Menschen auf viele Arten hat es gegeben und wird es geben, die schlimmsten durch Feuer und Wasser, andere geringere auf unzählige andere Weisen. Denn auch bei euch erzählt man, dass einst Phaëthon, der Sohn des Helios, nachdem er den Sonnenwagen seines Vaters angeschirrt hatte, alles auf der Erde in Brand setzte, weil er nicht imstande war, die Bahn seines Vaters einzuhalten, und selbst vom Blitz getroffen zugrunde ging. Das erzählt man zwar in der Form eines Mythos, wahr aber daran ist, [d] dass es Bahnabweichungen bei den um die Erde kreisenden Himmelskörpern gibt und im Laufe langer Zeiträume periodische Vernichtungen des Lebens auf der Erde durch ein gewaltiges Feuer. Dann gehen alle, die in den Bergen und an hochgelegenen, trockenen Orten wohnen, eher zugrunde als diejenigen, die an Flüssen und am Meer leben. Uns aber rettet der Nil, der uns auch sonst erhält, auch dann aus dieser Not, indem er sich aus seinem Bett befreit. Wenn dagegen die Götter die Erde mit Wasser reinigend überschwemmen, dann bleiben zwar die Schafhirten in den Bergen am Leben, [e] die Bewohner der Städte bei euch werden aber von den Flüssen ins Meer gespült. In diesem Land hier fließt weder bei dieser noch bei anderer Gelegenheit Wasser von oben auf die Felder, im Gegenteil, alles Wasser kommt auf natürlichem Wege aus der Erde herauf. Daher und aus diesen Gründen bleibt alles hier erhalten und gilt deshalb als das Älteste. In Wahrheit ist es aber so: An allen Orten, wo nicht übermäßige Kälte oder Hitze es verhindern, gibt es immer bald eine größere, bald eine kleinere Menge von Menschen.

[23a] Was immer aber bei euch oder hier oder auch an einem anderen Ort, von dem wir durch Hörensagen wissen, (geschehen ist,) sofern irgendwo etwas Schönes, Bedeutendes oder sonst irgendwie Herausragendes sich ereignet hat, das alles ist von alters

her in den Tempeln hier verzeichnet und aufbewahrt. Bei euch und den anderen hingegen wird jedes Mal von neuem alles mit Schrift und allem anderen, dessen die Städte bedürfen, eingerichtet, und dann bricht wieder nach der üblichen Anzahl von Jahren wie eine Krankheit eine Flut vom Himmel herein und lässt nur die von euch zurück, die weder Schrift noch Kunst kennen; [b] daher werdet ihr immer wieder von neuem gleichsam jung – ohne Wissen von all dem, was es hier oder bei euch in alter Zeit gab.

Das, was du eben genealogisch über deine Landsleute hergeleitet hast, Solon, unterscheidet sich jedenfalls kaum von Kindergeschichten. Zunächst erinnert ihr euch ja nur an eine einzige Überschwemmung, obwohl es früher viele gab, sodann wisst ihr nicht, dass eurem Land der schönste und beste Menschenschlag entstammt, dessen Nachfahren (ihr), du und eure ganze heutige Stadt, seid, [c] weil einst ein kleiner Samen überlebte; aber das blieb euch verborgen, weil die Überlebenden viele Generationen hindurch ohne schriftliche Äußerungen starben. Vor der größten Verwüstung durch Wassermassen, Solon, war nämlich einmal die Stadt, die jetzt den Athenern gehört, die beste im Krieg und auch sonst in jeder Hinsicht mit einer hervorragenden Verfassung ausgestattet; von ihr sollen die schönsten Taten und die herrlichsten politischen Einrichtungen unter der Sonne, von denen wir jemals Kunde erhalten haben, verwirklicht worden sein.‹ [d] Nachdem er das gehört habe, sei er verwundert gewesen, sagte Solon, und von Begeisterung ergriffen habe er die Priester gebeten, ihm alles genau der Reihe nach über die damaligen Bürger zu berichten.

Der Priester habe erwidert: ›Ich will dir das nicht vorenthalten, Solon, sondern es um deiner und eurer Stadt willen, am meisten aber der Göttin zuliebe erzählen, die eure und unsere Stadt als Anteil erhalten, aufgezogen und unterrichtet hat, die eure tausend Jahre früher, [e] nachdem sie von der Erdgöttin Gaia und dem Feuergott Hephaistos euren Samen erhalten hatte, die unsere hier hingegen später. Für die Gründung hier bei uns ist in den heiligen Schriften eine Zahl von achttausend Jahren angegeben. Von den Bürgern, die vor neuntausend Jahren lebten, will ich dir in kurzen Worten die Gesetze darlegen und von ihren Taten die schönste, die von ihnen vollbracht wurde. In allen Einzelheiten wollen wir es der Reihe nach ein andermal [24a] in Ruhe anhand der Schriften durchgehen. Betrachte nun ihre Gesetze im Vergleich zu den hiesigen. Denn du wirst viele Beispiele der Sitten, die damals bei euch herrschten, hier jetzt wiederfinden, zuerst, dass der Stand der Priester von den anderen getrennt ist, dann dass von den Handwerkern jede Gruppe für sich allein und getrennt von den anderen ihr Handwerk betreibt und ebenso der Stand der Hirten, Jäger und Bauern. [b] Und so bemerkst du wohl auch, dass der Kriegerstand hier von allen anderen abgetrennt ist: Ihm ist vom Gesetz nichts anderes aufgetragen, als sich für den Krieg bereitzuhalten. Außerdem besteht ihre Bewaffnung aus Schilden und Speeren, mit denen wir in Asien als erste ausgerüstet waren, da die Göttin sie hier eingeführt hat, wie sie es in jener Gegend bei euch als ersten getan hat. Im Bereich des Denkens dagegen siehst du wohl, welch große Sorgfalt das Gesetz gleich von Anfang an hierauf verwendet hat, indem es alles, was die Weltordnung angeht, [c] bis hin zur Seherkunst und zur Arztkunst, die der Gesundheit dient, aus diesem göttlichen Bereich für die Belange des Menschen ausfindig machte und alle anderen wissenschaftlichen Kenntnisse, die sich daran anschließen, erwarb. Nachdem die Göttin also damals diese umfassende, alle Bereiche durchdringende Ordnung gestiftet hatte, siedelte sie euch als erste an; dazu wählte sie den Ort aus, dem ihr entstammt, in der Erkenntnis, dass die günstigen klimatischen Verhältnisse dort äußerst verständige Männer hervorbringen würden. Da die Göttin nun sowohl den Krieg als auch die Weisheit liebt, [d] wählte sie den Ort aus, der die ihr ähnlichsten Männer hervorzubringen versprach, und besiedelte ihn als ersten. Dort lebtet ihr nun unter solchen Gesetzen und noch weiteren guten Einrichtungen, in jeglicher Tüchtigkeit alle Menschen übertreffend, wie es für Abkömmlinge und Zöglinge von Göttern ganz natürlich ist. Viele bedeutende Leistungen eurer Stadt, die hier verzeichnet sind, finden Bewunderung, von allen aber ragt eine an Größe und Qualität hervor: [e] die Schriften berichten, welch riesiger Macht eure Stadt einst Einhalt gebot, als jene in ihrer Selbstüberhebung gegen ganz Europa und Asien zog, von weit her vom Atlantischen Ozean kommend. Damals nämlich war das Meer dort noch befahrbar; denn vor der Meerenge, die man, wie ihr sagt, ›Säulen des Herakles‹ nennt, gab es eine Insel. Diese Insel aber war größer als Libyen und Asien zusammengenommen, von welcher die damaligen Reisenden zu den anderen Inseln gelangen konnten und von den Inseln zu dem ganzen gegenüberliegenden Festland, [25a] das sich um das wirkliche Meer erstreckt. Denn all das, was innerhalb der erwähnten Meerenge liegt, erweist sich als Bucht mit einer Art enger Einfahrt. Jener könnte wirklich als Ozean und das Land, das ihn umgibt, mit vollem Recht als Kontinent bezeichnet werden. Auf dieser Insel Atlantis bestand eine bedeutende und bewundernswerte Königsmacht, die über die ganze Insel herrschte, über viele andere Inseln und über Teile des Festlands. Überdies beherrschte sie auch die Länder, die von hier aus innerhalb liegen, nämlich Libyen bis an die Grenze Ägyptens [b] und Europa bis nach Tyrrhenien. Nachdem diese Macht vollständig an einem Ort zusammengezogen war, trachtete sie danach, die Gebiete bei euch und bei uns und die anderen innerhalb der Meerenge mit einem einzigen Ansturm zu versklaven. Damals, Solon, wurde die Macht eurer Stadt durch Tapferkeit und Stärke für alle Menschen strahlend sichtbar. Da sie alle an Beherztheit und Kriegstechniken überragte, [c] führte sie zunächst die Griechen an, geriet dann aber nach dem Abfall der anderen – in der Not allein zurückgeblieben – in die äußersten Gefahren, überwand aber die Angreifer, errichtete ein Siegeszeichen und verhinderte so, dass die noch nicht Versklavten versklavt wurden; alle anderen aber, soweit wir innerhalb der Säulen des Herakles wohnen, befreite sie uneigennützig. Als sich später dann gewaltige Erdbeben und Überschwemmungen ereigneten, versank binnen eines einzigen schlimmen Tages und einer einzigen schlimmen Nacht [d] bei euch das ganze kämpferische Volk in der Erde und die Insel Atlantis verschwand ebenso, indem sie ins Meer eintauchte. Deshalb ist auch jetzt der Ozean dort nicht befahrbar und unerkundbar, weil Schlamm in geringer Tiefe ein Hindernis bildet, den die versinkende Insel aufwirbelte.‹«

[26b–d]

[…] Es wurde damals mit großem Vergnügen und kindlicher Freude angehört, [c] zumal auch der alte Mann mich bereitwillig unterrichtete, da ich immer wieder nachfragte, so dass es in mir wie die Brandzeichen einer untilgbaren Schrift haften blieb. Und so habe ich denn auch ihnen hier gleich vom frühen Morgen an eben das vorgetragen, damit sie mit mir in der Lage wären, das Gespräch sachkundig zu führen. Jetzt also – und deshalb habe ich das alles erzählt – bin ich bereit zu sprechen, Sokrates, und zwar nicht nur über die Hauptpunkte, sondern in allen Einzelheiten, wie ich es gehört habe.

Die Bürger und die Stadt, die du uns gestern gleichsam im Mythos dargestellt hast, wollen wir jetzt in die Wirklichkeit übertragen und hier (vor uns) hinstellen, [d] als sei unsere hier jene; und wir wollen behaupten, dass die Bürger, die du dir ausgedacht hast, jene wahren Vorfahren sind, von denen der Priester sprach. [...]

(um 360 v. Chr.)

Platon

Kritias,
oder: Athen und Atlantis neun Jahrtausende vor Solon

Eine unvollendete Fortsetzung des Timäos

[108e–109a]
Vor Allem zuerst wollen wir uns erinnern, daß zusammengenommen 9000 Jahre verstrichen sind, seitdem, wie erzählt wurde, der Krieg zwischen den außerhalb der Säulen des Herakles und allen innerhalb derselben Wohnenden stattfand, von dem wir jetzt vollständig zu berichten haben. Über die einen soll unser Staat geherrscht und den ganzen Krieg durchgefochten haben, über die Andern aber die Könige der Insel Atlantis, von welcher wir behaupteten, daß sie einst, größer als Asien und Libyen, vorhanden war, jetzt aber, nachdem sie durch Erdbeben unterging, die von hier aus die Anker nach dem jenseitigen Meere Lichtenden durch eine undurchdringliche, kothige Untiefe fernerhin diese Fahrt zu unternehmen hindere. Von den vielen Barbarvölkern, sowie von den hellenischen Völkerstämmen, welche es damals gab, wird der Lauf unserer Erzählung, indem sie die einzelnen Ereignisse entwickelt, berichten. Doch zuvörderst müssen wir nothwendig die Heeresmacht und die Verfassungen sowol [sic] der damaligen Athener, als der Feinde, gegen die sie den Krieg hinausführten, darlegen. Es gebührt sich aber unter diesen von den Einheimischen anzuheben.
[112e–113b]
Da sie selbst so wacker waren und in solcher, so ziemlich sich gleichbleibenden Weise gerecht ihr eigenes Vaterland und Hellas verwalteten, erwarben sie sich durch körperliche Schönheit und die allseitigen Vorzüge ihres Geistes durch ganz Europa und Asien einen Ruf, und waren unter allen damals Lebenden die gepriesens-

ten. Wie dagegen der Zustand der zum Kampfe gegen sie Auftretenden beschaffen war und wie er von Anbeginn an sich gestaltete, das wollen wir euch jetzt, verlor sich uns nicht Das, was wir als Knaben hörten, in Vergessenheit, als ein Freunden zuständiges Gemeingut mittheilen. Doch eine Kleinigkeit müssen wir noch unserer Erzählung vorausschicken, damit es euch nicht etwa Wunder nehme, wenn Barbaren hellenische Namen führen; sollt ihr doch den Grund davon vernehmen. Da nämlich Solon die Absicht hatte, diese Erzählung bei seinen Dichtungen zu benutzen, forschte er genau der Bedeutung der Eigennamen nach und fand, daß jene Ägyptier, welche zuerst sie aufzeichneten, dieselben in ihre Sprache übergetragen hatten; da nahm er selbst den Sinn jedes Eigennamens wieder vor und schrieb sie, indem er auf unsere Sprache sie zurückführte, nieder. Diese Aufzeichnungen aber befanden sich in den Händen meines Großvaters, und befinden sich noch in den meinigen, und wurden schon in meinem Knabenalter von mir durchforscht. […]

[113c–121c]

Wie im Vorigen von der von den Göttern angestellten Verloosung erzählt wurde, daß sie unter sich die ganze Erde in bald größere, bald kleinere Loose vertheilten, und sich Tempel erbauen und Opfer darbringen ließen: so bevölkerte auch Poseidon, dem jene Insel Atlantis zum Loose fiel, dieselbe mit seinen eigenen Nachkommen, die er mit einem sterblichen Weibe an einer folgendergestalt beschaffenen Stelle der Insel erzeugte. An der Seeküste, gegen die Mitte der ganzen Insel, lag eine Ebene, die schöner und fruchtbarer als irgend eine gewesen sein soll. In der Nähe dieser Ebene aber, wiederum nach der Mitte zu, befand sich, allerwärts in einer Entfernung von etwa 50 Stadien, ein kleiner Berg; auf diesem wohnte aber ein Mann, Namens Euenor, aus der Zahl der anfänglich der Erde Entwachsenen, welcher die Leukippe zur Frau hatte. Beide erzeugten eine einzige Tochter, Kleito. Als das Mägdlein bereits die Jahre der Mannbarkeit erreicht hatte, starben ihr die Mutter und auch der Vater; Poseidon aber genoß, von Liebe zu ihr ergriffen, ihre Umarmung, und machte den Hügel, den sie bewohnte, zu einem wohlbefestigten, indem er ihn durch größere und kleinere Gürtel abgrenzte, von denen er, zwei dem Lande, drei dem Meere angehörig, alle nach allen Richtungen hin gleichweit entfernt, gleichsam von der Mitte der Insel aus beschrieb, sodaß der Hügel für Menschen unzugänglich war, da es damals noch ebenso wenig Schiffe als Schiffahrt gab. Er selbst verlieh, als ein Gott, ohne Schwierigkeit, der in der Mitte liegenden Insel fröhliches Gedeihen, indem er zwei Flüsse aus dem Schoose der Erde heraufführte, deren einer seiner Quelle warm, der andere kalt entquoll und der Erde Nahrungsmittel aller Art zur Genüge entsprießen ließ.

Ferner zeugte er fünf männliche Zwillingspaare, ließ sie auferziehen und verlieh, indem er die ganze Insel Atlantis in zehn Theile theilte, dem bei der ersten Niederkunft zuerst Geborenen den Wohnsitz seiner Mutter und den diesen rings umgebenden Antheil, als den größten und vorzüglichsten, und machte ihn zum König der Übrigen, die Übrigen aber zu Statthaltern; Jedem derselben bestimmte er eine Statthalterschaft mit zahlreichen Bewohnern und einem weiten Gebiete. Allen gab er Namen, dem Ältesten und Könige aber denjenigen, nach welchem auch die ganze Insel und das Meer genannt wurde, welches deshalb das Atlantische hieß, weil damals der erste König den Namen Atlas führte. Dessen nachgeborenen Zwillingsbruder, dem das äußerste nach den Säulen des Herakles, dem Landstriche, der jetzt der Gadeirische heißt, Belegene der Insel zugefallen war, benamsete er in griechischer Sprache Eumélos, in der des Landes aber Gadeiros, ein Name, der wol zu jener Benennung (des Landstrichs) führen konnte. Den Einen der zweiten Zwillingsgeburt nannte er Amphéres, den Zweiten Euämon; den Erstgeborenen der dritten Mneseus, den nach diesem Geberenen [sic] Autochthon; den Ältern der vierten Elasippos, den Jüngern Mestor; dem Erstling der fünften wurde der Name Azäes, dessen jüngerm Bruder der Diáprepes beigelegt. Diese insgesammt nun, sowie ihre Nachkommen, beherrschten viele Menschenalter hindurch noch viele andere im (Atlantischen) Meere belegene Inseln und dehnten auch, wie schon früher berichtet wurde, ihre Herrschaft über die diesseitigen, nach uns zu belegenen, bis nach Ägypten und Tyrrhenien hin aus.

Die Nachkommenschaft des Atlas aber wuchs nicht blos im Übrigen an Zahl und Ansehen, sondern behauptete auch die Königswürde viele Menschenalter hindurch, indem der Älteste sie stets auf den Ältesten übertrug, da sie eine solche Fülle des Reichthums erworben hatten, wie weder vorher bei irgend einem Herrschergeschlecht in den Besitz von Königen gelangt war, noch in Zukunft so leicht gelangen dürfte, und da bei ihnen für Alles gesorgt war, wofür in Bezug auf Stadt und Land zu sorgen Noth thut. Denn vermöge ihrer Herrschaft floß von außenher ihnen

Vieles zu, das Meiste für den Lebensbedarf aber lieferte ihnen die Insel selbst. Zuerst, was da an Starrem und Schmelzbaren durch den Bergbaue gewonnen wird, vorzüglich aber die jetzt nur dem Namen nach bekannte, damals dagegen an vielen Stellen der Insel, ja an mehren als ihr Name besagt, aus der Erde hervorgezogene Gattung des Bergharzes (Messing), welche unter den damals Lebenden, mit Ausnahme des Goldes, am höchsten geschätzt wurde. Ferner brachte die Insel auch Alles in reicher Fülle hervor, was der Wald für die Werke der Bauverständigen liefert, und an Thieren eine ausreichende Menge wilder und zahmer. Denn zunächst war das Geschlecht der Elefanten hier sehr zahlreich; bot sie doch sowol den übrigen Thieren insgesammt, was da in Seen, Sümpfen und Flüssen lebt und was auf Bergen und in der Ebene hauset, reichliche Nahrung, als auch in gleicher Weise diesem von Natur größten und gefräßigsten. Was ferner jetzt irgendwo die Erde an Wohlgerüchen erzeugt, an Wurzeln, Gräsern, Holzarten, Harzen und Blumen oder Früchten entquellenden Säften, das erzeugte außerdem auch sie, und ließ es wohlgedeihen, sowie desgleichen die durch Pflege gewonnenen Früchte; die Feldfrüchte, die uns zur Nahrung dienen, und Das, was wir außerdem – wir bezeichnen die Gattungen desselben mit dem Namen der Hülsenfrüchte – zu unserm Unterhalt benutzen; was Sträucher und Bäume an Speisen, Getränken und Salben uns bieten, die uns zum Ergötzen und Wohlgeschmack bestimmten, schwer aufzubewahrenden Baumfrüchte und was wir als Nachtisch dem Übersättigten, eine willkommene Auffrischung des überfüllten Magens, vorsetzen; dieses Alles bracht die heilige, damals noch von der Sonne beschienene Insel schön und wunderbar und in unbegrenztem Maße hervor. Da ihnen nun ihr Land dieses Alles bot, waren sie auf die Aufführung von Tempeln und königlichen Palästen, von Häfen und Schiffswerften sowie andern Gebäuden im ganzen Lande bedacht und schmückten es in solcher Aufeinanderfolge aus.

Zuerst überbrückten sie die um den alten Hauptsitz laufenden Gürtel des Meeres, um außen herum und nach der Königsburg Straßen zu führen. Diese Königsburg erbauten sie aber sogleich vom Anbeginn in diesem Wohnsitze des Gottes und ihrer Ahnen; indem aber der Eine von dem Andern dieselbe überkam, suchte er durch jedesmalige Weiterausschmückung des Wohlausgeschmückten seinen Vorgänger nach Kräften zu übertreffen, bis sie ihre Wohnung zu einem durch Umfang und Schönheit Staunen erregenden Bau erhoben. Denn vom Meere aus führten sie einen 300 Fuß breiten, 100 Fuß tiefen und 50 Stadien (30 000 Fuß) langen Durchstich nach dem äußersten Gürtel, durch welchen sie der Hinausfahrt vom Meere nach ihm, wie nach einem Hafen, den Weg bahnten und ihr einen für das Einlaufen der größten Schiffe ausreichenden Raum eröffneten.

Auch durch die Erdgürtel, welche zwischen denen des Meeres hinliefen, führten sie, an den Brücken hin, Durchstiche, breit genug, um einem Dreiruderer die Durchfahrt von dem einen zu dem andern zu gestatten, und überdachten dieselben, damit man unter der Überdachung hindurchschiffen könne; denn die Erdgürtelränder waren hoch genug, um über das Meer sich zu erheben. Des größten Gürtels, mit welchem das Meer durch den Graben verbunden war, Breite betrug 3 Stadien (1800 Fuß); ebenso breit wie dieser war der folgende Erdgürtel. Von den beiden nächsten hatte der flüssige eine Breite von 2 Stadien (1200 Fuß), und der feste war wieder ebenso breit als der ihm vorausgehende flüssige. Ein Stadion breit war endlich der um die in der Mitte liegende Insel selbst herumlaufende, auf welcher die Königsburg sich erhob und welche 5 Stadien im Durchmesser hatte. Diese Insel, sowie die Erdgürtel und die 100 Fuß breite Brücke umgaben sie von beiden Seiten mit einer steinernen Mauer, und errichteten auf der Brücke, jederwärts beim Eintritt der See, Thürme und Thore. Die Steine dazu aber – theils weiße, theils schwarze, theils auch rote – wurden unter der in der Mitte liegenden Insel und unter der Innen- und Außenseite der Gürtel gehauen, und beim Aushauen zugleich doppelte Behälter für die vom Felsen selbst überdachten Schiffe ausgehöhlt. Zu den Bauten benutzten sie theils Steine derselben Farbe, theils fügten sie zum Ergötzen, um ein von Natur damit verbundenes Wohlgefallen zu erzeugen, ein Mauerwerk aus verschiedenartigen zusammen. Den ganzen Umfang der den äußersten Gürtel umgebenden Mauer versahen sie mit einem Überzuge von Kupfer, übergossen den des innern mit Zinn, den um die Burg selbst aufgeführten aber mit wie Feuer glänzendem Messing.

Der Königssitz war, innerhalb der Burg, folgendergestalt auferbaut. Inmitten desselben befand sich ein unzugängliches, der Kleito und dem Poseidon geweihtes Heiligthum, ebenda, wo einst das Geschlecht der zehn Herrscher erzeugt und geboren wurde. Dahin brachten sie aus den zehn Landschaften jedem derselben der Jahreszeit angemessene Opfer. Der Tempel des Poseidon selbst war ein Stadion (600 Fuß) lang, 300 Fuß breit und von einer entsprechenden Höhe, seine Bauart fremdländisch. Von außen hatten sie den ganzen Tempel mit Silber überzogen, mit Ausnahme der mit Gold überzogenen Zinnen. Im Innern war die Wölbung von Elfenbein, mit Verzierung von Gold und Messing; alles Übrige, als Wände, Säulen, Fußboden, bedeckten sie mit Messing. Hier stellten sie goldene Standbilder auf; den Gott stehend, als eines mit sechs Flügelrossen bespannten Wagens Lenker, der vermöge seiner Größe der Wölbung Giebel erreichte; um ihn herum auf Delphinen hundert Nereïden, denn soviel, glaubte man damals, seien ihrer. Auch viele andere, von Männern aus dem Volke geweihte Standbilder befanden sich darinnen; außerhalb aber umstanden den Tempel die goldenen Bildsäulen aller von den zehn Königen abstammenden Frauen und Männer, sowie viele andere Weihgeschenke der Könige und ihrer Bürger aus der Stadt selbst und dem außerdem ihrer Herrschaft unterworfenen Lande. Auch der Altar entsprach, seinem Umfange und seiner Ausführung nach, dieser Pracht, und ebenso war der königliche Palast angemessen der Größe des Reichs und angemessen der Ausschmückung der Tempel. So benutzten sie auch die Quellen, die kalt und warm strömenden, die einen reichen Zufluß an Wasser, durch seine Annehmlichkeit und andere Vorzüge wundersam zu beiderlei Gebrauch geeignet, hatten, indem sie dieselben mit Gebäuden und am Wasser gedeihenden Baumpflanzungen umgaben, sowie mit theils unbedeckten, theils für die warmen Bäder im Winter überdeckten Baderäumen, den königlichen abgesondert von denen des Volks, sowie denen der Frauen, geschieden von den Schwemmen der Pferde und anderes Zugviehs, diese alle mit einer der Bestimmung eines jeden angemessenen Einrichtung. Von dem abfließenden Wasser aber leiteten sie einen Theil nach dem Haine Poseidon's, den, vermöge der Trefflichkeit des Bodens, Bäume aller Art, von überirdischer Schönheit und Höhe, umfaßten; den andern aber, vermittels neben den Brücken hinlaufender Kanäle, nach den Gürteln außerhalb, wo vielen Göttern viele Tempel auferbaut waren, sowie viele Gärten und, wie für Menschen, so, davon geschieden, für Pferde auf jeder der beiden Inseln eingerichtete Übungsplätze, für welche (Pferde) unter anderm mitten auf der größten Insel eine Rennbahn abgegrenzt war, deren Breite ein Stadion betrug und welche ihrer Länge nach, zum Wettrennen der Pferde bestimmt, die ganze Insel umkreiste. Zu beiden Seiten dieser Rennbahn befanden sich den gemeinen

Leibwächtern bestimmte Wohnungen; die betrautern aber waren auf dem kleinern, der Königsburg nähern Gürtel als Wachtposten vertheilt, und denjenigen, die durch ihre Treue vor allen andern sich auszeichneten, Wohnungen in der Burg, um die Könige selbst herum, angewiesen. Die Schiffswerften waren mit Kriegsschiffen und allem in befriedigendem Zustande befindlichen Zubehör eines solchen Schiffes angefüllt.

Solche Einrichtungen waren im Umkreise des Königssitzes getroffen. Hatte man aber nach außen die Häfen, deren drei waren, überschritten, dann lief vom Meere aus eine Mauer rings herum, welche allerwärts vom größten (äußersten) Hafen und Gürtel 50 Stadien entfernt war und welche den Eingang zum Durchstich mit dem vom Meere in Eins verband. Diesen ganzen Raum nahmen zahlreiche und dicht gereihte Wohnhäuser ein; die Ausfahrt und der größte Hafen aber waren mit allerwärtsher kommenden Fahrzeugen und Handelsleuten überfüllt, welche bei solcher Menge, bei Tag und Nacht, Geschrei, Lärm und Getümmel aller Art erhoben.

So ward also jetzt ziemlich Dasselbe wie früher über die Stadt und die Umgebung des ursprünglichen Wohnsitzes berichtet. Aber wir müssen auch zu berichten versuchen, wie die Natur und die Art der Einrichtung des übrigen Landes beschaffen war. Erstens also war, der Sage nach, die ganze Gegend vom Meere aus sehr hoch und steil, das die Stadt Umschließende dagegen durchgängig eine ihrerseits von bis an das Meer herablaufenden Bergen rings umschlossene Fläche und gleichmäßige Ebene, durchaus mehr lang als breit, nach der einen Seite zu 3000 Stadien lang, vom Meere aufwärts aber im Durchschnitt deren 2000 breit. Dieser Strich der Insel lief, nordwärts gegen den Nordwind geschützt, nach Süden. Von den ihn umgebenden Bergen rühmte der Erzähler, daß sie an Menge, Größe und Anmuth alle jetzt noch vorhandenen übertrafen. Sie umfaßten viele reiche Ortschaften der Umwohnenden, sowie Flüsse, Seen, Wiesen zu ausreichendem Futter für alles wilde und zahme Vieh, desgleichen Waldungen durch ihren Umfang und der Gattungen Verschiedenheit für alle Bauwerke und andere Zwecke vollkommen ausreichend.

Diese Ebene hatte sich nun von Natur und durch die Bemühungen einer langen Reihe von Königen, in langer Zeit dermaßen gestaltet. Sie bildete ein größtentheils rechtwinkeliges und länglichtes Viereck; was aber daran fehlte, war durch einen ringsherum aufgeworfenen Graben ausgeglichen. Obgleich aber Das, was von seiner Tiefe, Länge und Breite erzählt wird, für ein Menschenwerk, mit andern mühsamen Schöpfungen verglichen, unglaublich klingt, muß ich dennoch es berichten. Der Graben war nämlich bis zu einer Tiefe von 100 Fuß aufgeworfen, seine Breite betrug allerwärts ein Stadion und, da er um die ganze Ebene herumgeführt war, seine Länge 10000 Stadien. Indem derselbe aber, die Ebene umschließend, die von den Bergen herabströmenden Flüsse in sich aufnahm und der einen und andern Seite der Stadt sich näherte, so ward ihm da der Ausfluß in das Meer eröffnet. Von den Höhen über ihn herab wurden wieder gerade, gegen 100 Fuß breite Durchstiche durch die Ebene nach dem dem Meere zuliegenden Graben geführt, deren einer von dem andern 100 Stadien entfernt war. Auf diesem Wege brachten sie zu Schiffe das Bauholz nach der Stadt und andere Erzerzeugnisse der Jahreszeiten herunter, indem sie Durchfahrten von einem Durchstiche zum andern in schiefer Richtung sowie nach der Stadt zu eröffneten.

Zwei Ernten brachte ihnen jährlich der Boden, den im Winter der Regen des Zeus befruchtete, während man im Sommer den Erzeugnissen desselben, von den Durchstichen aus, Bewässerung zuführte.

Was die Streiterzahl betraf, so war angeordnet, daß von den zum Kriege tauglichen Bewohnern der Ebene jeder Bezirk, dessen Flächenraum sich auf 10 mal 10 Stadien belief und deren überhaupt 60000 waren, einen Feldhauptmann stelle; die Anzahl der von den Bergen und anderweitigen Landesstrichen her Kommenden wurde als unermeßlich angegeben, und alle insgesammt waren, ihren Wohnorten und deren Lage nach, diesen Bezirken und Feldhauptleuten zugetheilt. Jeder Feldhauptmann mußte nach Vorschrift in das Feld stellen: zu 10000 Streitwagen den sechsten Theil eines Streitwagens, zwei berittene Streiter, ferner ein Zwiegespann, ohne Wagenstuhl, welches einen leichtbeschildeten Streiter und nächst ihm den Lenker der beiden Pferde trug; zwei Schwergerüstete, an Bogenschützen und Schleuderern zwei jeder Gattung, so auch an Leichtgerüsteten, nämlich Steinwerfern und Speerschleuderern, von jeder drei; endlich vier Seesoldaten zur Bemannung von 1200 Schiffen. So war die Kriegsrüstung für den Herrschersitz des Königs angeordnet, für die neun übrigen Anderes anders, was anzugeben zu viel Zeit erheischen würde.

In Beziehung auf Herrsch- und Strafgewalt waren von Anbeginn an folgende Einrichtungen getroffen. Jeder einzelne der zehn Könige übte in seiner Stadt Gewalt über die Bewohner seines Gebiets und über die meisten Gesetze; er bestrafte und ließ hinrichten wen er wollte. Aber die untereinander geübte Herrschaft und ihren Wechselverkehr bestimmte Poseidon's Gebot, wie das Gesetz es ihnen überlieferte und eine Schrift, von den ersten Königen aufgezeichnet auf einer messingenen Säule, welche in der Mitte der Insel in einem Tempel Poseidon's sich befand, wo sie sich das eine mal im fünften, das andere im sechsten Jahre, um der geraden und ungeraden Zahl gleiche Ehre zu erweisen, versammelten. Bei diesen Zusammenkünften beriethen sie sich über gemeinsame Angelegenheiten, untersuchten, ob Jemand einem Gesetze zuwiderhandle, und fällten sein Urtheil. Waren sie im Begriff, Urtheile zu fällen, dann verpflichteten sie sich zuvor gegeneinander in folgender Weise. Nachdem die zehn Könige alle Begleitung entlassen hatten, jagten sie den im Weihbezirk Poseidon's freigelassenen Stieren mit Knitteln und Schlingen, ohne eine Eisenwaffe, nach, den Gott anflehend, sie das ihm wohlgefällige Opfer einfangen zu lassen; den eingefangenen Stier aber führten sie zur Säule und opferten ihn, angesichts jener Schrift, auf dem Knaufe derselben. Auf der Säule aber befand sich, außer den Gesetzen, eine schwere Verwünschungen über den ihnen den Gehorsam Verweigernden aussprechende Eidesformel. Wenn sie nun, nachdem sie ihren eigenen Vorschriften gemäß das Opferthier geschlachtet, die Weihung aller Glieder des Stiers vornahmen, dann füllten sie einen Mischkrug und schleuderten für jedes Glied ein Klümpchen Bluts hinein, das Übrige aber trugen sie, nachdem sie ringsum die Säule reinigten, in das Feuer. Darauf schöpften sie mit goldenen Trinkschalen aus dem Mischkruge, gossen ihr Trankopfer in das Feuer und schwuren dabei, ihre Urtheile den auf der Säule aufgezeichneten Gesetzen gemäß zu fällen und, wenn Jemand in Etwas dieselben übertreten habe, ihn zu bestrafen, in Zukunft aber in keinem Punkte das Aufgezeichnete zu übertreten, sowie, weder einen den Geboten des Vaters zuwiderlaufenden Befehl zu geben, noch einem solchen zu gehorchen. Nachdem Jeder von ihnen feierlich Solches sich selbst und seinen Nachkommen angewünscht, getrunken und die Schale in dem Tempel des Gottes geweiht hatte, sorgte er für seine Abendmahlzeit und anderer Bedürfnisse Befriedigung. Wurde es nun finster und war das Opferfeuer niedergebrannt, dann legten Alle ein sehr schönes meergrünes Gewand an, ließen sich an der Brandstätte des beim Eidschwur dargebrachten Opfers nieder, und empfingen während der Nacht, nachdem sie alle Feuer um den Tempel herum ausgelöscht, wenn etwa Einer den Andern einer Gesetzesübertretung beschuldigte, Urtheilssprüche und fällten sie. Diese von ihnen gefällten Urtheilssprüche verzeichneten sie, sobald der Tag anbrach, auf einer goldenen Tafel und weiheten dieselbe, zusammt ihren Gewändern, zur Erinnerung.

Über die Ehrenrechte der einzelnen Könige gab es manche besondere Gesetze, vor Allem aber, Keiner solle gegen den Andern die Waffen erheben und Alle Beistand leisten, wollte etwa Jemand unter ihnen versuchen, in irgend einem Staate dem Königshaufe den Untergang zu bereiten. Nachdem sie aber, wie ihre Vorgänger, gemeinsam sich berathen, zeichneten sie das von ihnen über Krieg oder andere Unternehmungen Beschlossene auf und räumten dabei dem Atlantischen Geschlechte den Vorrang ein. Jedoch einen seiner Anverwandten zum Tode zu verurtheilen, das solle, ohne Zustimmung des größern Theils der Zehn, in keines Königs Gewalt stehen.

Die damals in jenen Gegenden in solchem Umfange und so geübte Herrschgewalt versetzte dagegen der Gott in unsere Lande, durch Folgendes, wie die Sage geht, dazu veranlaßt. Viele Menschenalter hindurch, solange noch die göttliche Abkunft bei ihnen vorhielt, waren sie den Gesetzen gehorsam und freundlich gegen ihre Sippschaft göttliches Ursprungs; denn ihre Gesinnung war aufrichtig und durchaus großherzig, indem sie bei allen sie betreffenden Begegnissen sowie gegeneinander Weisheit mit Milde gepaart bewiesen. So setzten sie auf jeden Besitz, von der Tugend ausgenommen, geringen Werth, und ertrugen sonder Beschwer, jedoch als eine Bürde, des Goldes und anderes Besitzthums Fülle. Üppigkeit berauschte sie nicht, noch entzog ihnen ihr Reichthum die Herrschaft über sich selbst, oder verleitete sie zu Fehltritten; vielmehr erkannten sie nüchtern scharfes Blicks, daß selbst diese Güter insgesammt nur durch gegenseitige mit Tugend verbundene Liebe gedeihen, daß aber durch das eifrige Streben nach denselben und ihre Werthschätzung diese selbst sowie jene (die Tugend) mit ihnen zu Grunde gehe.

Bei solchen Grundsätzen und solange noch die göttliche Natur vorhielt, befand sich bei ihnen alles früher Geschilderte im Wachsthum; als aber der von dem Gotte herrührende Bestandtheil ihres Wesens, häufig mit häufigen, sterblichen Gebrechen versetzt, verkümmerte und das menschliche Gepräge die Oberhand gewann:

da vermochten sie bereits nicht mehr ihr Glück zu ertragen, sondern entarteten und erschienen, indem sie des Schönsten unter allem Werthvollen sich entäußerten. Dem, der dies zu durchschauen vermochte, in schmachvoller Gestalt; dagegen hielten sie die des Lebens wahres Glück zu erkennen Unvermögenden gerade damals für hochherrlich und vielbeglückt, wo sie des Vollgenusses der Vortheile der Ungerechtigkeit und Machtvollkommenheit sich erfreuten.

Aber Zeus, der nach (ewigen) Gesetzen waltende Gott der Götter, erkannte, Solches zu durchschauen vermögend, daß ein wackeres Geschlecht beklagenswerthes Sinnes sei, und versammelte, in der Absicht, sie dafür büßen zu lassen, damit sie, zur Besonnenheit gebracht, verständiger würden, die Götter insgesammt an dem unter ihnen vor Allem in Ehren gehaltenen Wohnsitze, welcher im Mittelpunkte des gesammten Weltganzen sich erhebt und alles des Entstehens Theilhaftige zu überschauen vermag, und sprach zu ihnen …

(um 360 v. Chr., nach *Timaios*)

Antike und spätantike Rezeption

»Daß eine solche und so große Insel einst existiert hat,
sagen deutlich manche von denjenigen,
die über das äußere Meer berichten.«

aus Proklos, *Timaios-Kommentar*

Strabon

Geographie

Zweites Buch, Kapitel 3

[…] Was er [Posidonius] aber davon sagt, daß sich die Erde bald hebe, bald sich senke, und von den Veränderungen durch Erdbeben und ähnliche Naturereignisse, wie ich selbst auch angegeben habe, das verhält sich richtig. Nun erinnert er noch passend an die Meinung Plato's, es lasse sich annehmen, daß die Erzählung von der Insel Atlantis keine Fabel sey, von welcher, nach seiner Behauptung, schon Solon gesprochen, der von den Aegyptischen Priestern gehört hatte, sie sey einst vorhanden und so groß wie ein Welttheil gewesen, aber verschwunden. Dieß hält er für wahrscheinlicher, als daß der Erfinder sie wieder habe verschwinden lassen, wie der Dichter [Homer] die Mauer der Achäer. […]

(1. Jh. v. Chr. / 1. Jh. n. Chr.)

Plinius Secundus

Naturgeschichte

2. Buch

Auch entzog sie [die Natur] uns ganze Länder, hauptsächlich aber dasjenige, welches, wenn man dem Plato glaubt, den ungeheuren Raum, wo sich jetzt der Atlantische Ocean befindet, einnahm. […]

(77 n. Chr.)

Plutarchos

Solon

26. Kapitel

Zuerst kam er also nach Ägypten und blieb dort, wie er sich selbst ausdrückt,

»Da, wo der Nil sich ergießt, nah' bei der Kanopischen Küste.«

Eine Zeitlang stand er auch mit Psenophis von Heliopolis und Sonchis aus Sais in geistigem Verkehr, weil dies die größten Gelehrten unter dem Priesterstande waren. Von ihnen erfuhr er unter anderem die Sage über die Atlantis, welche er (nach Plato) durch ein Gedicht in Griechenland zu verbreiten suchte. […]

31. Kapitel

[…] Solon hatte auch eine umfassende Arbeit über die Geschichte – oder Sage – von Atlantis unternommen, wie sie ihm, in ihrer nahen Beziehung zu Athen, von den Gelehrten zu Sais mitgeteilt worden war. Allein er ermüdete daran gründlich, zwar nicht aus Mangel an Zeit, wie Plato behauptet, wohl aber wegen seines hohen Alters, indem er sich von der Größe dieses schriftstellerischen Unternehmens fürchtete. Denn sein Überfluß an freier Zeit geht deutlich aus Äußerungen hervor, wie folgende:

»Allzeit lern' ich und so schreit' ich im Alter voran!«

Ferner:

»Nur Aphrodite's Werke gefallen mir heute, des Bacchus
Oder der Musen Geschäft; dieses erfreut mir das Herz!«

32. Kapitel

Der Stoff von der Atlantis war für Plato gleichsam der verlassene Boden eines schönen Landguts, das ihm irgendwie nach dem Rechte der Verwandtschaft angehörte. Er setzte eine Ehre darein, dieses Erbe anzubauen und auf jede Weise zu verschönern; er legte an dem gemachten Anfang ringsherum große Vorhallen, Ringmauern und Höfe an, wie sie noch niemals eine andere Geschichte, Sage oder Dichtung erhalten hatte. Aber er begann gleichfalls zu spät und mußte vor Beendigung des Werkes aus dem Leben scheiden. Je mehr uns dasjenige entzückt, was er geschrieben hat, um so schmerzlicher berührt er uns durch das, was er im Rückstande ließ. Wie zu Athen nur der Tempel des olympischen Zeus, so ist bei Plato's Weisheit, neben so vielem Schönen, nur die Atlantissage unvollendet geblieben. [...]

(zwischen 100 und 120 n. Chr.)

Claudius Aelianus

Tiergeschichten

Fünfzehntes Buch

2. Von dem Seewidder

Die Nachbarn des Ozeans erzählen, daß die alten Könige der Atlantis, aus dem Geschlechte Poseidons, die Bandstreifen der männlichen Widder als ein Kennzeichen der Herrschaft auf den Köpfen trügen: ihre Frauen aber, die Königinnen, trügen die Locken der weiblichen Widder, ebenfalls als Zeichen der Herrschaft. [...]

(2./3. Jh. n. Chr.)

Tertullian

Über das Pallium

C 2. Fassen wir nun die Sache von einer andern Seite, um zu zeigen, dass das Punische vor den Römern nicht zu erröten oder zu trauern braucht! Es ist eine ausgemachte Sache, dass das Gewand zu wechseln ein gewöhnliches Geschäft der ganzen Natur ist. Auch die Welt, die wir bewohnen, nimmt es zuweilen vor. [...] Es hat sich einstens auch die ganze Erdoberfläche verändert, indem sie mit allen Wassern bedeckt war. Noch treiben sich die Muschelschalen und Gehäuse auf den Gebirgen umher und möchten Plato gern davon überzeugen, dass auch die höher gelegenen Punkte im Wasser gestanden haben. Aber auch, nachdem der Erdkreis wieder in seiner gewöhnlichen Form herausgetreten, hat er sich nochmals verändert; ein anderer und doch derselbe. Er ändert auch stellenweise seine Gestalt, wenn irgend eine Gegend Schaden leidet, da es unter den Inseln kein Delos mehr gibt, Samos ein Sandhaufen ist und die Sibylle nicht lügt; da man im Atlantischen Meere ein Lybien oder Asien gleichkommendes Land sucht; […].

(um 193 n. Chr.)

Tertullian

Verteidigungsschrift

C 40. Man müsste im Gegenteil denen den Namen einer Parteiung beilegen, welche zum Hass gegen die Guten und Rechtschaffenen sich verschwören, welche nach dem Blute Unschuldiger schreien, indem sie zur Rechtfertigung ihres Hasses auch noch leere Vorwände gebrauchen, und wähnen, von jeder öffentlichen Calamität, von jedem das Volk treffenden Nachteile seien die Christen die Ursache. Wenn der Tiber bis in die Stadtmauern steigt, wenn der Nil *nicht* bis über die Feldfluren geht, wenn die Witterung nicht umschlagen will, wenn die Erde bebt, wenn es eine Hungersnot, wenn es eine Seuche gibt, sogleich wird das Geschrei gehört: »Die Christen vor den Löwen!« So viele vor einen? Ich bitte Euch, wie viele Calamitäten haben nicht schon *vor* Tiberius, d. h. *vor* der Ankunft Christi, den Erdkreis und die Städte betroffen? Wir lesen, dass die Inseln Hiera, Anaphe, Delos, Rhodus und Cos mit vielen tausend Menschen zu Grunde gegangen sind. Auch berichtet Plato, dass ein Land größer als Asien oder Afrika vom Atlantischen Meere verschlungen sei. Dann hat ein Erdbeben auch das korinthische Meer entleert, und die Macht der Wogen das abgerissene Lucanien unter dem Namen Sicilien abgesondert. Das alles konnte natürlich nicht ohne grosse Benachteiligung der Bewohner geschehen. Wo waren aber damals, als die große Flut den ganzen Erdkreis, oder doch, wie Plato meint, das niedere Land vertilgte, wo waren, ich will nicht fragen die Verächter Eurer Götter, die Christen, sondern sie selber, Eure Götter? […]

(um 200 n. Chr.)

Arnobius Afer

Sieben Bücher wider die Heiden

I,5

Daß vor zehntausend Jahren eine große Menge Menschen von der Insel, welche man für die Atlantis des Neptuns hält, wie Platon darthut, hervorbrach und eine Unzahl Nationen gänzlich vertilgte: daran waren wir [die Christen] Schuld? […] Wenn nun aber sich kein Mensch findet, der das vor Zeiten Geschehene unsern Zeiten zuzuschreiben wagt, welcher Weise können wir dann der gegenwärtigen Drangsale Ursache seyn, da nichts Neues sich ereignet, sondern Alles alt auch keiner ehemaligen Zeit unerhört ist.

(zwischen 303 und 311 n. Chr.)

Ammianus Marcellinus

Römische Geschichte

17. Buch

7. […] Es geschehen übrigens die Erdbeben auf vielerlei Art. Es sind entweder sogenannte *Erdblasen* (Brasmatiä), welche die Erde mit großer Gewalt erschüttern und ungeheure Massen in die Höhe treiben: so ist in Asien Delos emporgetaucht, und Hiera, Anaphe und Rhodus, das in früheren Jahrhunderten Ophiusa und Pelagia hieß und einst mit einem Goldregen übergossen wurde; deßgleichen Eleusin in Böotien und bei den Tyrrhenern Vulcanus und mehrere andere Eilande. Oder sind es solche Erdbeben (Klimatiä), welche von der Seite her in schiefer Richtung hereinbrechend Städte, Gebäude und Berge ebnen; oder *Gähnungen* (Chasmatiä), die durch heftige Erschütterung plötzlich Schlünde öffnen und ganze Landstriche verschlingen, wie im Atlantischen Meere eine Insel, größer als ganz Europa, im Crissäischen Meerbusen Helice und Bura, und in Ciminia, einem Landstriche Italiens, die Stadt Saccumum in die tiefen Schlünde des Erebus begraben und mit ewiger Nacht bedeckt sind. […]

(um 371 n. Chr.)

Proklos

Timaios-Kommentar

Erstes Buch, 24 A–E

[...] Manche sagen, die ganze Erzählung über die Atlantiden sei eine wahre Geschichte. Dies war die Meinung Krantors, des ersten Auslegers Platons, der sagt, daß Platon von seinen Zeitgenossen verspottet wurde, nicht der Erfinder des Staates gewesen zu sein, sondern ihn von den Institutionen der Ägypter kopiert zu haben. Platon habe aus Rücksicht auf diese spottende Rede seine Geschichte über die Athener und die Atlantiden als eine ägyptische Überlieferung ausgegeben, derzufolge die Athener einst gemäß dieser staatlichen Einrichtung gelebt hatten. Die Propheten der Ägypter hätten auch bezeugt, das alles sei auf Stelen geschrieben worden, die noch aufbewahrt würden. Andere aber sagen, diese Erzählung sei eine Fabel und eine Erfindung, die auf keine Weise geschehen sei, aber einen Hinweis gebe auf die ewig seienden Dinge in der Welt oder die erzeugten. Diese Meinung achtet jedoch nicht auf Platons Ausruf, »daß die Erzählung äußerst überraschend ist, aber in jeder Hinsicht wahr.« [...] Und manche von diesen führen die Analyse auf die Fixsterne und die Planeten zurück, so daß die Athener als analog zu den Fixsternen und die Atlantiden zu den Planeten aufgefaßt werden. Sie kämpfen gegeneinander wegen der Opposition in ihrer Bewegung, aber die Fixsterne besiegen die Planeten wegen der einen Rotation der Welt. Dieser Meinung zumindest ist der vorzügliche Amelios, der vehement behauptet, daß es so ist, weil es in *Kritias* deutlich gesagt wird, daß die Atlantische Insel in sieben Kreise geteilt wird. Aber ich weiß nicht, ob noch jemand der gleichen Meinung ist. Andere wieder, wie Origenes, [beziehen ihre Analyse der Atlantis-Geschichte] auf den Gegensatz zwischen gewissen Dämonen, von denen die einen besser, die anderen schlechter seien, die einen größer an Zahl, die anderen größer an Kraft, die einen beherrschend, die anderen beherrscht. Wiederum andere [Interpreten] beziehen sie [die Geschichte] auf die Zwietracht der Seelen, der besseren, der Schüler der Athene und der niederen Art, die der Erzeugung unterworfen ist; welche dann zu dem Gott gehören, der über die Erzeugung die Aufsicht hat. Das ist die Interpretation des Numenios. Andere mischen, wie sie meinen, die Meinungen von Origenes und Numenios zusammen, und behaupten, daß die Erzählung den Gegensatz der Seelen zu den Dämonen behandelt: letztere als untergehend, erstere als sich erhebend. Für diese Menschen hat der Dämon eine dreifache Existenz. Sie sagen nämlich, eine Art sei der göttliche Dämon; eine andere Art seien die dämonischen Anteile der Seele und wieder eine andere Art seien die lasterhaften und für die Seelen verderblichen Dämonen. Dämonen dieser letzten Art führen diesen Krieg gegen die Seelen, und führen sie in den Abstieg zum Entstehen. Und das, sagt man, was die älteren Theologen auf Osiris und Typhon zurückführen, oder auf Dionysos und die Titanen, führt Platon auf die Athener und die Atlantiden zurück, aus Frömmigkeit. Bevor die Seelen in die festen Körper sinken, überliefern sie [diese Theologen und Platon] den Gegensatz zu den materiellen Dämonen, die im Westen beheimatet sind; da der Westen, wie die Ägypter sagten, der Ort der unheilvollen Dämonen ist. Dieser Meinung ist der Philosoph Porphyrios, den man bewundern könnte, wenn er etwas anderes als die Lehre von Numenios behaupten würde. Aber diese [Philosophen] sind meiner Meinung nach sehr vorzüglich von dem göttlichsten Iamblichos korrigiert worden.

Nach ihm, und auch unserem Lehrer Syrianos zufolge, wird diese Entgegensetzung nicht auf die Zurückweisung der Phänomene bezogen, im Gegenteil, diese Phänomene werden als gegeben angenommen, aber wie wir gewohnt sind, wird das, was dem Thema der Dialoge vorangeht, auf den eigentlichen Zweck der Dialoge zurückgeführt. Nach ihrer Meinung sollte diese Entgegensetzung aus den menschlichen Angelegenheiten hergeleitet und – gemäß der ähnlichen Form – auf die ganze Welt ausgedehnt werden, insbesondere auf den Bereich der Entstehung und auf den ganzen Intellekt, wo auch immer er an der Entgegensetzung beteiligt ist, die Mannigfaltigkeit der Kräfte betrachtend. Denn alle Dinge sind von dem Einen und von der mit dem Einen gepaarten Zweiheit, und sie vereinen sich auf eine gewisse Weise miteinander und haben eine entgegengesetzte Natur; wie in den Entstehungen des Seienden eine gewisse Entgegensetzung des Selben zum Anderen und der Bewegung zur Ruhe ist, nimmt alles in der Welt an dieser Entstehung teil, deswegen müssen wir die Entgegensetzung betrachten, die alle Dinge durchdringt. [...]

53B–C

[...] Weil die Perserflotte vom Osten her die Griechen angegriffen hatte und insbesondere die Athener, führte Platon den Atlantischen Krieg vom Westen ein, damit man die Stadt der Athener so betrachtet, wie sie aus dem Zentrum das sich auf beiden Seiten ordnungslos bewegende Barbarische züchtigte. [...] Durch die Analogie zwischen den menschlichen und den göttlichen Dingen überlieferte er diesen Krieg vor der Erschaffung des Kosmos, statt der Athene und der Olympischen Götter nahm er die Athener, statt der Titanen und Giganten die Atlantiden [...].

53E–F

[...] Ob man nun, ausgehend von den Göttern, von den Olympiern und den Titanen spricht; oder, ausgehend vom Geist, von Beständigkeit und Bewegung oder von Gleichheit und Unterschiedlichkeit spricht; ob man, ausgehend von den Seelen, vom Logischen und Irrationalen spricht; ausgehend von den Körpern, von Himmel und Entstehung spricht: Auf welche Art man die Substanzen unterteilt, bei allen Teilungen soll man das Geschlecht innerhalb der Säulen von Herakles auf die besseren, das Geschlecht außerhalb jedoch auf die schlechteren Teile übertragen. Denn dort ist das wahre Meer, das der Ungleichheit und das ganze stoffliche Leben und das in Bezug auf Menge und Dimension dem Einen vorausgehende Leben. [...]

54F

Daß eine solche und so große Insel einst existiert hat, sagen deutlich manche von denjenigen, die über das äußere Meer berichten. Sie sagen, daß zu ihrer Zeit sieben heilige Inseln der Persephone in diesem Meer existierten, und dazu drei andere von großer Ausdehnung; die eine von Pluton geheiligt, die andere von Ammon, und in deren Mitte die von Poseidon, die tausend Stadien groß war. Sie sagen auch, daß die Bewohner der Poseidon-Insel von ihren Vorfahren her die Erinnerung an die riesige atlantische Insel bewahrten, die sich einst dort befand und die für viele Epochen über die Inseln im Atlantischen Meer herrschte und die auch Poseidon geweiht war. Dies nun hat Markellos in den Aithiopiká geschrieben. Danach, wenn es sich so verhält und eine solche Insel existiert hat, ist es möglich, den Bericht über sie als Geschichte zu akzeptieren wie auch als Bild einer bestimmten Natur im Ganzen und über diese die Gleichheit zu erläutern und bündig die Zuhörer mit der ganzen Theorie des Kosmos vertraut zu machen.

(439 n. Chr.)

Kosmas Indikopleustes

Christliche Topographie

Buch XII

Noch ein anderer Bericht, der zeigt, daß viele der alten nichtchristlichen Autoren die Ursprünglichkeit der göttlichen Schriften, von Moses und den Propheten ausgedrückt, bezeugen und daß die Griechen als letzte von allen Schrift gelernt zu haben scheinen, und daß in ihnen der Unglaube in Bezug auf die Heilige Schrift tief verwurzelt ist. [...]

In der gleichen Art und Weise beschreibt auch der Philosoph Timaios dieses Land als umgeben vom Ozean und den Ozean als umgeben von weiter entfernt gelegenen Ländern. Er vermutet eine Insel namens Atlantis in westlicher Richtung, außen im Ozean gelegen, auf der Höhe von Gadeira, von außerordentlicher Größe; und er vermutet, daß zehn Könige aus der jenseitigen Erde gekommen sind, nachdem sie die auf dieser Insel lebenden Völker als Söldner eingestellt hatten, und gegen Europa und Asien Krieg geführt haben, und daß sie nachher von den Athenern besiegt worden sind, während die Insel selbst vom Gott ins Meer versenkt worden ist. Diesen Philosophen loben sowohl Platon als auch Aristoteles, und Proklos hat einen Kommentar über ihn geschrieben. Er berichtet ähnliches wie wir, mit einigen Änderungen: Er verlegt den Ort der Handlungen vom Osten in den Westen. Er erwähnt auch die zehn Generationen und das Land, das jenseits des Ozeans liegt. Um es ohne Umschweife zu sagen, es ist deutlich, daß alle von Moses entlehnen und seine Aussagen als eigene Berichte ausgeben. [...]

Nachher aber, als die Zeichen aufgehört haben und die Zeit fortgelaufen ist, kann man viele Griechen finden, die einmal gläubig waren und sich taufen ließen, trotzdem aber das Alte und das Neue Testament ignorieren und nicht mehr glauben, da sie nicht von alters her die Wurzel der Gottesfurcht und den Grund des Glaubens verinnerlicht haben. Deswegen haben sie in ihren Schriften, anders als die frühen Chaldäer und Ägypter, die Sintflut und den Turmbau und den Auszug der Söhne Israels aus Ägypten und den ersten Schreiber Moses nirgends erwähnt. Obwohl sie sich für sehr überlegen und als die weisesten der Menschen halten, sind sie aufgrund ihrer übermäßigen Eitelkeit unkundig in vielen Dingen. Deswegen sagte ein gewisser Ägypter namens Salomon zu Platon:

Die Griechen bleiben immer Kinder, einen greisen Griechen gibt es nicht, und bei euch gibt es keine Lehre, die durch die Zeit ergraut ist. [...]

Nur Timaios – den ich vorher erwähnt habe, ohne zu wissen, aus welcher Quelle er schöpfte, möglicherweise aus den Berichten der Chaldäer – formte die Geschichte jener zehn Könige um, indem er vorgab, sie wären aus den Ländern jenseits des Ozeans in das, wie er behauptet, ins Meer versunkene Land Atlantis gekommen, um die dort lebenden Völker als Söldner anzuwerben, und hätten dann, auf dem diesseitigen Land angekommen, Europa und Asien angegriffen. All das ist offensichtlich eine Erfindung; da Timaios die Insel nicht zeigen konnte, sagte er, daß sie vom Gott versenkt worden ist.

(um 547 n. Chr.)

Amerika als »wiederentdecktes Atlantis«?

»Die Probleme der mythischen Geographie der Hellenen können nicht nach den denselben Grundsätzen behandelt werden, wie die Probleme der positiven Geographie. Sie bieten gleichsam verschleierte Bilder mit verwaschenen Umrissen dar.«

aus Alexander von Humboldt, *Kritische Untersuchungen über die historische Entwickelung der geographischen Kenntnisse von der neuen Welt*

Girolamo Fracastoro

Lehrgedicht über die Syphilis

Buch III

[…]

Im großen Ozean, unter dem leuchtenden Sternbild des Krebses, wo die Sonne sich uns zur Nachtzeit birgt, liegt eine bislang unbekannte, weit sich erstreckende Insel. Das Volk, das sie fand, benannte sie nach seiner spanischen Heimat. Das Land ist ergiebig an Gold, aber bei weitem reicher durch einen Baum – sie nennen ihn in ihrer Heimatsprache Hyacum. Der Baum selbst ist glatt, sehr groß und breitet von seinem hohen Wipfel eine Fülle stets grüner, stets belaubter Äste mit arbutusähnlichen Blättern aus. Eine kleine, aber bittere Nuß hängt von den Zweigen herab und haftet in großer Zahl im Laubwerk. Das Material ist schwer zu bearbeiten, das Holz beinahe hartem Eisen gleich; angezündet dünstet es ein klebriges Harz aus. […] Jenes Volk pflegt diesen Baum und müht sich, ihn mit großem Eifer aufzuziehen. Mit ihm sind weithin die Hügel und offenen Ebenen, mit ihm ist jeder Acker bedeckt. Nichts ist für sie heiliger oder von höherem Nutzen. Denn alle Hoffnung gegen diese Pest ruht in ihm, die dort durch die Ungunst des Himmels ständig herrscht. […] Das Volk aus Europa stand mit Erstaunen angesichts der heiligen Riten und der Ansteckung, die man noch nie irgendwo gesehen hatte. Aber ihr Anführer sprach nach reiflich schweigsamem Sinnen. »Das war jene Krankheit (ihr Götter verhindert das Unglück), von der unbekannt uns der unheilvolle Bote Phoebus' sang.«

Dann erkundigt er sich bei dem eingeborenen König (sie konnten bereits miteinander reden und sich verständigen), wem von den Göttern die Feierlichkeiten gälten; was da so eine gewaltige bedauernswerte Schar erschöpfter Menschen unten im Tale stehe; warum der Hirte während des Opfers bei den Altären sei und mit dem Blut des geschlachteten Stieres besprengt werde. Ihm entgegnete der König: »Kühner Held der hesperischen Jugend, dies sind die Riten unseres Volkes, wir bringen dies Opfer jährlich nach dem Brauch dem rächenden Gotte. Ihr Ursprung reicht weit zurück, vor alters schon begingen sie die Väter unserer Väter. Wenn du aber von fremden Sitten und menschlichen Leiden hören möchtest, dann werde ich dir von Anfang an den Grund für die Opfer und den Ursprung der üblen Pest darlegen. Vielleicht gelangte der Name des Atlas zu euren Ohren und des von jenem in langer Folge abgeleiteten Geschlechts. Auch wir sollen Abkömmlinge von diesem Stamm in einer langen Reihe sein. Ach, ein einst glückliches Geschlecht, das den Göttern lieb war, solange unsere tüchtigen Ahnen den Himmel zu verehren und die Gaben der Unsterblichen zu vergelten pflegten. Aber, nachdem man in der Verschwendung und dem Hochmut der Nachkommen begonnen hatte, die göttlichen Mächte zu verachten – kaum könnte ich je mit Worten fassen, was für und welch große Mühsal hiernach die Unglücklichen heimsuchte. Bald stürzte die Insel, die nach dem Namen des alten Königs Atlantis hieß, zusammen, erschüttert durch ein ungeheures Erdbeben, und wurde vom Ozean verschlungen, den sie, die Königin von Land und Meer, so viele Male mit tausend Schiffen durchfurcht hatte. Vieh und vierfüßige Tiere von gewaltiger Größe gingen für immer unwiederbringlich zugrunde; ein fremdes Tier fällt beim Opfer, fremdes Blut benetzt unsere Altäre. Alsdann wütet auch diese unsägliche Seuche, die, wie ihr seht, an unseren Körpern weidet, der keiner von uns oder schließlich wenige entgehen, die vom Himmel gesandt wurde infolge der Ungunst der Götter und des Zorns Apollos, in allen Städten. Deshalb richteten unsere Väter diese alljährlichen Opfer in dem neuen Ritus zum ersten Male ein, deren Ursprung so berichtet wird: [...].

(1530)

Michel Eyquem de Montaigne

Von den Cannibalen

Erstes Buch, XXX. Hauptstück

[…] Plato läßt den Solon erzählen, er hätte von den Priestern der Stadt Says in Egypten gehöret, daß ehedem und vor der Sündfluth eine große Insel, Atlantis genannt, gleich an der Mündung der Meerenge bey Gibraltar gewesen, welche einen größern Umfang als Afrika und Asien zusammen gehabt hätte. Daß ferner die Könige in dieser Gegend, welche nicht allein diese Insel im Besitze gehabt, sondern sich auch über das feste Land weit ausgebreitet hätten. Daß sich ihre Herrschaft in der Breite von Afrika bis Egypten, und in der Länge von Europa bis Toscanien erstrecket; und daß sie sich vorgenommen gehabt hätten, so gar Asien zu überziehen, und alle an das Mittelländische Meer angränzende Völker bis an den Meerbusen des schwarzen Meeres unter das Joch zu bringen getrachtet hätten. Daß sie in dieser Absicht durch Spanien, Gallien, und Italien, bis in Griechenland gedrungen wären, wo ihnen die Athenienser Widerstand gethan hätten. Allein einige Zeit darauf wären die Athenienser so wohl, als sie, nebst ihrer Insel, von der Sündfluth verschlungen worden.

Es ist sehr wahrscheinlich, daß diese gewaltige Wasserfluth auf der Erde außerordentliche Veränderungen verursacht haben muß. […] Allein es hat wenig Wahrscheinlichkeit, daß eben diese Insel die neue Welt sey, welche wir ietzt entdeckt haben. Denn iene berührte gleichsam Spanien, und es würde eine unglaubliche Wirkung der Ueberschwemmung seyn, wenn sie dieselbe weiter als 1200 Meilen davon entfernet hätte. Ueberdieß haben die Schiffarthen der Neuern bereits schon entdecket, daß diese neue Welt keine Insel, sondern ein festes Land sey, welches mit Ostindien auf der einen Seite, und auf der andern mit den Ländern unter beyden Polen, zusammen stösset; oder wenigstens nur durch eine so kleine Meerenge oder einen so kleinen Zwischenraum von denselben abgesondert ist, daß sie deswegen keine Insel genannt zu werden verdienet. Es ist nicht anders als ob in diesen großen Körpern, eben so wie in den unsrigen, von Zeit zu Zeit einige fieberhafte Bewegungen wären. Wenn ich betrachte, wie viel mein Fluß Dordoigne zu meiner Zeit gegen das Ufer rechter Hand, wo der Strom hingeht, weggerissen hat, und daß derselbe seit zwanzig Jahren so eingedrungen ist, und von vielen Gebäuden den Grund weg gespielet hat: so sehe ich wohl, daß dieses ein ganz außerordentliches Anspülen ist. Denn, wenn es allezeit so gegangen wäre, oder künftig hin gehen sollte, so würde die Welt gänzlich ihre Figur verlieren. Allein es giebt Abwechselungen. Bald breiten sich die Flüsse auf einer Seite aus, bald auf der andern, bald bleiben sie in ihren Ufern. Ich rede hier nicht von plötzlichen Ueberschwemmungen, deren Ursachen wir klärlich wissen. In Medoc, längst dem Meere hin, sieht mein Bruder, Herr von Arsac, eins von seinen Landgütern unter dem Sande begraben, welchen das Meer ausgeworfen hat. Der Forst von einigen Gebäuden ragt noch hervor. Seine Felder und Ländereyen sind zu einer ziemlich magern Trift geworden. Die Einwohner sagen, daß Meer dränge seit einiger Zeit so stark auf sie an, daß sie mehr als vier Meilen Land verlohren hätten. Dieser Sand kömmt voraus. Man sieht sich große Haufen Sand bewegen, welche eine halbe Meile vor dem Meere vorher gehen, und an das Land treiben.

(1580)

Vincentius Placcius

Die wiederentdeckte Atlantis

165–456

Aber während Gott all dies von seinem hohen Thron betrachtet, siehe, da kommt Atlantis, die schon lange im Himmel nicht mehr erschienen war, bietet einen schlimmen Anblick und gleicht einer Trauernden. Magerkeit hatte die wüsten Züge entstellt, die Augen traten in ihre Höhlen zurück, und die Wangen waren überall verunstaltet durch Tränen, alte Runzeln und neues Erbleichen. Auf ihrem Haupt wallen kaum mehr die zerrauften Haare und nur vereinzelt stehen noch Strähnen und umgeben in wirrer Ordnung den kranken Körper; sie erinnern nicht an die grünenden Felder mit üppigem Wachstum noch an die Blumen, die vom Blut der Venus besprengt sind. Nur mit Mühe schleppt sie ihre stark von Rost überzogenen Waffen mit sich, die die ungeheuchelte Trauer ihrer Eigentümerin bezeugen. Ihre Linke beschwert ein gebrochener Bogen aus Haselholz, der seine Spannung verloren hat, ihre Pfeile blitzen nicht von glänzenden Spitzen, weder Gold noch leuchtende Steine schmücken den Köcher, sondern eine vermodernde häßliche Keule ohne Gewicht ist ihrer Rechten nur zur Last, vergeblich glänzend grämt sich ein Smaragd, und die dunklen Perlen des Meeres stoßen Seufzer aus. In diesem Aufzug und in diesem Gewand eilt Atlantis zum hohen Sitz des Lenkers. Ihr folgt in rühmlichem Pflichteifer ihr treues Gefolge. Zuerst naht die berühmte Schar der Dienerinnen, denen aufgetragen ist die Völker zu beschirmen und die mit ihrem Walten die Reiche sichern. Besonders aber übertrifft alle übrigen das ehrwürdige Peru, angetan mit einem langen Umhang, und Brasilien, das seine Menschen, die wegen ihrer Wildheit Furcht erregen, bändigt. Diese überragen mit ihren erhobenen Häuptern ihre göttlichen Begleiterinnen so, wie Diana ihre Jungfrauen, wenn sie den Mainalos aufsucht oder die Felsen des kalten Lykeos, oder wenn sie ihren Körper in den Wassern der Gargaphie-Quelle badet. Siehe, da schreiten auch hochragende Städte mit turmbewehrten Häuptern einher, deren Schar Cuzco anführt und Mexiko, das durch sein prächtiges Antlitz hervorsticht. Ihnen reihen sich die wegen ihrer gekrümmten Hörner ansehnlichen Flußgötter an. Zuerst ist der Fluß zugegen, der damals noch nicht »Silberfluß« genannt wurde, und der, welcher jetzt allgemein den Namen der Amazonen trägt. Zahlreiche Flüsse umgeben diese auf allen Seiten und Najaden, die reichlich von Wasser triefen, dazu Göttinnen des Feldes und der Haine und Bewohnerinnen des Berglandes, an deren Spitze mit rötlicher Stirn in schon vorgerücktem Alter der Potosi geht und den Weg weist.

Schon kamen sie durch die hohen Himmelshallen zum höchsten Gott und beugten alle ihre heiligen Knie, da sprach in großer Trauer Atlantis folgende Worte (Seufzer unterbrachen ihre Rede): »König der Welt, Vater und Gott, dem alles Übrige gehorcht, der Du regierst, was unter Deinen Füßen liegt und im Innern des Himmels, der Du die höchste Gewalt über die Welt innehast, öffne Deine Ohren, die den Bitten der Sterblichen geneigt sind, nun auch der Göttin und höre die Klage der Atlantis! Ich verlasse nun nicht aus Überdruß und Treulosigkeit meine Länder noch fliehe ich die Sorgen der Menschen und mache Anspruch auf himmlische Szepter oder versuche, die Rechte der Himmelsbewohner in Unordnung zu bringen. Ich wünsche nicht, daß unseren Sitzen reichere Sonnentage gesendet werden und Regenschauer. Weder Perlen noch gelbes Metall, und die übrigen Dinge, die an nicht wenigen

Küsten vergeblich gesucht werden, begehre ich, und sie fehlen uns ja auch nicht, sondern bleiben uns durch Deine großzügige Gabe. Was nützt es mir aber, wenn ich an Schätzen reich bin, wenn es mir nicht an Gold fehlt, wenn meine Edelsteine die skythischen an Glanz übertreffen und die bunten Japissteine die Kranken heilen, ja wenn unsere Düfte mit dem idumäischen Saft wetteifern, sie aber dennoch dessen ungeachtet vernachlässigt daliegen, und keine Mühe auf das Aufspüren dieser Schätze verwendet wird?

[...] Wozu trägt unsere Erde verschwenderisch so viele Kräuter, die das Fieber und andere Krankheiten aus dem Körper vertreiben, wenn unseren Bewohnern Feuer und Wasser genügen und nur Vieh sich an diesen Geschenken erfreut, nicht Menschen? Denn haltet ihr etwa die für Menschen, die meine Reiche bewohnen? In ihren wüsten Körpern wohnt nichts Menschliches. Ihnen ist nicht der Gebrauch des Pfluges bekannt, und mit Hörnern, die sie wilden Tieren von der Stirn rauben, oder mit gekrümmten Nägeln reißen sie die Erde auf; um davon zu schweigen, daß ihnen die Schrift unbekannt ist, es gibt Stämme, die im Zählen nicht über ihre fünf Finger hinauskommen. Wehe, welche Kleinigkeiten beklage ich hier, wie viel Wichtiges verschweige ich auch jetzt noch! Sie leben ganz verächtlich und verbergen sich nach Art wilder Tiere. Ein großer Teil von ihnen bewohnt Höhlen, in die kein Sonnenstrahl und kein frischer Windhauch dringt; andere kann man hoch in den Bäumen hängen sehen und wieder andere nach Art der Nomaden umherschweifen. Selten nur sieht man gemeinschaftliche Wohnhäuser, selten nur staatliche Gemeinschaften. Der größte Teil der ganzen Rasse lebt ohne Gesetz, Treue und ganz ohne Oberherrn, weder werden Verbrecher bestraft noch Rechtschaffene belohnt. Deshalb ist das Verbrechen so verbreitet und die Willkür der Mächtigen, rasendes Wüten und schlimme Zügellosigkeit der Sitten. Ich erstarre und in ungewohnter Bewegung bebt mein Inneres, wenn ich von den ruchlosen Taten des Barbarenvolkes berichte.

[...] Tugend ist von hier verbannt, und niemand sorgt sich irgend um wirkliche Scham. Ohne Gewand schreiten Männer und Frauen nackt einher. Man kann hier Eheverbindungen sehen, die die zivilisierten Völker meiden, und die Sitten, die einst Platon vergeblich lobte, Griechenland aber verspottete. [...] Immerzu toben wilde Kriege, immer stachelt die Erinnye die Herzen auf, und nachdem das ermattete Cuzco bezwungen ist, müht sich Mexiko in den wiederaufgenommenen Waffen ab, oder die übrigen Könige beginnen erneut schlimme Kämpfe, damit es nicht an Brudermord und Bürgerkriegen fehle. Aber für Tapferkeit gibt es bei diesen Schlachten keinen Platz. Mit Hinterlist werden die Unvorsichtigen zu Fall gebracht und man trägt Speere, die mit furchtbarem Saft bestrichen werden. Ihnen stehen die Kräuter weit nach, die Iynx rupfte, als sie dem großen Juppiter einen gräßlichen Trank braute, oder die, die Kolchierin an verschiedenen Gestaden sammelte, weil sie den wachsamen Drachen einschläfern wollte, oder auch die Zaubersäfte, die Kirke mit Hilfe ihrer Jungfrauen bereitete, um Männer zu verwandeln oder um ein Mädchen zu behexen. Hier macht aber die Wut noch nicht halt, und es genügt nicht den Feind zu töten. Sie wütet noch gegen die Toten und ihren Leichnam. Man zerreißt die noch zuckenden Glieder und bildet aus ihnen hohe Siegesmale, man veranstaltet Gelage und alle verspeisen froh vereint das Menschenfleisch. Darin nur besteht ihr Vergnügen, dies ist die süße Frucht und der Trost für den langen Krieg, dies die Mannhaftigkeit des gräßlichen Volkes und seine tapferen Taten. Und nicht nur besiegte Feinde erwartet diese überaus grausame Strafe, Mitbürger und unschuldige Nachbarn zerfleischen sie und verschlingen die Zerstückelten in ihren Bauch, in ihren gierigen Bauch, dem kein Raub zuviel ist und kein Verspeisen von Menschenfleisch, das des Thyestes würdig ist, und kein Gelage, das mit der Tafel des Lykaon wetteifert.

[…] Du siehst, erhabener Vater, daß es keine Religion hier gibt. Wer verehrt denn die heiligste Gottheit Christi? Ja, der größte Teil von uns kennt überhaupt keine Götter, verlacht alle göttlichen Wesen und bringt keine reichen Geschenke zu Tempeln und Altären. Einige verehren von Hand gefertigte Idole oder den grollenden Donner, Regen und Schnee und was sonst noch zu schaden vermag. Andere halten dafür, Raubkatzen mit Weihrauch zu ehren und Wölfe sowie wilde Löwen mit schäumendem Rachen, auch sonst gewaltige Tiere und Götter, die die Fluren am Nil hervorbrachten – sie entsprossen aus trockenem Samen. […] Höre denn gnädig, welches Ende ich all diesen Schandtaten wünsche! Ich fordere nicht, daß strafende Sintflut die Verbrechen auslösche oder daß die Zeiten der elenden Pyrrha zurückkehren sollen. Weit entfernt seien auch die Geschosse, die von den Händen der Kyklopen gefertigt werden. Ich bitte, daß die Medizin mild sein möge, und die Wunde sollte nicht durch eine Wunde geheilt werden. Wenn aber ein unheilbarer Teil mit dem Schwert abgetrennt werden muß, laß bitte die übrigen Glieder unversehrt, und die Kinder sollen wenigstens aus dem Untergang ihrer Eltern einen Nutzen ziehen. […] Hilf doch bitte endlich, gerechtester Lenker der Welt, diesem Mann, und bekehre die Herzen der Könige, damit wir wieder dem Nutzen der Menschen offenstehen. Für diese Aufgabe (Du weißt ja alles) ist keiner geeigneter als Kolumbus. Denn er verehrt dich unermüdlich, kennt das Aussehen des Meeres und die Gestirne der hellen Nacht und weiß, ob Äolus Nord- und Südwinde aus den verschlossenen Höhlen aussendet. […] So redet Atlantis. Ihr antwortet der König des Olymp, und spricht sanft: »Zurecht ermahnst du mich, Liebe, ein günstiges Schicksal ist dem Kolumbus bestimmt, die Sterne lächeln ihm Beifall und ich selbst werde ihn unterstützen. Es wird geschehen, worum du bittest. Und noch vor Ablauf eines ganzen Jahres mit seinen zwölf Monaten wirst Du die spanische Flotte an Deinem Gestade erblicken und die Entdeckung des neuen Erdteils erfahren. Und wenn der gewaltige Titan fünf Zeiten in den Herbstmonaten durchlaufen haben wird, wird der florentinische Führer Euer Gestade betreten, und nach seinem Namen das Festland Amerika nennen; dieser wird Dich Europa zu immerwährendem Nutzen zeigen, und infolgedessen wird Dein Land immerzu offenstehen, und eher wird Phoebus seine gewohnte Bahn verlassen und sich nach Süden wenden und die Bärinnen Feuer fangen, und der große Bau der Welt, der durch mein Wirken steht, in sein Chaos zurückkehren, als daß Atlantis, die auf mein Geheiß hin offensteht, wieder ins Dunkel zurücksinkt.« So spricht der Allmächtige, und während sich Atlantis über diese Worte freut und sich an ihnen aufrichtet, kehrt ihre alte Kraft zurück, die bleiche Farbe weicht aus ihrem Gesicht, Haare wachsen ihr nach, die Federn stehen aufrecht und die gereinigten Waffen blitzen in neuem Glanz.

959–1110

[…] Währenddessen bedeckt die Nacht mit tiefer Dunkelheit den Himmel und die übrigen Gefährten pflegen der sanften Ruhe. Dem Admiral aber raubte die Fülle der Sorgen den angenehmen Schlaf. Denn er erwägt bei sich die Unruhe unter den Seeleuten, es wird ihm bange und er beklagt bei sich die Ungunst des Schicksals, schon belädt er den Himmel mit flehentlichen Bitten und plagt Gott mit Gebeten. Aber der Schlaf überwältigt unterdessen die ermüdeten Glieder und unterbricht die flehenden Worte. Sogleich wird dem Betrübten wundersame Hilfe des höchsten Gottes zuteil. Atlantis steht ihm leibhaftig vor Augen und spricht: »Sei gegrüßt, du tapferster unter den Ligurern, und freue dich lange mit mir! Ein gnädiges Schicksal, das Glück und der höchste Lenker der Welt sind dir wohlgesonnen und ich selbst habe nie aufgehört, mich um dich zu sorgen, und tue es auch jetzt nicht. Wenn du zögerst mir zu glauben, siehe, ich will dir die Wechselfälle unseres Schicksals und unser Los enthüllen. [...] Der rasende Wahnsinn der wankelmütigen Menge braucht dich nicht zu beunruhigen. Du mußt nicht mehr lange warten, vernimm vielmehr froh, welch gute Kunde ich dir bringe! Sobald morgen früh Aurora mit ihrem rosenfarbigen Gespann den Himmel färbt, wird dir das ersehnte Land sichtbar vor Augen liegen.« So sprach sie, entfernte von dem Schild, den sie gerade in der Linken trug, die Umhüllung und zeigte ihm die entblößte Fläche. Der des Feuers mächtige Gott hatte ihn, den Sprüchen der Parzen gehorchend, ganz mit schicksalsverheißenden Formen verziert. Man kann hier in langer Ausdehnung den atlantischen Erdteil sehen, der in zwei Teile geteilt ist. Der eine wendet sich nach Süden, der andere reicht bis zum kalten Norden. Beide, die sich lange hinziehen, verbindet in der Mitte eine Meerenge; Sie hält auf beiden Seiten mit hohen Bergen die Meere ab, die verstreut Landstücke unterbrechen und verschiedene Inselgruppen. All dies erblickt Kolumbus voll Staunen und wird von dem Anblick gefesselt, und je mehr er sieht und genauer alles betrachtet, umso mehr wundert er sich über die Linien des ungewohnten Bildes. Also widmet er sich zunächst den Einzelheiten. Erst betrachtet er eifrig die Kräuter, Blumen und Lebewesen, die in unseren Breiten unbekannt sind, und die Flüsse, die zwischen grasreichen Hügeln dahingleiten, und die von Gold überquellenden Ufer; dann mustert er die königlichen Bauten, die wenigen Städte und die verborgenen Höhlen und Wohnungen in den Bäumen. Bald bestaunt er die schrecklichen Giganten mit ihrer gewaltigen Körpermasse, die ganz ohne Kleidung einherschweifen. Er mißbilligt ihre gräßlichen Sitten und ihre schändlichen Riten. Während Christoph so seine Blicke über die Einzelheiten schweifen läßt und der Göttlichen aufmerksam zuhört, wenn sie ihm die Grenzen der Länder und die schrecklichen Namen erläutert, die den barbarischen Sinn des Volkes bezeugen, und während sie ihm die Küste von Guanahani zeigt, in deren Hafen er die ermattete Flotte vor Anker gehen lassen kann, siehe, da geschieht vor seinen Augen plötzlich ein seltsames

Wunder. Alles verändert sein Aussehen, jedes Einzelne entsteht neu und besser. Man sieht nicht mehr Laubdächer und Höhlen, die von harten Dornen starren, Mauern treten hervor und Städte mit hohen Türmen, und Landstädte erheben sich auf einst leeren Feldern. Ja sogar jedem Gebiet scheint sein Name zugeschrieben zu sein und leuchtet hell in vergoldeten Lettern. […]

1217–1245
Es gibt einen Ort in einer tiefen nach Norden gerichteten Bucht, wo sich die Insel durch die Krümmung der Seiten zu einem Bogen formt, ein zuverlässiger Hafen für sturmgepeinigte Schiffe. Hier schweigt, unbehelligt von den Winden, das Meer, denn hoch ragen Felsen in den Himmel und ein Hain spendet dichten Schatten. In diesen Hafen lief der Ligurer ein und fuhr mit dem Schiff zur ersehnten Küste; er läßt einen Baum fällen und errichtet für Christus ein Kreuz, fügt die Insignien der spanischen Könige hinzu und kniet demütig nieder, hebt seine Hände und sendet dieses Gebet in den Himmel, den zu sehen er sich so sehr gewünscht hatte: »Wir haben gesiegt, ihr Gefährten, und das große Meer überwunden. Wir kamen ans Ziel. Keiner kann in Zukunft mehr meine Taten leugnen. Diese Erde ist dem spanischen König zugesprochen. O auf ewig preiswürdiger Tag, der du mich endlich froh die Küste von Atlantis betreten läßt! O größter König der Welt, der Du über die Erde und den weiten Himmel gebietest und über die Fluten des Ozeans, wie soll ich dir nun für dieses Geschenk genug und würdig danken! Dieses Land wird hinkünftig Deinen Namen, Erlöser, tragen. Denn durch Dein Gnadengeschenk gelangte unser Schiff glücklich an den fremden Strand. Und du, der uns diese unbekannten Küsten entdecken ließ, die Dir zu eigen sind, halte von ihnen die Finsternis auf ewig fern, und wenn – wie ich hoffe – irgendwelche Völker diese Länder bewohnen, lenke ihren Sinn, daß sie gern Deinen Namen empfangen und ihn verehren, bis Christus auf der ganzen Welt angebetet wird. So sollen, erhabener Lenker, durch meine Entdeckung die beiden Welten wieder zusammenkommen und ein Glaube beide Indien erleuchten!«

(1659)

François-Marie Arouet (Voltaire)

Über den Geist und die Sitten der Nationen

VIII. Amerika

Ist es möglich, daß man noch immer die Frage aufwirft: woher die Menschen gekommen sein mögen, die Amerika bevölkert haben? Sicherlich müßte man dieselbe Frage in Betreff der Völkerschaften von Australien aufstellen, die ja noch viel weiter von dem Hafen entfernt sind, in dem Christoph Columbus unter Segel ging, als die Antillen. Man hat überall, wo die Erde bewohnbar ist, Menschen und Thiere gefunden – wer hat sie dahin versetzt? wir haben es schon gesagt: es war Der, welcher auch das Gras sprießen ließ und man durfte sich nicht mehr über die Menschen wundern, die man in Amerika fand, als über die Fliegen.

[…] Noch heute werden Karten der alten Welt gestochen, auf denen Amerika als Atalantis, die Inseln am grünen Vorgebirge als Gorgaden und die caraïbischen Inseln als Hesperiden bezeichnet werden. Das Alles gründet sich jedoch nur auf die alte Entdeckung der canarischen Inseln und die muthmaßliche Entdeckung von Madera durch die Phönizier und Karthager. Auf den alten Karten hängen diese Inseln beinah mit Afrika zusammen. Vielleicht waren sie in alten Zeiten nicht so weit davon entfernt als heutzutage. […]

(1756)

August von Platen

Colombos Geist

Sterne funkelten, Orkane ruhten,
Als den Wendepunkt die Nacht erreicht,
Und es bahnte durch die dunklen Fluten
Sich das Schiff die feuchte Straße leicht.

Traurend saß der neu entthronte Kaiser,
Hielt das Haupt in seiner tapfern Hand,
Und bescheidne Wellen spülten leiser
Um das Steuer des Northumberland.

An die Schlachten mahnt er sich im Geiste,
Die er schlug, und an sein altes Heer,
An den Ruhm, der durch die Welten kreiste:
All dies war, und all dies ist nicht mehr!

Dessen Kraft nicht Rahab's Steppen zwangen,
Die Waräger-Wüste kaum besiegt,
Fühlt im engen Schiffe sich gefangen
Durch den Ozean beschämt gewiegt.

Als er hadernd seinem Trau'rgeschicke
Selbst des Himmels ehrne Fügung schalt,
Da erschien vor dem getrübten Blicke
Eines Helden würdige Gestalt.

»Klage nicht, wenn auch die Seele duldet«,
Spricht der Schatte, der sich ihm gesellt,
»Schuldlos trug ich, was du trägst verschuldet,
Und Colombo nannte mich die Welt.

Ich zuerst durchschnitt die Wasserwüste,
Die, ein Zürnender, du nun befährst,
Der Atlantis frühverlorne Küste,
Es betrat sie dieser Fuß zuerst.

Und schon glänzt, in goldner Morgenhelle
Auferstehend, jenes teure Land,
Das zum Fron ich keiner Isabelle,
Doch der Menschheit zur Verklärung fand.

Segle westwärts! freu' Dich an dem Lichte,
Das dem Stillmeer, groß und klar, entstieg;
Denn nach Westen flüchtet die Geschichte,
Denn nach Westen wendet sich der Sieg.

Weh Europa! Deine Weisen starben,
Die Heroenjugend sank und fiel,
Sieh vertrocknet des Urbiners Farben,
Sieh verstimmt das letzte Saitenspiel!«

Sprach's der Geist, und rasch dahin gegangen,
Schien er, wie ein Wirbelrauch, verweht:
Freude rötet des Verderbers Wangen,
Weil Europa nach ihm untergeht.

(Würzburg, Juni 1818)

Alexander von Humboldt

Kritische Untersuchungen über die historische Entwickelung der geographischen Kenntnisse von der neuen Welt

Es ist in hohem Grade belehrend, die Meinungen, welche sich die Alten von der Möglichkeit einer Verbindung zwischen den entgegengesetzten Enden des bewohnten Theiles der Erdoberfläche, so wie über das Vorhandensein einiger anderen, davon getrennten Continentalmassen gebildet hatten, neben einander zu stellen und mit einander zu vergleichen. Diese Meinungen sind in ununterbrochener Folge, das ganze Mittelalter hindurch, von einem Zeitalter zum anderen überliefert worden. Von den *Origines* des *Isidorus* von Sevilla bis auf *Georg Reisch*, Prior's des Karthäuserklosters zu Freiburg, *Margarita philosophica*, ein Buch, welches von überaus großem Einflusse auf den Zustand der Kenntnisse im sechzehnten Jahrhundert gewesen [...], jetzt aber fast gänzlich, selbst bis auf den Namen, vergessen ist, haben die berühmten Männer, Vincenz von Beauvais (Vincentius Bellovacensis, Verfasser des *Speculum maius*), John Salisbury (Ioannes parvus Sarisberiensis), Roger Bacon und Pierre d'Ailly aus den Schriften des Aristoteles, des Plinius, der unglücklicher Weise dem Strabo vorgezogen wurde, und des Seneca Alles geschöpft, was sich auf Kosmographie und auf die Physik unseres Erdkörpers bezieht. Durch dieses ununterbrochene Ineinandergreifen ist es möglich gewesen, daß eine und dieselbe Gedankenfolge sich erhielt und einen herrschenden Einfluß auf die Geister ausübte, als der Eifer für weite Reisen in das Innere des Festlandes dem Eifer für weite Reisen zur See Platz machte. Indem ich eine Reihe von Untersuchungen anstellte und Fragen aufwarf, welche schon wegen ihrer Wichtigkeit für das Studium des klassischen Alterthums von Erheblichkeit sind, habe ich es nicht über mich gewinnen können, alles dasjenige mit Stillschweigen zu übergehen, was sich weniger auf die Beschreibung der wirklichen Welt bezieht, als in das Gebiet der *mythischen Geographie* hinübergreift. Es verhält sich mit dem Raume, wie mit der Zeit: Niemand wird im Stande sein, die Geschichte aus einem philosophischen Gesichtspunkte zu behandeln, wenn er die Zeiten des Heroenalters in gänzlicher Vergessenheit begräbt. Die Mythen der Völker, welche der Geschichte und Geographie beigemischt sind, gehören nicht durchgängig in das Gebiet der idealen Welt. Wenn einerseits Unbestimmtheit eins ihrer hervorstechendsten Kennzeichen, und in ihnen die Wirklichkeit von dem Symbol mit einem mehr oder minder dichten Schleier bedeckt ist, so enthüllen dennoch andererseits die Mythen, die in inniger Verkettung mit einander verbunden sind, die ersten Wahrnehmungen in dem Gebiete der Weltkunde und der physischen Erdbeschreibung. Die Thatsachen, welche uns die Geschichte und Erdkunde in ihren ersten Anfängen darbieten, gehören nicht bloß unter die Zahl sinnreicher Erfindungen: die Ansichten, welche man sich in der Zeit ihres Entstehens über die Welt in ihrer Wirklichkeit gebildet hatte, spiegeln sich treu darin ab. Das große Festland jenseits des Kronischen Meeres und die Atlantis des Solon, welche die Einbildungskraft der Zeitgenossen des Christoph Columbus beschäftigten, haben ohne Zweifel niemals die örtliche Realität gehabt, welche man ihnen anwies; muß man sie aber deshalb in die *sentina fabularum* werfen, sie mit ähnlicher Verächtlichkeit behandeln, wie die Kabiren, die samothracischen Mysterien, und Alles dasjenige, was auf die erste Gestaltung der religiösen Meinungen, der Ansichten über die Configuration des Erdkörpers, die Verwandschaft der Völker, die Verschwisterung der Sprachen Bezug hat? – Ansichten und Meinungen, deren Entstehen auf einer instinktmäßigen Entwickelung des menschlichen Einsichtsvermögens beruhet.

[…] Nächst der angeblichen Prophezeiung des Seneca beschäftigte die spanischen Schriftsteller zur Zeit der Entdeckung von Amerika am meisten die große Katastrophe der Atlantis des Solon. Zwar erinnere ich mich in der That nicht, irgendwo in den Briefen des Columbus oder in den Bruchstücken seiner Abhandlung von der Eroberung der *Casa Santa* eine Erwähnung der Atlantis gefunden zu haben; aber sein Sohn spricht von der *Isla Atlantica*, welche er, wie ich schon oben zu bemerken Gelegenheit gehabt habe, mit der kleinen Euböa gegenüberliegenden Insel *Atalanta* verwechselt hat, die, wie wir aus den Berichten des *Thucydides*, *Seneca*, und

Strabo wissen, um Ol. 88,2 durch ein Erdbeben vernichtet wurde. *Herrera* sagt, daß man nur deshalb die Insel *Atlantis* des Plato für eine der Antillen gehalten habe, um dem Admiral den Ruhm seiner Entdeckung zu schmälern. Ich bin weit davon entfernt, diese bis zum Ueberdruß besprochene geologische Frage wieder aufzunehmen. Die Probleme der mythischen Geographie der Hellenen können nicht nach den denselben Grundsätzen behandelt werden, wie die Probleme der positiven Geographie. Sie bieten gleichsam verschleierte Bilder mit verwaschenen Umrissen dar. Die Bemühungen Plato's, diese Umrisse deutlicher hervorzuheben und bestimmter abzugränzen, und die Bilder durch Anwendung von Ideen, welche eine bei weitem neue Theogonie und Politik an die Hand geben konnten, haben den Mythus von der Atlantis aus dem ursprünglichen Kreise von Ueberlieferungen herausgerissen, zu welchem der große Saturnische Kontinent (*Plut., de facie in orbe lunae*, p. 941,2), die bezauberte Insel, auf welcher Briareus neben dem schlummernden Saturnus wacht, und die Meropis des Theopomp gehören. Hier ist es von Wichtigkeit, an die geschichtliche Beziehung der Mythe von der Atlantis zu Solon zu erinnern. In seiner einfachsten Bedeutung bezeichnet der Mythus die Epoche »eines Krieges, welchen Völker, die außerhalb der Säulen des Herkules wohnten, mit denen führten, welche östlich von demselben ihre Wohnsitze hatten« (*Crit.* p. 108). Es ist ein Einbruch von Westen her; und so wie wir in der *Meropis* des Theopomp und dem Saturnischen Lande des Plutarch, gleich wie in der Atlantis, einen Kontinent erkennen, mit welchem unsere οἰκουμένη verglichen nur eine geringfügige Insel ausmacht, so hängt anderer Seits die Zerstörung der Atlantis durch Erdbeben mit der alten Ueberlieferung von Lyctonien zusammen, einem geologischen Mythus, welcher sich auf das Becken des Mittelmeeres von Cypern und Euböa bis nach Korsika bezieht, und, vielleicht in den *Argonauticis* des falschen Orpheus besungen, in bei weitem neueren Zeiten, nach dem Vorgange der gelehrten Schule von Alexandrien, zur Unterstützung geologischer Systeme durch die ursprünglichen Traditionen der Hellenen benutzt wurde. Dieser Mythos von Lyctonien, welcher ohne Zweifel sehr alt ist, weil durch ihn das Festland und die Inseln von Griechenland, welche die Atlanten erobern wollten, ihre Gestalt erhielten, ist vielleicht allmählig nach Westen jenseits der Säulen hinausgeschoben worden. Es ist in der That bemerkenswerth, daß in allen diesen kosmogonischen Mythen, welche wir so eben erwähnt haben, Lyctonien und Atlantis die einzigen Länder sind, welche unter der Herrschaft des Neptun, der mit seinem Dreizack die Welt erschüttert (σεισίχθων), durch große Katastrophen untergehen. Die Saturnischen Kontinente bieten nicht diese Eigenthümlichkeit dar, und eben deshalb scheint mir die Atlantis, trotz ihres wahrscheinlich ägyptischen Ursprunges und der muthmaßlichen Uebersiedelung dieser Mythe von dem Nilthale aus nach Griechenland, ein Wiederschein von Lyctonien zu sein.

(1836–1839)

Jacinto Verdaguer

Atlantis

Eingang

[...] Der Klausner öffnet der Erinnrung Blätter
Und liest dem Freund die alte Sage vor.
Begeistert lauscht der Jüngling seinem Retter,
Atlantis steigt vor seinem Aug' empor:
Wie Perl' an Perl' zum Rosenkranz sich reiht,
Weckt Wort um Wort versunkne Herrlichkeit.

Des Jünglings Seele schwebt auf Adlerschwingen
In ungeahnte Fernen übers Meer;
Der Erde Grenzen will sein Blick durchdringen,
Europas Ketten fesseln ihn nicht mehr.
Der Greis, er ist der Sage guter Geist,
Der Jüngling, der ihm lauscht, Columbus heißt.

Zweiter Gesang
Der Garten der Hesperiden

[...] Da plötzlich schweigt der Mägdlein Spiel und Sang,
Sie sehn den Helden in der Löwenhaut.
Die Riesenfaust, sein wilder Kriegerschmuck
Erschreckt ihr kindlich Herz; doch seine Augen,
Sie freun sich noch am sanften Spiel der Jugend
Und scheuchen rasch des Schreckens Nebel fort.
Jetzt naht er und ergreift des Baumes Zweig:

Da stürzt auf ihn ein Drache, flammenäugig,
Entrollt den Schweif zu einer Riesenlanze,
Droht mit der Kralle ihm, mit offnem Rachen.
Doch Herkules zertritt mit Riesenkraft
Des Drachen Haupt: erschlafft sinkt Schweif und Schwinge,
Und giftig Blut befleckt die reinen Blüthen.
Noch einmal glüht der Augen wildes Feuer,
Dann wie der Lampe Licht erlischt's im Tode.

Im Sterben windet sich des Unthiers Schweif
Rings um des Baumes Stamm, daß laut er ächzt,
Und herzzerreißend tönt der Klagesang
Der Hesperidenschar, als tropfenweise
Des Drachen schwarzes Blut zur Erde rinnt:
»O wehe dir, Atlantis, wehe allen,
Die dich als Mutter lieben; denn sie schaun
Den Tag nicht mehr. Ach, bald erfüllt sich alles,
Was uns der Vater einst vorausgesagt.

[…] Die neue Schar in ihrem Ruhmesglanz
Vergißt, daß fern im West auch Sterne strahlten.
Doch wird das Meer mit dumpfer, rauher Stimme
Für immer der Atlanten Namen künden.
Aegypten ward durch uns zur Weltenherrin;
Wir waren Helden, eh' die Griechen lebten.
Wenn sich der blonde Riesenheld einst naht,
Des Drachenwächters Haupt im Staub zertritt,
Dann thut sich für uns alle auf das Grab!«

»Oh weh, der blonde Held hat sich genaht!
Er kommt zu euch, Atlanten; schon beginnt
Der Fäller dich, o schöner Baum, zu fällen.
Er pflückt dein Laub, beraubt dich deiner Zweige,
Und deines Lebens Kraft nimmt dir die Erde.« […]

Vierter Gesang
Die Straße von Gibraltar

[…] Erstaunt ob seiner Hände Werk, so steht
Der Held. Er wähnt zu träumen nur, da naht
Ein Engel ihm, ein Riese von Gestalt:

Der Griechen Leier kennt ihn nicht, den Namen
Verschwieg uns Delphis Götterstimme selbst.
Sein Flammenauge schleudert Zornesblitze;
Entsetzen, Sturm, Verwirrung ihn umhüllen;
Ein Feuerring umgibt ihn, funkensprühend
Aus des Gewandes Wolken zuckt der Blitz,
Und seine Stimme klingt wie Donners Rollen.
Er steigt herab mit seinem Racheschwert
Und schwingt es über seinem Riesenopfer;
Am Tage des Gerichtes wird sein Stahl
Sich bohren bis ins tiefste Mark der Erde.
Und auf Atlantis zückt er jetzt das Schwert,
Das er in Gottes Zornesschale tauchte.

[...] »Versinkt in eurem Stolz, ihr Atlantiden!
Das Land, das euch getragen, berste jetzt
Gleich einem morschen Wrack! Ihr Berge, Länder,
Macht Platz und gebt den Meeresfluthen Raum!
Dein Urtheil ist mit ew'ger Hand geschrieben,
O Volk, das unbezwingbar sich geglaubt.
Laßt ab vom Kampf, ihr Riesen! Laßt vom Scherz,
Ihr frohen Hesperiden, und verstummt!
Steigt auf zum Himmel, die ihr rein geblieben –
Zur Hölle fahrt, Poseidons feile Sklaven!
Und deine Keule sei die Grabesschaufel,
O Herkules, Atlantis zu verschütten!
Doch daß dir nicht das Herz vor Gram zerspringe,
Tilg' ich vom Fluch den Namen der Geliebten.
[...] Ermanne dich! Wirf dich von Calpes Felsen
Kühn in der Fluthen Brausen; ihrer Wuth
Entreiße rettend Hesperis, die Herrin! –
Und weiter will ich hören auf die Stimme
Des Herrn, der meine Hand geführt und schrecklich
In seinem Zorn der Welten Frevel straft.« –

[...] Einst wird der schönen Hesperis Geschlecht
In ihren Enkelsöhnen wieder leben
Und des versunknen Landes Trümmer einen;
Dann kehrt es endlich heim zu meiner Liebe. [...]

Achter Gesang
Der Untergang

Schon war der Fels, der Calpes Namen trug,
Des Sturmes und der Blitze Spiel geworden.
Zerschmettert bersten schwere Centnerblöcke;
Sie hatten still in dunkler Gruft geruht,
Sie hatten nie des Tages Licht geschaut –
Jetzt sehn sie Licht, jetzt zittern sie und beben!
Entsetzt ob der Zerstörung stürzen sie
Hinab, vorbei an andern, die noch gestern
Als starke Stützen ihnen kraftvoll dienten.
Sie rollen hin, zersplittern sich im Fall,
Und rasend fährt der Sturm den Trümmern nach.
Jetzt hat er sie erreicht, er wirft sie hin,
Zerstückelt sie; doch kaum erfreut er sich
Des neuen Spielballs seiner tollen Lust,
Da braust das Meer heran, entreißt voll Neid,
Was Blitz und Sturm nur ungern überlassen.
Bald ist der riesenstolze, starre Fels
Vom Meer zerfressen, aufgelöst, zerrieben
An Stein und Klippen; seine einst'ge Größe
Verkündet nur des Strandes bleicher Sand.
Denn was mit treuer Hut in langen Jahren
Die weise Bildnerin Natur vereinte,
Das reist sie jetzt, sich zornig selbst bekämpfend,
Gewaltsam ein. –
Verschwunden sind die Gipfel,
Sie stiegen nieder zu den grünen Thälern;
Verschwunden ist der Hesperidengarten:
Atlantis windet sich im Schmerzgeheul,
Ein Weib, das klagend sich den Tod gebiert.
Seht, wie die Erde selbst mit dumpfem Tosen
Die dunkeln Schlünde öffnet, Riesenbergen
Ein tiefes, schwarzes Riesengrab bereitet!
Hier bleibt kein Stein mehr von der stolzen Stadt,
Kein Baum mehr von den grünen Palmenhainen;
Hier liegt im Todeskampfe eine Welt
Und haucht den letzten Lebensseufzer aus. –
Tief unten in dem Schoß der dunkeln Erde,

Da haust der riesenhafte Minhocao:
Jetzt dringt aus breiten Spalten Tageslicht
Hinab in seine graus'gen, finstern Höhlen,
Jetzt wird er aufgeschreckt aus dem Versteck;
Er schnellt empor in grenzenloser Wuth,
Durchrast die Trümmer der zerstörten Städte,
Durchwühlt der eingestürzten Berge Klüfte
Zu neuem Schrecken der entsetzten Thieren,
Die noch die letzte Scholle Land umklammern.
Sie lassen los, von blinder Angst getrieben,
Und fallen in das offne Wogengrab.
Doch Minhocao stürzt sich ihnen nach
Und schreckt auch hier des Meeres wilde Brut.

Und neue Schrecken speit der Abgrund aus:
Noch andre Ungeheuer weilten dort,
Ihr Sitz war in des Lebensbaumes Mark.
Wie sich der Fluß im Laufe krümmt und windet,
So wälzen Riesenschlangen sich daher,
Und Drachen, Skorpione, gift'ge Nattern,
Der Basilisken Schar, verderbenbringend,
Entsteigen jetzt der Erde schwarzem Schlund.
Und was noch nicht die tolle Fluth geraubt,
Was noch sich lebend barg vor ihrer Gier,
Das würgt der neuen Ungeheuer Rasen.

Auch hoch am Firmamente künden sich
Des Unheils, der Zerstörung Zeichen an:
Im Dunkel flammen Feuerkugeln auf
Und gleiten leuchtend durch die Aetherbahn;
Und überall durchfurchen Blitzesschlangen
Mit grellem Schein das schwarze Wolkenmeer.
Wie vor der Wucht der angestauten Waffen
Der starke Damm entweicht und endlich bricht,
Wenn sich die Wasser ungestüm ergießen:
So bersten jetzt die Wolken, überströmen
Atlantis donnernd noch mit neuen Fluthen.
Und Wog' auf Woge häuft erbarmungslos
Sich auf der Schuldbeladnen stolzes Haupt:
Da fühlt sie ihre letzte Kraft erlahmen,

Und ihre Glieder sinken schlaff herab,
Wie Rosenbüschel in der Sonnengluth.
In seiner Rache unaufhaltsam senkt sich
Zum Fluch auf ihre Stirne Gottes Zorn,
Trifft die verworfne Welt bis in das Herz.
Seht! Sie versinkt, – an ihre Felsenfersen,
Da krallen sich, wie Fledermäuse, fest
Des dunkeln Hades ruhelose Geister
Und reißen sie hinab zur Unterwelt.
Nichts hält die ungestüme Fluth zurück;
Des Mittelmeeres Wellen stürzen sich
Mit wildem Brausen gierig auf Atlantis,
Zersprengen ihre Mauern, graben, wühlen
Mit ungezähmter Wuth am Fundament.
Hoch werfen sie den Felsblock in die Luft,
Und wenn er donnernd sinkt, reißt ihn der Strudel
Mit fort – und weiter jagt der Wogenschwall
Gleich Stieren, die in zügelloser Lust
Von dannen rasen, wenn die Schranke fiel.
Und tosend prallt im weißen Wellenwirbel
Ein Felsen auf den andern, sprengt ihn los,
Und beide reißen wieder neue mit sich.
Von Nord und Süd erheben sich die Meere,
Auf Sturmesflügeln jagen sie heran
Und kämpfen gegen Städte, Inseln, Gletscher.
Die Trümmerfetzen fallen hier und dort,
In toller Eile brausen sie vorüber,
Und hinter ihnen reißt der Wogenschwall
Zerborstne Schiffe, Herden wilder Tiere
Zum wirren Knäu'l geballt gewaltsam fort.

[…] Die Königin des unglücksel'gen Reiches,
Das Gottes Fluch vertilgt von dieser Erde,
Sie liegt am Boden wie die welke Rose.
Wird nicht barmherzig sie des Todes Hand
Erlösen und den edlen Geist befreien
Von der Erinn'rung unheilvollem Bann?
Doch nein! Der Todesengel hält zurück
Der scharfen Sense Schneide; seine Schwingen,
Sie streifen leise im Vorüberfliegen

Des schönen Weibes bleiche Stirne nur,
Und todesmüde schließen sich die Augen
Zu langem Schlaf: sie sollen nicht mehr sehen
Der eignen Söhne furchtbares Gericht,
Das in den Meeresfluthen sich vollzieht. […]

(1877)

Hart Crane

Die Brücke

VIII Atlantis
[…]
Von aufgetanen Strudeln, vor Trommeln grausig,
unglaublicher Fahrt-Vision, noch offen, spannend –
Brücke, die die Nacht erhebt zum Zyklorama-Kamm
des tiefsten Tages – o Chor, Zeit übersetzest
ins ach so mannigfache Verb, das Sonne
und der Wasser Synergie jemals verschmelze, Rückstoß
in Myriaden Silben, – Psalm von Cathay!
O Liebe, dein weißes Verderbnis-Paradigma …!

Den Hafen ließen in der Nacht wir hängen –
Laternenschein sprang fort vom Kiel.
Pazifik, hier am Zeitenende, Mais einfährt, –
wund stammeln Augen sich durch Stahl und Staub.
Und stets als Bogen und außer Frage Fries
aus Himmels Andacht, welches jocht die Welle
Kniefall-Welle an, innig ein Lied spannend –
Die Frühlingsstrophe klingt aus Unsterbens-Saiten!

O du stahlharte Erkenntnis, deren Sprung bewahrt
das wendige Revier der Wiederkehr der Lerche;
vom Schwung von ihrem Lasso sing umfangen,
in einzelner Puppe Form von vielen zweien, –
der Sterne Netzstich bist und Hengstglut,
gleich einer Orgel, Du, im Klang nach Schicksal –
Blick, Klang und Fleisch führst aus dem Zeitreich,

da Liebe schlägt dem Steuerruder klare Richtung.
Rasch toset Diesseits-Licht, intrinsisch Mythe,
deren grimmer Unschatten gar Tod verwundet, –
o Fluß-gekehlte – schillernd aufgebracht
vom hellen Trank und unsrer Adern Webe;
mit weißen Wällen ans Licht geschwungen,
in Tränen aufrecht, stiftet Städte man,
und sie, mit ihren reifen Feldern tosend,
durchläuft in Ernten aus süßer Qual.

Auf immer göttlich schillerndes Versprechen,
Du, deren Preislied neu die Säfte mischt
verhaltner Öffnung und Seligkeit, –
immer durch blendende Seile, uns erfreuend,
entspringt der weißen Spanne dein die Prophezeiung:
Immer durch zwirblisch Tauwerk, Pyramiden
Silbergefolgschaft, der Gottheit junger Name,
gefacht vom weißen Chorgefieder … aufsteigt.

Wanderschaften, unabdingbar, leeren das Gedächtnis,
Erfindungen steinpflastern das Herz, –
unbeschreibliches Du, Brücke zu dir, o Liebe.
Dieses Geschehene vergib, weißeste Blume,
o Alles-Beantworterin, – Anemone, –
deren Petale soeben über uns Sonnen ausgeben, halt –
(o du, deren Strahlung sich mir vererbet)
Atlantis, – im Schwung halt deinen Sänger lang!

So auf dein Immerwähren, jenseits der Zeit,
wie Speere, blutgetränkt vom Einschlag eines Sterns,
der die Unendlichkeit zur Ader lässt – orphische Saiten,
siderische Phalanxen, fahrt auf und fließt in eins:
– ein Lied, eine Feuer-Brücke! Ist es Cathay,
wo Mitleid jetzt das Gras tränkt und Regenbogen,
die Schlange mit dem Adler in den Blättern ringen …?
Flüster-Wechselschlag schwingt im Azur.

(1930)

Claude Lévi-Strauss

Traurige Tropen

Dritter Teil: Die Neue Welt

VIII Die Roßbreiten

[...] Würden uns auf der anderen Seite des Grabens noch all jene Wunderdinge empfangen, von denen die Seefahrer vergangener Jahrhunderte berichten? Als sie jungfräuliche Gebiete durchstreiften, dachten sie weniger daran, eine neue Welt zu entdecken, als die Vergangenheit der alten Welt bestätigt zu finden, der Welt von Adam und Odysseus. Als Kolumbus auf seiner ersten Reise auf den Antillen landete, glaubte er vielleicht, Japan erreicht, aber mehr noch, das irdische Paradies wiedergefunden zu haben. Und die vierhundert Jahre, die seitdem vergangen sind, können gewiß nicht jenen großen Zeitabstand aufgehoben haben, dank dem die Neue Welt zehn- oder zwanzigtausend Jahre lang von den Wirren der Geschichte verschont geblieben ist; auf einer anderen Ebene muß etwas übriggeblieben sein. Und tatsächlich sollte ich bald erfahren, daß Südamerika zwar kein Garten Eden vor dem Sündenfall mehr war, aber daß dieser Kontinent es noch immer diesem Geheimnis verdankte, ein Goldenes Zeitalter geblieben zu sein, zumindest für Leute, die Geld hatten. Doch sein Glück war im Begriff zu schmelzen wie Schnee in der Sonne. Was ist heute davon übriggeblieben? Nur noch ein kostbarer kleiner Rest, zu dem einzig die Privilegierten Zugang haben, hat sich dieses Glück auch in seinem Wesen verändert: das Ewige ist historisch geworden, und das Metaphysische sozial. Das Paradies der Menschen, das Kolumbus zu erblicken wähnte, setzt sich fort im süßen Leben, das nur den Reichen vorbehalten ist, und geht zugleich daran zugrunde.

Der rußdunkle Himmel der Roßbreiten, ihre drückende Atmosphäre sind nicht nur das sichtbare Zeichen des Äquators. Sie künden auch von dem geistigen Klima, in dem zwei Welten einander begegnet sind. Dieses düstere Element, das sie scheidet, jene Meeresstille, in der die bösartigen Kräfte sich lediglich zu erholen scheinen, sind die letzten mystischen Schranken zwischen dem, was gestern noch zwei Planeten waren, deren Lebensverhältnisse sich so sehr voneinander unterschieden, daß die ersten Augenzeugen nicht glauben mochten, daß beide gleichermaßen menschliche

Welten waren. Ein von Menschen kaum berührter Kontinent bot sich Menschen dar, deren Gier sich nicht länger mit dem eigenen zufrieden geben konnte. Alles sollte durch diesen zweiten Sündenfall von neuem in Frage gestellt werden: Gott, Moral, Gesetze. Alles sollte, gleichzeitig und widersprüchlich, *de facto* bestätigt, *de jure* aber widerrufen werden. Bestätigt fanden sie den Garten Eden der Bibel, das Goldene Zeitalter der Antike, den Jungbrunnen, Atlantis, die Hesperiden, die Hirtenidylle und die Inseln der Seligen; aber es kamen ihnen auch Zweifel beim Anblick einer reineren und glücklicheren Menschheit (die dies sicher nicht wirklich war, aber den schon von geheimen Gewissensbissen geplagten Eroberern so erschien). Zweifel an der Offenbarung, am Heil, an Sitte und Recht. Niemals zuvor hatte die Menschheit eine so erschütternde Erfahrung gemacht und niemals mehr wird sie eine ähnliche durchleben, es sei denn, daß eines Tages ein anderer Globus auftaucht, Millionen von Kilometern von unseren entfernt und ebenfalls von denkenden Wesen bewohnt. Immerhin wissen wir heute, daß solche Entfernungen theoretisch zu überwinden sind, während die ersten Seefahrer fürchteten, dem Nichts zu begegnen. […]

(1955)

Atlantis und utopische Entwürfe

»Unsere Gründung hat den Zweck, die Ursachen des Naturgeschehens zu ergründen, die geheimen Bewegungen in den Dingen und die inneren Kräfte der Natur zu erforschen und die Grenzen der menschlichen Macht so weit auszudehnen, um alle möglichen Dinge zu bewirken.«

aus Francis Bacon, *Neu-Atlantis*

Francis Bacon

Neu-Atlantis

[...] Erfahrt also, daß vor etwa dreitausend Jahren oder noch etwas früher – was euch vielleicht ganz unglaublich vorkommen dürfte – auf der ganzen Erde die Schiffahrt, besonders der Schiffsverkehr mit entlegenen Ländern, einen weit größeren Umfang hatte als heutzutage. Ich weiß sehr wohl, wie sich bei euch die Schiffahrt in den letzten 120 Jahren entwickelt hat. Aber dennoch sage ich: damals unternahm man weitere Seereisen als jetzt. Vielleicht hat der Umstand, daß die Menschheit aus der Sintflut durch eine Arche gerettet wurde, den übriggebliebenen Menschen ein besonderes Vertrauen zur Seefahrt eingeflößt, vielleicht lag auch ein anderer Grund vor; jedenfalls ist das, was ich euch jetzt mitteile, wahr: Die Phönizier, und besonders die Einwohner von Tyrus, hatten große Flotten, ebenso die Karthager, eine etwas mehr westlich gelegene Kolonie dieses Volkes. Im Osten verfügten Ägypten und Palästina über mächtige Flotten mit zahlreichen Schiffen. Auch China und Alt-Atlantis (von euch Amerika genannt), die jetzt nur Dschunken und Kanus kennen, hatten seinerzeit Überfluß an großen Schiffen. Damals war auch unsere Insel (wie verläßliche Register der damaligen Zeit belegen) im Besitz von fünfzehnhundert mächtigen Schiffen von großem Fassungsvermögen. Von diesen Dingen, die ich euch jetzt erzähle, habt ihr wenig oder nichts mehr in der Erinnerung, während sie uns mit Sicherheit bekannt sind.

In jener Zeit liefen unsere Insel Schiffe und Fahrzeuge aller Völker an, die ich eben erwähnte. Und auf diesen Schiffen fuhren, wie das meistens so der Fall ist, außer den Angehörigen des eigenen Landes solche anderer, nicht unmittelbar am Meere gelegener

Gegenden, wie Perser, Chaldäer und Araber, so daß fast alle mächtigen und berühmten Völker uns besuchten. Von ihnen stammten einige wenige unserer Familien und Geschlechter ab, die sich noch bis zum heutigen Tage erhalten haben. Was nun aber unsere eigenen Schiffe anbetrifft, so fuhren sie fast nach allen Küsten, nach eurer Meerenge, die ihr die ›Säulen des Herkules‹ nennt, ferner in andere Gegenden am Mittelmeer und am Atlantischen Ozean, nach Paguin, einer uralten Stadt in China (dem heutigen Cambalu), und nach Quinze, das am östlichen Ozean liegt und nicht weit von der Ostgrenze des tatarischen Reichs entfernt ist.

Etwa um jene Zeit (und im ganzen folgenden Jahrhundert), vielleicht auch noch später, waren die Völker von Groß-Atlantis außerordentlich mächtig. Ein großer Mann eures Landes hat ja davon erzählt: daß das Geschlecht Neptuns dort seinen Wohnsitz nahm, von dem herrlichen Tempel, dem glänzenden Palast, von den vielen gut schiffbaren Flüssen, die sich in zahlreichen Windungen, wie ein Geschmeide, um Tempel und Stadt legten; zu diesen gelangte man auf prächtigen Stufen, wie auf einer Himmelsleiter. Mag dies auch poetisch und fabelhaft sein; soviel ist aber doch davon wahr, daß jenes Land Atlantis – aber auch Peru, das damals Coya hieß, wie auch das mexikanische Reich, damals Tirambel – stolze Reiche waren, mächtig durch ihr Heer, ihre Flotte und ihre Reichtümer. So groß war ihre Macht, daß sie in jener Zeit, jedenfalls innerhalb eines Zeitraums von zehn Jahren, zwei große Schiffsexpeditionen durchführten: und zwar die einen von Tirambel aus über den Atlantischen Ozean bis zum Mittelmeer, die anderen von Coya über den südlichen Ozean nach unserer Insel. Über die erste Expedition scheint euer Gewährsmann etwas von einem ägyptischen Priester, den er anführt, in Erfahrung gebracht zu haben. Dieser Zug hat nämlich tatsächlich stattgefunden. Ob es nun die alten Athener waren, denen der Ruhm gebührt, diese Streitkräfte zurückgeschlagen und überwältigt zu haben, kann ich nicht sagen; jedenfalls steht fest, daß von dieser Expedition weder Schiff noch Mann jemals heimgekehrt sind. Auch der Flotte von Coya, die uns überfiel, wäre kein besseres Schicksal beschieden gewesen, wenn sie nicht auf weniger grausame Gegner gestoßen wäre. Denn der König dieser Insel, namens Altabin – ein kluger Mann und ein hervorragender Heerführer, der die feindlichen Streitkräfte ebenso genau kannte wie die eigenen –, brachte es fertig, die Landtruppen des Gegners nach ihrer Ausschiffung von den Streitkräften der Flotte abzuschneiden und beide, wie bei einer Treibjagd, mit zu Lande und zu Wasser überlegener Truppenmacht einzukreisen, so daß sie kampflos zur Übergabe gezwungen wurden. Als er sie in seiner Gewalt hatte, stellte er ihnen keine härteren Bedingungen als die, daß er von ihnen einen Eid forderte, in Zukunft niemals mehr gegen ihn die Waffen zu erheben; dann entließ er sie unversehrt. Doch die Rache Gottes ahndete bald darauf diese frechen Übergriffe, denn im Laufe des nächsten Jahrhunderts oder noch früher wurde das große Atlantis völlig vernichtet und zerstört. Und zwar fiel es nicht, wie euer Gewährsmann versichert, einem Erdbeben zum Opfer – jener Landstrich ist nur wenig der Erdbebengefahr ausgesetzt –, sondern einer Flutwelle oder Überschwemmung. Gibt es doch auch heute noch in jener Gegend mächtigere Ströme und höhere Berge, von denen das Wasser zu Tal fließt, als irgendwo anders in der Alten Welt. Allerdings ist diese Überflutung nicht tief gewesen, an den meisten Stellen vielleicht nicht tiefer als etwa vierzig Fuß. So geschah es, daß zwar überall Menschen und Tiere ertranken, aber doch einige wilde Bewohner der Wälder im Gebirge verschont blieben. Auch die Vögel retteten sich im allgemeinen, indem sie auf Berge oder hohe Bäume flatterten. An manchen Orten hatten die Menschen zwar Gebäude, die so hoch waren, daß die Flut sie nicht erreichen konnte; aber wenn auch die Überschwemmung nicht tief war, so dauerte sie doch lange, so daß alle Talbewohner, weil es ihnen an Nahrung und anderen notwendigen Dingen fehlte, verhungerten und umkamen. So wundert euch nicht über die dünne Besiedlung Amerikas, dessen Bewohner in Roheit und Unwissenheit leben. Man muß bedenken, daß das amerikanische Volk noch jung ist, und zwar mindestens tausend Jahre jünger als die übrigen Bewohner der Erde. Soviel Zeit lag nämlich zwischen der allgemeinen Sintflut und der teilweisen Überflutung Amerikas. Die spärlichen Überreste des Menschengeschlechtes, die in den Bergen zurückgeblieben waren, bevölkerten das Land langsam; aber da sie einfache und wilde Menschen waren – nicht zu vergleichen mit Noah und seinen Söhnen, der ersten Familie der Erde –, konnten sie ihren Nachkommen keine Wissenschaften, keine Kunst und keine Kultur überliefern. Da sie sich zudem in ihren Gebirgswohnungen wegen der rauhen Kälte dieser Gegenden mit den Fellen von Bären und Tigern und von großen rauhhaarigen Ziegen, die dort zahlreich vorkommen, zu kleiden pflegten, waren sie, als sie später in die Ebene hinabzogen und dort die große Hitze nicht ertragen konnten, gezwungen, die Sitte des Nacktgehens einzuführen, die bis zum heutigen Tage bei ihnen noch üblich ist. Das einzige, was ihnen dabei Freude macht und Bedürfnis ist, sind die Vogelfedern, die sie tragen; diese Sitte übernahmen sie von ihren im Gebirge wohnenden Vorfahren, welche dazu wohl durch das überaus zahlreiche Vorkommen von Vögeln veranlaßt wurden, die bei der Überschwemmung des Unterlandes die Höhen aufsuchten. Ihr seht also, wie durch dieses gewaltige Ereignis, das der damaligen Zeit wie ein Wunder vorkommen mußte, unser Verkehr mit den Amerikanern sein Ende fand; denn da sie uns am nächsten lagen, trieben wir mit ihnen am meisten Handel. Was aber die anderen Länder der Erde anbetrifft, so ist offenbar in den folgenden Zeitaltern durch Krieg oder die natürliche Zeitumwälzung, überall die Schiffahrt mehr und mehr zurückgegangen; insbesondere gilt dies für die großen Seereisen, und zwar deshalb, weil allmählich die Dreiruderer und ähnliche Fahrzeuge aufkamen, die nicht hochseetüchtig waren. Hieraus könnt ihr also klar erkennen, weshalb in den vielen späteren Jahrhunderten das Wissen um unser Land, das man sich durch Reisen zu uns verschaffen konnte, abhanden gekommen war; denn nur selten geschah es, daß durch einen Zufall jemand bei uns landete, wie ihr vor wenigen Tagen.

[…] Wir erschienen zum festgesetzten Zeitpunkt. Ich aber war von meinen Freunden für die Privataudienz ausersehen worden. Wir fanden ihn in einem sehr schönen Raum, der mit prächtigen Purpurvorhängen ausgeschmückt und mit Teppichen belegt war, auf einem nicht erhöhten Sessel sitzend. Dieser niedrige Thronsessel war reich verziert und von einem blauseidenen, schön mit Gold durchwebten Baldachin überdacht. In dem Saal waren sonst keine Menschen, außer zwei weißgekleideten Dienern, die als Ehrenwache zu beiden Seiten des Thrones standen. Sein Untergewand glich dem, das er getragen hatte, als wir ihn auf der Straße sahen; aber an Stelle der Toga trug er jetzt einen Mantel mit einem über die Schultern fallenden Überwurf aus sehr feinem schwarzen Tuch.

Bei unserem Eintritt verneigten wir uns höflich, wie man uns unterwiesen hatte. Als wir uns dem Throne genähert hatten, stand er auf, erhob die unbehandschuhte Hand zum Segen. Wir aber senkten das Haupt und küßten nacheinander den Saum seines

Mantels. Meine Gefährten zogen sich dann zurück, während ich allein dablieb. Er forderte jetzt die Pagen durch einen Wink auf, sich auch zu entfernen, ließ mich an seiner Seite Platz nehmen und begann in spanischer Sprache folgendermaßen:

»Gott segne dich, mein Sohn! Ich werde dir das großartigste Juwel schenken, das ich besitze: Gott und den Menschen zuliebe werde ich dir vom wahren Zustand des Hauses Salomons erzählen. Damit du, mein Sohn, darüber völlige Aufklärung erhältst, werde ich folgendermaßen vorgehen: zuerst werde ich dir den Zweck unserer Gründung auseinandersetzen, zweitens die Vorrichtungen und Mittel, die uns für unsere Arbeit zur Verfügung stehen, drittens die verschiedenen Obliegenheiten und Funktionen, die unseren Mitgliedern zugewiesen sind, und viertens die Weihen und Zeremonien, die bei uns üblich sind.

Unsere Gründung hat den Zweck, die Ursachen des Naturgeschehens zu ergründen, die geheimen Bewegungen in den Dingen und die inneren Kräfte der Natur zu erforschen und die Grenzen der menschlichen Macht so weit auszudehnen, um alle möglichen Dinge zu bewirken. Hierzu stehen uns folgende Einrichtungen und Hilfsmittel zur Verfügung:

Wir haben geräumige und tiefe unterirdische Höhlen, von denen die tiefsten bis zu einer Tiefe von sechshundert Klaftern hinabgehen. Manche sind unter großen Bergen angelegt, so daß sie, wenn man die Stollentiefe mitrechnet, teilweise drei Meilen tief sind. Wir haben nämlich festgestellt, daß die Höhe des Berges bis zur Ebene und die Tiefe der Höhle unterhalb der Ebene tatsächlich gleich sind, daß der höchste und der tiefste Punkt gleich weit von der Sonne und den Strahlen des Himmels und der frischen Luft entfernt sind. Diese Höhlen nennt man die ›tiefste Zone‹. Wir benutzen sie dazu, alle möglichen Substanzen zum Gerinnen zu bringen, zu härten und abzukühlen, sowie Körper zu konservieren. Ferner verwenden wir sie dazu, natürliche Mineralien künstlich herzustellen und neue künstliche Metalle aus Gesteinen zu erzeugen, die dort durch jahrelanges Verweilen von uns entsprechend vorbehandelt werden. Wir benutzen sie manchmal auch – was wunderbar erscheinen mag – dazu, gewisse Krankheiten zu heilen oder in manchen Fällen das Leben zu verlängern bei manchen Einsiedlern, die es vorziehen, wohl versorgt mit allem Nötigen, dort zu wohnen; sie leben sehr lange, und wir haben von ihnen schon viel gelernt.

Außerdem gibt es tief in der Erde noch andere Räume für natürliche und andere Stoffe, keine eigentlichen Höhlen, sondern offene Gruben. Wir machen dort verschiedene keramische Massen in der Art des von den Chinesen hergestellten Porzellans. Aber unsere Auswahl in derartigen Erzeugnissen ist viel reichhaltiger, zum Teil sind sie auch viel schöner als das chinesische Porzellan. Dort lagern auch Düngemittel der verschiedensten Art, ferner andere Massen, die den Boden fett und fruchtbar machen.

Wir haben ferner sehr hohe Türme. Der höchste steigt in senkrechter Linie bis zu einer Höhe von einer halben Meile auf. Manche liegen auf hohen Bergen, so daß sie, wenn man Berg- und Turmhöhe zusammenrechnet, eine Höhe von mindestens drei Meilen erreichen. Diese Plätze nennt man ›die höchste Zone‹, während die ganze Höhenlage zwischen der ›höchsten‹ und der ›niedrigsten‹ Zone die ›mittlere Luftzone‹ genannt wird. Diese Türme dienen uns – je nach ihrer Höhe und Lage – dazu, Bestrahlungen, Abkühlungen oder Konservierungen vorzunehmen und die verschiedenen meteorologischen Erscheinungen wie Wind, Regen, Schnee, Hagel und feurige Meteore zu beobachten. Auch auf diesen Türmen finden sich manchmal Wohnungen für Einsiedler, die wir hin und wieder besuchen und zu Beobachtungen anleiten.

Große, teils salzige, teils süße Seen liefern uns Fische sowie Sumpf- und Wasservögel aller Art. In diese Seen versenken wir auch natürliche Körper. Wir haben nämlich gefunden, daß ein Unterschied besteht, ob man Dinge in die Erde versenkt oder in Lufträume unter der Erde oder aber in das Wasser. In manchen Teilchen wird Süßwasser aus Salzwasser durch Filtration gewonnen, in anderen Süßwasser in Salzwasser umgewandelt.

Mitten im Meer befindliche Felsen und sonnige Plätze an den Küsten dienen uns zur Ausführung von Arbeiten, bei denen Seeluft gebraucht wird. Reißende Strudel und Wasserfälle werden von uns zur Erzeugung von kräftigen Bewegungen ausgenutzt; dem gleichen Zweck dienen zahlreiche Maschinen, welche die Winde abfangen, sie vervielfältigen und verstärken, um andere Bewegungen hervorzurufen.

Dann sind die vielen Brunnen und künstlichen Quellen zu erwähnen, die zur Nachahmung der natürlichen Quellwasser und Bäder angelegt sind und mit Vitriol, Schwefel, Stahl, Messing, Blei, Alkalien und anderen Mineralien versehen werden. Auch die Zisternen und kleinen Behälter sind hier aufzuführen, in denen die verschiedenartigsten Lösungen hergestellt werden, und in denen das Wasser, insbesondere das fließende, die Körper besser und leichter auflöst als in Töpfen und Schüsseln. In einigen wird das sogenannte Paradieswasser gewonnen, ein sehr wirksames Heilmittel, das infolge seiner besonderen Zubereitung der Gesundheit außerordentlich zuträglich ist und lebensverlängernd wirkt.

Wir haben ferner große und geräumige Gebäude, in denen wir meteorologische Erscheinungen – Schnee, Hagel, Regen (auch künstlichen Regen, der aus festen Körpern und nicht aus Wasser besteht), Donner, Blitz, Wetterleuchten –, ferner die Erzeugung von Insekten und anderen kleinen Tieren in der Luft, von Fröschen, Fliegen, Heuschrecken usw. nachahmen und zur Darstellung bringen.

In gewissen Räumen – wir nennen sie ›Gesundheitszimmer‹ – können wir auch nach Belieben die Luft verändern und temperieren, wie es uns für die Heilung der meisten Krankheiten und für die Erhaltung der Gesundheit erwünscht und geeignet erscheint.

Wir verfügen auch über schöne große Bäder von verschiedener Zusammensetzung. Sie dienen zur Heilung zahlreicher Krankheiten, zur Wiederherstellung des menschlichen Organismus nach der Auszehrung, zur Kräftigung und Wiederauffrischung der Sehnen, der lebenswichtigen Organe, der Körpersäfte und -substanzen.

Erwähnenswert sind auch unsere verschieden großen Obstplantagen und Gärten, bei denen es uns weniger auf die Schönheit ankommt als darauf, die Eignung der verschiedenen Böden für die Bäume und Kräuter zu studieren. Einige große Gärten sind mit Bäumen und Sträuchern bepflanzt, deren Früchte – neben den Weinreben – zur Bereitung verschiedener Getränke Verwendung finden. Wir machen hier auch Versuche auf dem Gebiete des Pfropfens und Okulierens von Wild- und Obstbäumen und haben damit viele Wirkungen erzielt. Wir erreichen auch auf künstlichem Wege, daß sich in diesen Obstplantagen und Gärten Früchte und Blüten früher oder später als zur natürlichen Zeit bilden, ferner, daß die Pflanzen und Bäume in kürzerer Zeit keimen, knospen und Früchte tragen, als ihrer Natur entspricht. Wir können auch Bäume und Pflanzen höher werden lassen, als sie es normalerweise sind, wir können bewirken, daß ihre Früchte größer und süßer werden, und daß sie ihren Geschmack und Geruch, ihre Farbe und Gestalt gegenüber der ursprünglichen Form verändern. Viele Pflanzen züchten wir so um, daß sie uns Heilmittel liefern. Wir haben auch Verfahren, mittels derer wir Pflanzen nicht aus Samen, sondern nur durch eine bestimmte Zusammensetzung des Bodens entstehen und wachsen lassen können. Ferner erzeugen wir neue Pflanzen, die von den gewöhnlichen verschieden sind, und können Pflanzen einer Art in andere verwandeln.

In Parks und Gehegen halten wir alle möglichen Tiere und Vögel, und zwar weniger ihrer Merkwürdigkeit oder Seltenheit wegen, als vielmehr zu Sektionen und anatomischen Untersuchungen, um dadurch so weit wie möglich Aufklärung über den menschlichen Körper zu erlangen. Wir erzielen dabei zahlreiche wunderbare Wirkungen, wie die Erhaltung des Lebens trotz Verlustes oder Entfernung verschiedener von euch als lebenswichtig angesehener Organe, die Wiederbelebung Scheintoter und ähnliches. Wir stellen an den Tieren auch Versuche mit allen möglichen Giften, Gegengiften sowie chirurgische und internistische Verfahren an, um dadurch den menschlichen Körper besser schützen zu können. Auf künstlichem Wege machen wir manche Tiere größer und schlanker, als sie es ihrer Natur nach sind, während wir andere in Zwergformen umwandeln und ihnen eine von der früheren verschiedene Gestalt geben. Wieder andere machen wir fruchtbarer und zeugungsfähiger, als es ihrer Natur entspricht, andere dagegen unfruchtbar und zeugungsunfähig. Auch in bezug auf Farbe, Körperform und Aktivität können wir sie auf verschiedene Weise verändern. Wir sind auch imstande, Kreuzungen und Paarungen verschiedener Tierarten zu erzielen, um so neue Arten hervorzubringen, die – im Gegensatz zur allgemeinen Anschauung – nicht etwa unfruchtbar sind. Außerdem erzeugen wir unter Zuhilfenahme von Verwesungsvorgängen verschiedene Arten von Schlangen, Würmern, Fliegen und Fischen, von denen sich manche zu ebenso vollkommenen Arten entwickeln wie Vögel oder Vierfüßler oder andere Fische; sie sind auch geschlechtliche Wesen und pflanzen sich fort. Und zwar lassen wir uns bei diesen Versuchen nicht vom Zufall leiten, sondern wissen sehr wohl, von welchen Stoffen wir ausgehen müssen und welche Tiere wir so erzeugen können.

[…] Wir besitzen Häuser für Akustik, in denen wir die Töne und ihre Entstehung erforschen und vorführen. Unsere Harmonien sind anders als die eurigen. Wir verwenden auch Vierteltöne und noch geringere Tonverschiebungen. Unseren Musikinstrumenten, die ihr noch nicht kennt, entlocken wir Melodien von höchstem Wohlklang, die euch unbekannt sind. Auch Glocken und Schellen von lieblicher Klangwirkung werden von uns benutzt. Unsere Töne umfassen die tiefen und hohen Lagen in jeder Tonstärke; oft lassen wir die vollen Töne tremolierend ausklingen. Wir können auch alle artikulierten Töne nachahmen, alle Buchstabenlaute, die Stimmen der Vierfüßler und den Gesang der Vögel. Mit gewissen akustischen Vorrichtungen, die an das Ohr gebracht werden, können wir das Gehör verbessern und die Tonübertragung selbst beträchtlich verstärken. Wir können auch den Schall nach verschiedenen merkwürdigen Verfahren zum Widerhall bringen (eine Erscheinung, die euch unter dem Namen Echo bekannt ist), wobei aber die Töne nicht nur wiederholt zurückgeworfen, sondern auch nach Belieben verstärkt oder geschwächt werden können; die artikulierte Stimme läßt sich dabei auch in einer andern Klangfarbe wiedergeben. Endlich sind wir auch imstande, die Töne durch gerade oder gekrümmte Rohre auf weite Entfernungen auch in nicht gerader Richtung weiterzuleiten.

In unseren Häusern für Räucherwerk und Wohlgerüche führen wir Untersuchungen auf dem Gebiet des Geschmacks und der Gerüche aus. Wir können dort, was euch gewiß seltsam erscheint, Gerüche in großer Mannigfaltigkeit und Verstärkung erzeugen. Wir ahmen die natürlichen Gerüche nach und können Düfte aller Art auch aus anderen Ausgangsstoffen wie den natürlichen hervorbringen. Ebenso machen wir auch künstliche Geschmacksstoffe, die auch der größte Feinschmecker nicht als Nachahmungen erkennt. Zu diesem Haus gehört auch eine Konditorei, in der Zuckerwerk, Kuchen und andere feste oder flüssige Süßigkeiten hergestellt werden, und zwar nicht nur aus Zucker und Honig, sondern auch aus anderen süßen Ausgangsstoffen. Außerdem stellen wir dort noch köstliche Weine her, Milchspeisen, Brühen und eingepökelte oder in Essig eingelegte Leckerbissen, die bei euch kaum bekannt sind.

In unseren Maschinenhäusern stehen Maschinen und Apparate, mit deren Hilfe wir Bewegungen jeder Art hervorbringen können; wir erzielen damit größere Geschwindigkeiten als ihr mit euren kleinen Flinten oder mit irgendwelchen anderen Maschinen. Wir suchen die Bewegungsvorgänge reibungsloser und wirksamer zu gestalten und ihre Nutzleistung durch Räder und auf andere Weise um ein Vielfaches zu steigern. Infolgedessen erzielen wir viel kräftigere Wirkungen als ihr mit euren großen Belagerungs- und Feldgeschützen. Wir stellen Geschütze und Kriegsgerät und Maschinen aller Art her, neue Schießpulvermischungen, griechisches Feuer, das auf dem Wasser brennt und nicht ausgelöscht werden kann, ferner alle möglichen Raketen, die teils zur Belustigung, teils zu nützlichen Zwecken dienen. Wir ahmen dort auch den Vogelflug nach. Zum Fliegen in der Luft haben wir Gestelle und Hilfsmittel ähnlich den Flugorganen der Tiere. Wir besitzen Schiffe und Boote, die unter Wasser fahren können und deshalb den Stürmen des Weltmeeres nicht so ausgesetzt sind; ferner Schwimmgürtel und andere Vorrichtungen, die das Schwimmen erleichtern. Erwähnenswert sind unsere vorzüglichen Uhren und andere durch Luft oder Wasser getriebene Laufwerke mit Dreh- oder Pendelbewegungen. Auch das Perpetuum mobile haben wir in mehreren Ausführungen. Wir können die Bewegungen der Menschen, der Vierfüßler, der Vögel, der Fische und der Schlangen im Bilde nachahmen. Schließlich haben wir auch noch weitere Möglichkeiten, Bewegungen in außerordentlicher Gleichförmigkeit und Genauigkeit zu erzeugen.

[…] Dies sind, mein Sohn, die Kostbarkeiten des Hauses Salomons.«

(1624, gedruckt 1627)

Immanuel Kant

Der Streit der Fakultäten

9. Welcher Ertrag wird der Fortschritt zum Besseren dem Menschengeschlecht abwerfen?

Nicht ein immer wachsendes Quantum der *Moralität* in der Gesinnung, sondern Vermehrung der Producte ihrer *Legalität* in pflichtmäßigen Handlungen, durch welche Triebfeder sie auch veranlaßt sein mögen; d. i. in den guten *Thaten* der Menschen, die immer zahlreicher und besser ausfallen werden, also in den Phänomenen der sittlichen Beschaffenheit des Menschengeschlechts, wird der Ertrag (das Resultat) der Bearbeitung desselben zum Besseren allein gesetzt werden können. – Denn wir haben nur *empirische* Data (Erfahrungen), worauf wir diese Vorhersagung gründen: nämlich auf die physische Ursache unserer Handlungen, in sofern sie geschehen, die also selbst Erscheinungen sind, nicht die moralische, welche den Pflichtbegriff von dem enthält, was geschehen sollte, und der allein rein, a priori, aufgestellt werden kann.

Allmählich wird der Gewaltthätigkeit von Seiten der Mächtigen weniger, der Folgsamkeit in Ansehung der Gesetze mehr werden. Es wird etwa mehr Wohlthätigkeit, weniger Zank in Processen, mehr Zuverlässigkeit im Worthalten u. s. w., theils aus Ehrliebe, theils aus wohlverstandenem eigenen Vortheil im gemeinen Wesen entspringen, und sich endlich dies auch auf die Völker im äußeren Verhältniß gegen einander bis zur weltbürgerlichen Gesellschaft erstrecken, ohne daß dabei die moralische Grundlage im Menschengeschlechte im mindesten vergrößert werden darf; als wozu auch eine Art von neuer Schöpfung (übernatürlicher Einfluß) erforderlich sein würde. – Denn wir müssen uns von Menschen in ihren Fortschritten zum Besseren auch nicht zu viel versprechen, um nicht in den Spott des Politikers mit Grunde zu verfallen, der die Hoffnung des ersteren gerne für Träumerei eines überspannten Kopfs halten möchte.*

(1798)

* Es ist doch *süß*, sich Staatsverfassungen auszudenken, die den Forderungen der Vernunft (vornehmlich in rechtlicher Absicht) entsprechen: aber *vermessen*, sie vorzuschlagen, und *strafbar*, das Volk zur Abschaffung der jetzt bestehenden aufzuwiegeln.

Platos Atlantica, *Morus'* Utopia, *Harringtons* Oceana und *Allais'* Severambia sind nach und nach auf die Bühne gebracht, aber nie (*Cromwells* verunglückte Mißgeburt einer despotischen Republik ausgenommen) auch nur versucht worden. – Es ist mit diesen Staatschöpfungen wie mit der Weltschöpfung zugegangen: kein Mensch war dabei zugegen, noch konnte er bei einer solchen gegenwärtig sein, weil er sonst sein eigener Schöpfer hätte sein müssen. Ein Staatsproduct, wie man es hier denkt, als dereinst, so spät es auch sei, vollendet zu hoffen, ist ein süßer Traum; aber sich ihm immer mehr zu näheren, nicht allein *denkbar*, sondern, so weit es mit dem moralischen Gesetze zusammen bestehen kann, *Pflicht*, nicht der Staatsbürger, sondern des Staatsoberhaupts.

David Herbert Lawrence

Die gefiederte Schlange

Kate als Gattin

Kate empfand deutlich in Mexiko die alte, prähistorische Menschheit, die dunkeläugige Menschheit aus den Zeiten vielleicht vor der Eisperiode. Als die Welt kälter und die Meere leerer und die Erdformationen andere waren. Als die Wasser der Welt auf den Höhen und an den Polen aufgetürmt waren zu gewaltigen Gletschern. Als sich große Ebenen, wie die Atlantis und die versunkenen Kontinente Polynesiens, bis fern an die Ozeane erstreckten, so daß die Meere nur große Seen waren und die dunkeläugigen Menschen dieser Welt um den Erdball wandern konnten. Damals gab es eine geheimnisvolle, heißblütige, weichfüßige Menschheit mit einer eigenen, seltsamen Kultur. Dann schmolzen die Gletscher, und die Menschen flohen auf höher gelegenes Land, z. B. die hohen Plateaus von Mexiko, und wurden in einzelne Nationen zerrissen. Manchmal war der Schatten dieser vorsintflutlichen Welt so stark in Amerika, daß die Zeit der historischen Menschheit aus Kates Bewußtsein schwand und sie sich der alten Bewußtseinsart, dem alten, dunklen Willen, der Unbekümmertheit dem Tode gegenüber, dem dunklen Bewußtsein, das nicht im Hirn, sondern in der Wirbelsäule seinen Sitz hat, näherte. Als Seele und Kraft des Menschen noch in seinem Blute und seiner Wirbelsäule lebten, als von der gewaltigen Wirbelsäule aus noch eine seltsame Verbindung bestand zwischen Mensch und Mensch und Mensch und Tier.

So waren heute noch die Mexikaner. Was in Amerika indianisch ist, stammt aus der Welt vor der Flut, aus einer Zeit, als es noch kein geistiges, seelisches Leben gab. Deshalb sprießt in Amerika das geistige Leben der Weißen so plötzlich wie wucherndes Unkraut in jungfräulichem Boden. Wahrscheinlich wird es ebenso schnell vergehen. Ein großer Tod wird kommen. Und dann wird ein neuer Keim das Ergebnis sein, eine neue Auffassung des menschlichen Lebens, die entstehen wird aus der Mischung des alten Blut- und Wirbelsäulenbewußtseins mit dem gegenwärtigen, geistig-seelischen Bewußtsein der Weißen. Beide werden in ein neues Wesen versinken.

Kate war vor allem Irin, und die fast tödliche Mystik der alten Kelten oder Iren lag auf dem Grunde ihrer Seele. Es war ein Rückstand aus Erinnerung, etwas, das weiterlebt aus der Zeit vor der Flut, das nicht getötet werden kann. Etwas Älteres und ewig Stärkeres als unsere scheinbar aufrichtige Welt.

Sie wußte mehr oder weniger, was Ramon zu erreichen versuchte: diese Mischung. Sie wußte, was ihr Cipriano bedeutsamer machte als all ihre Vergangenheit, ihre Gatten und ihre Kinder. Es war der Sprung der alten, vorsintflutlichen Menschheit in die Vereinigung mit ihr. Und deshalb hatte, ohne daß sie es wußte, ihr innerstes Blut die ganze Zeit getost.

Irland konnte und wollte dieses andere, dunkle, prächtige Leben nicht vergessen. Die Tuatha De Danaan mochten in den westlichen Meeren ruhen; sie lebten immer noch im Blute, konnten nie ganz zur Ruhe gebracht werden. Und jetzt entstehen sie neu zu neuer Verbindung. Und das wissenschaftliche, ehrliche Europa muß sich wieder mit den alten Riesen paaren.

Aber diese Wandlung durfte sich nicht, das fühlte Kate, zu bald, zu plötzlich vollziehen, sollte sie sie nicht zerbrechen, sollte sie nicht sterben.

Sie stammte aus einer alten, stolzen Familie. Sie war in dem englisch-germanischen Gedanken der wirklichen Überlegenheit des Aristokraten aufgezogen worden. Ihr Blut war anders als das gemeine Blut, war eine kostbare Flüssigkeit. In Mexiko hatte das alles nichts zu sagen. Ihre Criada Juana, der Wasserträger, der Bootsmann, der sie auf den See hinausruderte, alle sahen sie mit demselben Blick an. Blut ist ein Blut. Im Blute sind wir, du und ich, Geschwister. Sie sah es in ihren Augen, hörte es in ihren Worten, es färbte ihren Diensteifer und ihren Spott. Und manchmal machte sie sie physisch krank: diese überhebliche Blutvertrautheit.

Jetzt verstand sie Ramons Worte: Der Mann ist eine Blutsäule. Die Frau ist ein Bluttal. Es war die Ureinheit der Menschheit, das Gegenteil der Einheit des Geistes.

Jetzt verstand sie, warum Ramon und Cipriano weiße Kleider und Sandalen trugen, warum sie nackt oder halbnackt waren wie lebendige Götter. Es war die Bejahung der uralten Behauptung. Es war die Erneuerung der alten, furchtbaren Blutbande der Menschen, welche das Blutopfer zu einem so gewaltigen Faktor des Lebens machten. Das Blut des Individuums wurde dem großen Blutwesen, dem Gott, der Nation, dem Stamme zurückgegeben.

Jetzt verstand sie die seltsame Verbindung, die sie immer zwischen Ramon und seinen Leuten, zwischen Cipriano und seinen Leuten fühlen konnte. Es war die große Verbindung aus Bluteinheit. Manchmal machte sie dies alles krank, empörte sie, und doch war es eine Gewalt, die sie nicht besiegen konnte.

Wenn Ramon auch seine Blutverbindung zugab, verlangte er doch Herrschaft, ja sogar Göttlichkeit. Er war ein Mann wie der geringste seiner Peonen. Aus der uralten Blutquelle stammte er wie sie, aus denselben Wurzeln der Mannheit wie sie, und doch war er mehr als sie. Seine Individualität, seine Herrschaft, seine Gottheit lag nicht im Blute, lag nicht im Geist. Sondern in einem Stern in ihm, einem unerklärlichen Stern, der aufging aus dem dunklen Meer und zwischen dem Wasser und dem weiten Himmel leuchtete. Der geheimnisvolle Stern, der das weite, universale Blut mit dem universalen Hauch des Geistes verbindet und zwischen beiden leuchtet.

Er ist nicht der Reiter auf dem weißen Pferd, noch der Reiter auf dem roten. Was hinter den Reitern und den Pferden ist, das unerklärliche Geheimnis des Sterns, woher kein Reiter kommt und das kein Reiter erreicht. Der Stern, der eines Menschen Schlüssel zum Innersten ist, der auf der einen Seite die Gewalt des Blutes und auf der andern die Gewalt des Geistes beherrscht. Denn dies, das einzige, das höher ist als alle Kraft im Menschen, ist Kraft. Weiter reicht es als alle Kenntnis; der seltsame Stern zwischen dem Himmel und den Wassern des ersten Kosmos: dies ist die Göttlichkeit des Menschen.

Aber viele Menschen haben nichts Göttliches. Sie haben nur Fähigkeiten. Sie sind Sklaven oder sollten Sklaven sein. Aber mancher Mensch hat seinen eigenen göttlichen Funken, nur wird er durch die Winde der Kraft zerquetscht, ausgelöscht oder aus ihm gerissen durch die Maschinen.

Und wenn der Geist und das Blut in einem Menschen sich trennen, den großen Tod bringen, sterben die meisten Sterne.

Nur der Mann mit einem großen Stern, einer großen Göttlichkeit, kann diese Gegensätze in einer neuen Verbindung vereinen.

Und dieser Mann war Ramon, und sein Bemühen zielte auf dies: Die beiden Gegensätze sollten sich berühren, sollten wieder eine Einheit werden. Das ist die Gottkraft im Menschen. Durch diese Kraft erkennt man den Gott im Menschen. Durch keine andere.

(1926)

Bertolt Brecht

Fragen eines lesenden Arbeiters

Wer baute das siebentorige Theben?
In den Büchern stehen die Namen von Königen.
Haben die Könige die Felsbrocken herbeigeschleppt?
Und das mehrmals zerstörte Babylon? –
Wer baute es so viele Male auf? In welchen Häusern
Des goldstrahlenden Lima wohnten die Bauleute?
Wohin gingen an dem Abend, wo die Chinesische Mauer
fertig war
Die Maurer? Das große Rom
Ist voll von Triumphbögen. Wer errichtete sie? Über wen
Triumphierten die Cäsaren? Hatte das vielbesungene
Byzanz
Nur Paläste für seine Bewohner? Selbst in dem sagenhaften
Atlantis
Brüllten in der Nacht, wo das Meer es verschlang
Die Ersaufenden nach ihren Sklaven.

Der junge Alexander eroberte Indien.
Er allein?
Cäsar schlug die Gallier.
Hatte er nicht wenigstens einen Koch bei sich?
Philipp von Spanien weinte, als seine Flotte
Untergegangen war. Weinte sonst niemand?
Friedrich der Zweite siegte im Siebenjährigen Krieg. Wer
Siegte außer ihm?

Jede Seite ein Sieg.
Wer kochte den Siegesschmaus?
Alle zehn Jahre ein großer Mann.
Wer bezahlte die Spesen?

So viele Berichte.
So viele Fragen.

(1935)

Wisława Szymborska

Atlantis

Es gab sie oder es gab sie nicht.
Auf einer Insel oder auf keiner.
Der Ozean oder kein Ozean
hat sie verschlungen oder auch nicht.

Hatte da jemand jemand zu lieben?
Hatte da jemand mit jemand zu kämpfen?

Es war geschehen, alles oder nichts,
dort oder nirgendwo.

Sieben Städte gabs.
Ist das auch sicher?
Sie wollten unsterblich sein.
Wo sind die Beweise?

Sie hatten das Pulver erfunden, ja.
Sie hatten es nicht erfunden, nein.

Die Vermuteten. Die Bezweifelten.
Die Unbewiesenen.
Die nicht aus der Luft, dem Feuer,
dem Wasser, der Erde Gegriffnen.
Die weder im Stein
noch im Regentropfen Enthaltnen.

Sie konnten nicht, im Ernst,
für Warnungen Modell sein.

Ein Meteor war gefallen.
Es war kein Meteor.
Ein Vulkan war ausgebrochen.
Es war kein Vulkan.
Jemand hat etwas gerufen.
Niemand nichts.

Aus dieser plus minus Atlantis.

(1957)

Günter Kunert

Atlantis

Als es unterging Sklaven
sollen geschrien haben in dieser Nacht
wie ihre Eigentümer: Homo sum.
Aber in den Legenden herrscht Stille
als wäre die Geschichte ein Konzert
gewesen und die Mitwirkenden heimgegangen.
Akten zur Beweisführung herbeigeschafft
ihre blutige Schrift verblichen aber.
Erneut gelang die Transsubstantiation:
Alle Getöteten wurden zu annehmlichen Zahlen.
Heute schon sind für morgen die Fundstücke
frei von Konservierungsmitteln: Alles
Rätsel für Nachgeborene.
Wenn da wirklich geschrien wurde ist es ja
längst verhallt.
Amtlich als akustisches Phänomen eingestuft.
Als Präzedenzfall
für alle Zukunft wo wir geschrien haben
werden.
Und die Unbetroffenen es deutlich überhört.
Und einige die Gelegenheit ergriffen
zu einem Gedicht: Spätfolge
von Untergängen die allein durch Ortsnamen
der Unterscheidung sich fügen.

(1990)

Atlantis als poetischer Fluchtort

»Kein Mensch weiß, wo das Land hingekommen ist. Nur in Sagen heißt es, daß Atlantis von mächtigen Fluten den Augen entzogen worden sei.«
aus Novalis, *Heinrich von Ofterdingen*

Novalis

Heinrich von Ofterdingen

Erster Teil, 3. Kapitel

»Eine andere Geschichte«, fuhren die Kaufleute nach einer Pause fort, »die freilich nicht so wunderbar und auch aus spätern Zeiten ist, wird Euch vielleicht doch gefallen, und Euch mit den Wirkungen jener wunderbaren Kunst noch bekannter machen. Ein alter König hielt einen glänzenden Hof. Weit und breit strömten Menschen herzu, um teil an der Herrlichkeit seines Lebens zu haben, und es gebrach weder den täglichen Festen an Überfluß köstlicher Waren des Gaumens, noch an Musik, prächtigen Verzierungen und Trachten, und tausend abwechselnden Schauspielen und Zeitvertreiben, noch endlich an sinnreicher Anordnung, an klugen, gefälligen, und unterrichteten Männern zur Unterhaltung und Beseelung der Gespräche, und an schöner, anmutiger Jugend von beiden Geschlechtern, die die eigentliche Seele reizender Feste ausmachen. Der alte König, der sonst ein strenger und ernster Mann war, hatte zwei Neigungen, die der wahre Anlaß dieser prächtigen Hofhaltung waren, und denen sie ihre schöne Einrichtung zu danken hatte. Eine war die Zärtlichkeit für seine Tochter, die ihm als Andenken seiner früh verstorbenen Gemahlin und als ein unaussprechlich liebenswürdiges Mädchen unendlich teuer war, und für die er gern alle Schätze der Natur und alle Macht des menschlichen Geistes aufgeboten hätte, um ihr einen Himmel auf Erden zu verschaffen. Die andere war eine wahre Leidenschaft für die Dichtkunst und ihre Meister. Er hatte von Jugend auf die Werke der Dichter mit innigem Vergnügen gelesen; an ihre Sammlung aus allen Sprachen großen Fleiß und große Summen gewendet, und von jeher den Umgang der Sänger über alles geschätzt. Von allen Enden zog er sie an seinen Hof und überhäufte sie mit Ehren. Er ward nicht müde ihren Gesängen zuzuhören, und vergaß oft die wichtigsten Angelegenheiten, ja die Bedürfnisse des Lebens über einem neuen, hinreißenden Gesange. Seine Tochter war unter Gesängen aufgewachsen, und ihre ganze Seele war ein zartes Lied geworden, ein einfacher Ausdruck der Wehmut und Sehnsucht. Der wohltätige Einfluß der beschützten und geehrten Dichter zeigte sich im ganzen Lande, besonders aber am Hofe. Man genoß das Leben mit langsamen, kleinen Zügen wie einen köstlichen Trank, und mit desto reinerem Wohlbehagen, da alle widrige gehässige Leidenschaften, wie Mißtöne von der sanften harmonischen Stimmung verscheucht wurden, die in allen Gemütern herrschend war. Frieden der Seele und innres seliges Anschauen einer selbst geschaffenen, glücklichen Welt war das Eigentum dieser wunderbaren Zeit geworden, und die Zwietracht erschien nur in den alten Sagen der Dichter, als eine ehemalige Feindin der Menschen. Es schien, als hätten die Geister des Gesanges ihrem Beschützer kein lieblicheres Zeichen der Dankbarkeit geben können, als seine Tochter, die alles besaß, was die süßeste Einbildungskraft nur in der zarten Gestalt eines Mädchens vereinigen konnte. Wenn man sie an den schönen Festen unter einer Schar reizender Gespielen, im weißen glänzenden Gewande erblickte, wie sie den Wettgesängen der begeisterten Sänger mit tiefem Lauschen zuhörte, und errötend einen duftenden Kranz auf die Locken des Glücklichen drückte, dessen Lied den Preis gewonnen hatte: so hielt man sie für die sichtbare Seele jener herrlichen Kunst, die jene Zaubersprüche beschworen hätten, und hörte auf sich über die Entzückungen und Melodien der Dichter zu wundern.

Mitten in diesem irdischen Paradiese schien jedoch ein geheimnisvolles Schicksal zu schweben. Die einzige Sorge der Bewohner dieser Gegenden betraf die Vermählung der aufblühenden Prinzessin, von der die Fortdauer dieser seligen Zeiten und das Verhängnis des ganzen Landes abhing. Der König ward immer älter. Ihm selbst schien diese Sorge lebhaft am Herzen zu liegen, und doch zeigte sich keine Aussicht zu einer Vermählung für sie, die allen Wünschen angemessen gewesen wäre. Die heilige Ehrfurcht für das königliche Haus erlaubte keinem Untertan, an die Möglichkeit zu denken, die Prinzessin zu besitzen. Man betrachtete sie wie ein überirdisches Wesen, und alle Prinzen aus andern Ländern, die sich mit Ansprüchen auf sie am Hofe gezeigt hatten, schienen so tief unter ihr zu sein, daß kein Mensch auf den Einfall kam, die Prinzessin oder der König werde die Augen auf einen unter ihnen richten. Das Gefühl des Abstandes hatte sie auch allmählich alle verscheucht, und das ausgesprengte Gerücht des ausschweifenden Stolzes dieser königlichen Familie schien andern alle Lust zu benehmen, sich ebenfalls gedemütigt zu sehn. Ganz ungegründet war auch dieses Gerücht nicht. Der König war bei aller Milde beinah unwillkürlich in ein Gefühl der Erhabenheit geraten, was ihm jeden Gedanken an die Verbindung seiner Tochter mit einem Manne von niedrigerem Stande und dunklerer Herkunft unmöglich oder unerträglich machte. Ihr hoher, einziger Wert hatte jenes Gefühl in ihm immer mehr bestätigt. Er war aus einer uralten morgenländischen Königsfamilie entsprossen. Seine Gemahlin war der letzte Zweig der Nachkommenschaft des berühmten Helden Rustan gewesen. Seine Dichter hatten ihm unaufhörlich von seiner Verwandtschaft mit den ehemaligen übermenschlichen Beherrschern der Welt vorgesungen, und in dem Zauberspiegel ihrer Kunst war ihm der Abstand seiner Herkunft von dem Ursprunge der andern Menschen, die Herrlichkeit seines Stammes noch heller erschienen, so daß es ihm dünkte, nur durch die edlere Klasse der Dichter mit dem übrigen Menschengeschlechte zusammenzuhängen. Vergebens sah er sich mit voller Sehnsucht nach einem zweiten Rustan um, indem er fühlte, daß das Herz seiner aufblühenden Tochter, der Zustand seines Reichs, und sein zunehmendes Alter ihre Vermählung in aller Absicht sehr wünschenswert machten.

Nicht weit von der Hauptstadt lebte auf einem abgelegenen Landgute ein alter Mann, der sich ausschließlich mit der Erziehung seines einzigen Sohnes beschäftigte, und nebenher den Landleuten in wichtigen Krankheiten Rat erteilte. Der junge Mann war ernst und ergab sich einzig der Wissenschaft der Natur, in welcher ihn sein Vater von Kindheit auf unterrichtete. Aus fernen Gegenden war der Alte vor mehreren Jahren in dies friedliche und blühende Land gezogen, und begnügte sich den wohltätigen Frieden, den der König um sich verbreitete, in der Stille zu genießen. Er benutzte sie, die Kräfte der Natur zu erforschen, und diese hinreißenden Kenntnisse seinem Sohne mitzuteilen, der viel Sinn dafür verriet und dessen tiefem Gemüt die Natur bereitwillig ihre Geheimnisse anvertraute. Die Gestalt des jungen Menschen schien gewöhnlich und unbedeutend, wenn man nicht einen höhern Sinn für die geheimere Bildung seines edlen Gesichts und die ungewöhnliche Klarheit seiner Augen mitbrachte. Je länger man ihn ansah, desto anziehender ward er, und man konnte sich kaum wieder von ihm trennen, wenn man seine sanfte, eindringende Stimme und seine anmutige Gabe zu sprechen hörte. Eines Tages hatte die Prinzessin, deren Lustgärten an den Wald stießen, der das Landgut des Alten in einem kleinen Tale verbarg, sich allein zu Pferde in den Wald begeben, um desto ungestörter ihren Phantasien nachzuhängen und einige schöne Gesänge sich wiederholen zu können. Die Frische des hohen Waldes lockte sie immer tiefer in seine Schatten, und so kam sie endlich an das Landgut, wo der Alte mit seinem Sohne lebte. Es kam ihr die Lust an, Milch zu trinken, sie stieg ab, band ihr Pferd an einen Baum, und trat in das Haus, um sich einen Trunk Milch auszubitten. Der Sohn war gegenwärtig, und erschrak beinah über diese zauberhafte Erscheinung eines majestätischen weiblichen Wesens, das mit allen Reizen der Jugend und Schönheit geschmückt, und von einer unbeschreiblich anziehenden Durchsichtigkeit der zartesten, unschuldigsten und edelsten Seele beinah vergöttlicht wurde. Während er eilte ihre wie Geistergesang tönende Bitte zu erfüllen, trat ihr der Alte mit bescheidner Ehrfurcht entgegen, und lud sie ein, an dem einfachen Herde, der mitten im Hause stand, und auf welchem eine leichte blaue Flamme ohne Geräusch emporspielte, Platz zu nehmen. Es fiel ihr, gleich beim Eintritt, der mit tausend seltenen Sachen gezierte Hausraum, die Ordnung und Reinlichkeit des Ganzen, und eine seltsame Heiligkeit des Ortes auf, deren Eindruck noch durch den schlicht gekleideten ehrwürdigen Greis und den bescheidnen Anstand des Sohnes erhöhet wurde. Der Alte hielt sie gleich für eine zum Hof gehörige Person, wozu ihre kostbare Tracht, und ihr edles Betragen ihm Anlaß genug gab. Während der Abwesenheit des Sohnes befragte sie ihn um einige Merkwürdigkeiten, die ihr vorzüglich in die Augen fielen, worunter besonders einige alte, sonderbare Bilder waren, die neben ihrem Sitze auf dem Herde standen, und er war bereitwillig sie auf eine anmutige Art damit bekannt zu machen. Der Sohn kam bald mit einem Kruge voll frischer Milch zurück, und reichte ihr denselben mit ungekünsteltem und ehrfurchtsvollem Wesen. Nach einigen anziehenden Gesprächen mit beiden, dankte sie auf die lieblichste Weise für die freundliche Bewirtung, bat errötend den Alten um die Erlaubnis wieder kommen, und seine lehrreichen Gespräche über die vielen wunderbaren Sachen genießen zu dürfen, und ritt zurück, ohne ihren Stand verraten zu haben, da sie merkte, daß Vater und Sohn sie nicht kannten. Ohnerachtet die Hauptstadt so nahe lag, hatten beide, in ihre Forschungen vertieft, das Gewühl der Menschen zu vermeiden gesucht, und es war dem Jüngling nie eine Lust angekommen, den Festen des Hofes beizuwohnen; besonders da er seinen Vater höchstens auf eine Stunde zu verlassen pflegte, um zuweilen im Walde nach Schmetterlingen, Käfern und Pflanzen umherzugehn, und die Eingebungen des stillen Naturgeistes durch den Einfluß seiner mannigfaltigen äußeren Lieblichkeiten zu vernehmen. Dem Alten, der Prinzessin und dem Jüngling war die einfache Begebenheit des Tages gleich wichtig. Der Alte hatte leicht den neuen tiefen Eindruck bemerkt, den die Unbekannte auf seinen Sohn machte. Er kannte diesen genug, um zu wissen, daß jeder tiefe Eindruck bei ihm ein lebenslänglicher sein würde. Seine Jugend und die Natur seines Herzens mußten die erste Empfindung dieser Art zur unüberwindlichen Neigung machen. Der Alte hatte lange eine solche Begebenheit herannahen sehen. Die hohe Liebenswürdigkeit der Erscheinung flößte ihm unwillkürlich eine innige Teilnahme ein, und sein zuversichtliches Gemüt entfernte alle Besorgnisse über die Entwickelung dieses sonderbaren Zufalls. Die Prinzessin hatte sich nie in einem ähnlichen Zustand befunden, wie der war, in welchem sie langsam nach Hause ritt. Es konnte vor der einzigen helldunklen wunderbar beweglichen Empfindung einer neuen Welt, kein eigentlicher Gedanke in ihr entstehen. Ein magischer Schleier dehnte sich in weiten Falten um ihr klares Bewußtsein. Es war ihr, als würde sie sich, wenn er aufgeschlagen würde, in einer überirdischen Welt befinden. Die Erinnerung an die Dichtkunst, die bisher ihre ganze Seele beschäftigt hatte, war zu einem fernen Gesange geworden, der ihren seltsam lieblichen Traum mit den ehemaligen Zeiten verband. Wie sie zurück in den Palast kam, erschrak sie beinah über seine Pracht und sein buntes Leben, noch mehr aber bei der Bewillkommung ihres Vaters, dessen Gesicht zum ersten Male in ihrem Leben eine scheue Ehrfurcht in ihr erregte. Es schien ihr eine unabänderliche Notwendigkeit, nichts von ihrem Abenteuer zu erwähnen. Man war ihre schwärmerische Ernsthaftigkeit, ihren in Phantasien und tiefes Sinnen verlornen Blick schon zu gewohnt, um etwas Außerordentliches darin zu bemerken. Es war ihr jetzt nicht mehr so lieblich zumute; sie schien sich unter lauter Fremden, und eine sonderbare Bänglichkeit begleitete sie bis an den Abend, wo das frohe Lied eines Dichters, der die Hoffnung pries, und von den Wundern des Glaubens an die Erfüllung unsrer Wünsche mit hinreißender Begeisterung sang, sie mit süßem Trost erfüllte und in die angenehmsten Träume wiegte. Der Jüngling hatte sich gleich nach ihrem Abschiede in den Wald verloren. An der Seite des Weges war er in Gebüschen bis an die Pforten des Gartens ihr gefolgt, und dann auf dem Wege zurückgegangen. Wie er so ging, sah er vor seinen Füßen einen hellen Glanz. Er bückte sich danach und hob einen dunkelroten Stein auf, der auf einer Seite außerordentlich funkelte, und auf der andern eingegrabene unverständliche Chiffern zeigte. Er erkannte ihn für einen kostbaren Karfunkel, und glaubte ihn in der Mitte des Halsbandes an der Unbekannten bemerkt zu haben. Er eilte mit beflügelten Schritten nach Hause, als wäre sie noch dort, und brachte den Stein seinem Vater. Sie wurden einig, daß der Sohn den andern Morgen auf den Weg zurückgehn und warten sollte, ob der Stein gesucht würde, wo er ihn dann zurückgeben könnte; sonst wollten sie ihn bis zu einem zweiten Besuche der Unbekannten aufheben, um ihr selbst ihn zu überreichen. Der Jüngling betrachtete fast die ganze Nacht den Karfunkel und fühlte gegen Morgen ein unwiderstehliches Verlangen einige Worte auf den Zettel zu schreiben, in welchen er den Stein einwickelte. Er wußte selbst nicht genau, was er sich bei den Worten dachte, die er hinschrieb.

Es ist dem Stein ein rätselhaftes Zeichen
Tief eingegraben in sein glühend Blut,
Er ist mit einem Herzen zu vergleichen,
In dem das Bild der Unbekannten ruht.
Man sieht um jenen tausend Funken streichen,
Um dieses woget eine lichte Flut.
In jenem liegt des Glanzes Licht begraben,
Wird dieses auch das Herz des Herzens haben?

Kaum daß der Morgen anbrach, so begab er sich schon auf den Weg, und eilte der Pforte des Gartens zu.

Unterdessen hatte die Prinzessin abends beim Auskleiden den teuren Stein in ihrem Halsbande vermißt, der ein Andenken ihrer Mutter und noch dazu ein Talisman war, dessen Besitz ihr die Freiheit ihrer Person sicherte, indem sie damit nie in fremde Gewalt ohne ihren Willen geraten konnte.

Dieser Verlust befremdete sie mehr, als daß er sie erschreckt hätte. Sie erinnerte sich, ihn gestern bei dem Spazierritt noch gehabt zu haben, und glaubte fest, daß er entweder im Hause des Alten, oder auf dem Rückwege im Walde verloren gegangen sein müsse; der Weg war ihr noch in frischem Andenken, und so beschloß sie gleich früh den Stein aufzusuchen, und ward bei diesem Gedanken so heiter, daß es fast das Ansehn gewann, als sei sie gar nicht unzufrieden mit dem Verluste, weil er Anlaß gäbe jenen Weg sogleich noch einmal zu machen. Mit dem Tage ging sie durch den Garten nach dem Walde, und weil sie eilfertiger ging als gewöhnlich, so fand sie es ganz natürlich, daß ihr das Herz lebhaft schlug, und ihr die Brust beklomm. Die Sonne fing eben an, die Wipfel der alten Bäume zu vergolden, die sich mit sanftem Flüstern bewegten, als wollten sie sich gegenseitig aus nächtlichen Gesichtern erwecken, um die Sonne gemeinschaftlich zu begrüßen, als die Prinzessin durch ein fernes Geräusch veranlaßt, den Weg hinunter und den Jüngling auf sich zueilen sah, der in demselben Augenblick ebenfalls sie bemerkte.

Wie angefesselt blieb er eine Weile stehn, und blickte unverwandt sie an, gleichsam um sich zu überzeugen, daß ihre Erscheinung wirklich und keine Täuschung sei. Sie begrüßten sich mit einem zurückgehaltenen Ausdruck von Freude, als hätten sie sich schon lange gekannt und geliebt. Noch ehe die Prinzessin die Ursache ihres frühen Spaziergangs ihm entdecken konnte, überreichte er ihr mit Erröten und Herzklopfen den Stein in dem beschriebenen Zettel. Es war, als ahndete die Prinzessin den Inhalt der Zeilen. Sie nahm ihn stillschweigend mit zitternder Hand und hing ihm zur Belohnung für seinen glücklichen Fund beinah unwillkürlich eine goldne Kette um, die sie um den Hals trug. Beschämt kniete er vor ihr und konnte, da sie sich nach seinem Vater erkundigte, einige Zeit keine Worte finden. Sie sagte ihm halbleise, und mit niedergeschlagenen Augen, daß sie bald wieder zu ihnen kommen, und die Zusage des Vaters sie mit seinen Seltenheiten bekannt zu machen, mit vieler Freude benutzen würde.

Sie dankte dem Jünglinge noch einmal mit ungewöhnlicher Innigkeit, und ging hierauf langsam, ohne sich umzusehen, zurück. Der Jüngling konnte kein Wort vorbringen. Er neigte sich ehrfurchtsvoll und sah ihr lange nach, bis sie hinter den Bäumen verschwand. Nach dieser Zeit vergingen wenig Tage bis zu ihrem zweiten Besuche, dem bald mehrere folgten. Der Jüngling ward unvermerkt ihr Begleiter bei diesen Spaziergängen. Er holte sie zu bestimmten Stunden am Garten ab, und brachte sie dahin zurück. Sie beobachtete ein unverbrüchliches Stillschweigen über ihren Stand, so zutraulich sie auch sonst gegen ihren Begleiter wurde, dem bald kein Gedanke in ihrer himmlischen Seele verborgen blieb. Es war, als flößte ihr die Erhabenheit ihrer Herkunft eine geheime Furcht ein. Der Jüngling gab ihr ebenfalls seine ganze Seele. Vater und Sohn hielten sie für ein vornehmes Mädchen vom Hofe. Sie hing an dem Alten mit der Zärtlichkeit einer Tochter. Ihre Liebkosungen gegen ihn waren die entzückenden Vorboten ihrer Zärtlichkeit gegen den Jüngling. Sie ward bald einheimisch in dem wunderbaren Hause; und wenn sie dem Alten und dem Sohne, der zu ihren Füßen saß, auf ihrer Laute reizende Lieder mit einer überirdischen Stimme vorsang, und letzteren in dieser lieblichen Kunst unterrichtete: so erfuhr sie dagegen von seinen begeisterten Lippen die Enträtselung der überall verbreiteten Naturgeheimnisse. Er lehrte ihr, wie durch wundervolle Sympathie die Welt entstanden sei, und die Gestirne sich zu melodischen Reigen vereinigt hätten. Die Geschichte der Vorwelt ging durch seine heiligen Erzählungen in ihrem Gemüt auf; und wie entzückt war sie, wenn ihr Schüler, in der Fülle seiner Eingebungen, die Laute ergriff und mit unglaublicher Gelehrigkeit in die wundervollsten Gesänge ausbrach. Eines Tages, wo ein besonders kühner Schwung sich seiner Seele in ihrer Gesellschaft bemächtigt hatte, und die mächtige Liebe auf dem Rückwege ihre jungfräuliche Zurückhaltung mehr als gewöhnlich überwand, so daß sie beide ohne selbst zu wissen wie einander in die Arme sanken, und der erste glühende Kuß sie auf ewig zusammenschmelzte, fing mit einbrechender Dämmerung ein gewaltiger Sturm in den Gipfeln der Bäume plötzlich zu toben an. Drohende Wetterwolken zogen mit tiefem nächtlichen Dunkel über sie her. Er eilte sie in Sicherheit vor dem fürchterlichen Ungewitter und den brechenden Bäumen zu bringen: aber er verfehlte in der Nacht und voll Angst wegen seiner Geliebten den Weg, und geriet immer tiefer in den Wald hinein. Seine Angst wuchs, wie er seinen Irrtum bemerkte. Die Prinzessin dachte an das Schrecken des Königs und des Hofes; eine unnennbare Ängstlichkeit fuhr zuweilen, wie ein zerstörender Strahl, durch ihre Seele, und nur die Stimme ihres Geliebten, der ihr unaufhörlich Trost zusprach, gab ihr Mut und Zutrauen zurück, und erleichterte ihre beklommne Brust. Der Sturm wütete fort; alle Bemühungen den Weg zu finden waren vergeblich, und sie priesen sich beide glücklich, bei der Erleuchtung eines Blitzes eine nahe Höhle an dem steilen Abhang eines waldigen Hügels zu entdecken, wo sie eine sichere Zuflucht gegen die Gefahren des Ungewitters zu finden hofften, und eine Ruhestätte für ihre erschöpften Kräfte. Das Glück begünstigte ihre Wünsche. Die Höhle war trocken und mit reinlichem Moose bewachsen. Der Jüngling zündete schnell ein Feuer von Reisern und Moos an, woran sie sich trocknen konnten, und die beiden Liebenden sahen sich nun auf eine wunderbare Weise von der Welt entfernt, aus einem gefahrvollen Zustande gerettet, und auf einem bequemen, warmen Lager allein nebeneinander.

Ein wilder Mandelstrauch hing mit Früchten beladen in die Höhle hinein, und ein nahes Rieseln ließ sie frisches Wasser zur Stillung ihres Durstes finden. Die Laute hatte der Jüngling mitgenommen, und sie gewährte ihnen jetzt eine aufheiternde und beruhigende Unterhaltung bei dem knisternden Feuer. Eine höhere Macht schien den Knoten schneller lösen zu wollen, und brachte sie unter sonderbaren Umständen in diese romantische Lage. Die Unschuld ihrer Herzen, die zauberhafte Stimmung ihrer Gemüter, und die verbundene unwiderstehliche Macht ihrer süßen Leidenschaft und ihrer Jugend ließ sie bald die Welt und ihre Verhältnisse vergessen, und wiegte sie unter dem Brautgesange des Sturms und den Hochzeitsfackeln der Blitze in den süßesten Rausch ein, der je ein sterbliches Paar beseligt haben mag. Der Anbruch des lichten blauen Morgens war für sie das Erwachen in einer neuen seligen Welt. Ein Strom heißer Tränen, der jedoch bald aus den Augen der Prinzessin hervorbrach, verriet ihrem Geliebten die erwachenden tausendfachen Bekümmernisse ihres Herzens. Er war in dieser Nacht um mehrere Jahre älter, aus einem Jünglinge zum Manne geworden. Mit überschwenglicher Begeisterung tröstete er seine Geliebte, erinnerte sie an die Heiligkeit der wahrhaften Liebe, und an den hohen Glauben, den sie einflöße, und bat sie, die heiterste Zukunft von dem Schutzgeist ihres Herzens mit Zuversicht zu erwarten. Die Prinzessin fühlte die Wahrheit seines Trostes, und entdeckte ihm, sie sei die Tochter des Königs, und nur bange wegen des Stolzes und der Bekümmernisse ihres Vaters. Nach langen reiflichen Überlegungen wurden sie über die zu fassende Entschließung einig, und der Jüngling machte sich sofort auf den Weg, um seinen Vater aufzusuchen, und diesen mit ihrem Plane bekannt zu machen. Er versprach in kurzen wieder bei ihr zu sein, und verließ sie beruhigt und in süßen Vorstellungen der künftigen Entwickelung dieser Begebenheiten. Der Jüngling hatte bald seines Vaters Wohnung erreicht, und der Alte war sehr erfreut, ihn unverletzt ankommen zu sehen. Er erfuhr nun die Geschichte und den Plan der Liebenden, und bezeigte sich nach einigem Nachdenken bereitwillig ihn zu unterstützen. Sein Haus lag ziemlich versteckt, und hatte einige unterirdische Zimmer, die nicht leicht aufzufinden waren. Hier sollte die Wohnung der Prinzessin sein. Sie ward also in der Dämmerung abgeholt, und mit tiefer Rührung von dem Alten empfangen. Sie weinte nachher oft in der Einsamkeit, wenn sie ihres traurigen Vaters gedachte: doch verbarg sie ihren Kummer vor ihrem Geliebten, und sagte es nur dem Alten, der sie freundlich tröstete, und ihr die nahe Rückkehr zu ihrem Vater vorstellte.

Unterdes war man am Hofe in große Bestürzung geraten, als abends die Prinzessin vermißt wurde. Der König war ganz außer sich, und schickte überall Leute aus, sie zu suchen. Kein Mensch wußte sich ihr Verschwinden zu erklären. Keinem kam ein heimliches Liebesverständnis in die Gedanken, und so ahndete man keine Entführung, da ohnedies kein Mensch weiter fehlte. Auch nicht zu der entferntesten Vermutung war Grund da. Die ausgeschickten Boten kamen unverrichteter Sache zurück, und der König fiel in tiefe Traurigkeit. Nur wenn abends seine Sänger vor ihn kamen und schöne Lieder mitbrachten, war es, als ließe sich die alte Freude wieder vor ihm blicken; seine Tochter dünkte ihm nah, und er schöpfte Hoffnung, sie bald wieder zu sehen. War er aber wieder allein, so zerriß es ihm von neuem das Herz und er weinte laut. Dann gedachte er bei sich selbst: Was hilft mir nun alle die Herrlichkeit, und meine hohe Geburt? Nun bin ich doch elender als die andern Menschen. Meine Tochter kann mir nichts ersetzen. Ohne sie sind auch die Gesänge nichts, als leere Worte und Blendwerk. Sie war der Zauber, der ihnen Leben und Freude, Macht und Gestalt gab. Wollt ich doch lieber, ich wäre der geringste meiner Diener. Dann hätte ich meine Tochter noch; auch wohl einen Eidam dazu und Enkel, die mir auf den Knieen säßen: dann wäre ich ein anderer König, als jetzt. Es ist nicht die Krone und das Reich, was einen König macht. Es ist jenes volle, überfließende Gefühl der Glückseligkeit, der Sättigung mit irdischen Gütern, jenes Gefühl der überschwenglichen Gnüge. So werd ich nun für meinen Übermut bestraft. Der Verlust meiner Gattin hat mich noch nicht genug erschüttert. Nun hab ich auch ein grenzenloses Elend. So klagte der König in den

Stunden der heißesten Sehnsucht. Zuweilen brach auch seine alte Strenge und sein Stolz wieder hervor. Er zürnte über seine Klagen; wie ein König wollte er dulden und schweigen. Er meinte dann, er leide mehr, als alle anderen, und gehöre ein großer Schmerz zum Königtum; aber wenn es dann dämmerte, und er in die Zimmer seiner Tochter trat, und sah ihre Kleider hängen, und ihre kleinern Habseligkeiten stehn, als habe sie eben das Zimmer verlassen: so vergaß er seine Vorsätze, gebärdete sich wie ein trübseliger Mensch, und rief seine geringsten Diener um Mitleid an. Die ganze Stadt und das ganze Land weinten und klagten von ganzem Herzen mit ihm. Sonderlich war es, daß eine Sage umherging, die Prinzessin lebe noch, und werde bald mit einem Gemahl wiederkommen. Kein Mensch wußte, woher die Sage kam: aber alles hing sich mit frohem Glauben daran, und sah mit ungeduldiger Erwartung ihrer baldigen Wiederkunft entgegen. So vergingen mehrere Monate, bis das Frühjahr wieder herankam. ›Was gilts‹, sagten einige in wunderlichem Mute, ›nun kommt auch die Prinzessin wieder.‹ Selbst der König ward heitrer und hoffnungsvoller. Die Sage dünkte ihm wie die Verheißung einer gütigen Macht. Die ehemaligen Feste fingen wieder an, und es schien zum völligen Aufblühen der alten Herrlichkeit nur noch die Prinzessin zu fehlen. Eines Abends, da es gerade jährig wurde, daß sie verschwand, war der ganze Hof im Garten versammelt. Die Luft war warm und heiter; ein leiser Wind tönte nur oben in den alten Wipfeln, wie die Ankündigung eines fernen fröhlichen Zuges. Ein mächtiger Springquell stieg zwischen den vielen Fackeln mit zahllosen Lichtern hinauf in die Dunkelheit der tönenden Wipfel, und begleitete mit melodischem Plätschern die mannigfaltigen Gesänge, die unter den Bäumen hervorklangen. Der König saß auf einem köstlichen Teppich, und um ihn her war der Hof in festlichen Kleidern versammelt. Eine zahlreiche Menge erfüllte den Garten, und umgab das prachtvolle Schauspiel. Der König saß eben in tiefen Gedanken. Das Bild seiner verlornen Tochter stand mit ungewöhnlicher Klarheit vor ihm; er gedachte der glücklichen Tage, die um diese Zeit im vergangenen Jahre ein plötzliches Ende nahmen. Eine heiße Sehnsucht übermannte ihn, und es flossen häufige Tränen von seinen ehrwürdigen Wangen; doch empfand er eine ungewöhnliche Heiterkeit. Es dünkte ihm das traurige Jahr nur ein schwerer Traum zu sein, und er hob die Augen auf, gleichsam um ihre hohe, heilige, entzückende Gestalt unter den Menschen und den Bäumen aufzusuchen. Eben hatten die Dichter geendigt, und eine tiefe Stille schien das Zeichen der allgemeinen Rührung zu sein, denn die Dichter hatten die Freuden des Wiedersehns, den Frühling und die Zukunft besungen, wie sie die Hoffnung zu schmücken pflegt.

Plötzlich wurde die Stille durch leise Laute einer unbekannten schönen Stimme unterbrochen, die von einer uralten Eiche herzukommen schien. Alle Blicke richteten sich dahin, und man sah einen Jüngling in einfacher, aber fremder Tracht stehen, der eine Laute im Arm hielt, und ruhig in seinem Gesange fortfuhr, indem er jedoch, wie der König seinen Blick nach ihm wandte, eine tiefe Verbeugung machte. Die Stimme war außerordentlich schön, und der Gesang trug ein fremdes, wunderbares Gepräge. Er handelte von dem Ursprunge der Welt, von der Entstehung der Gestirne, der Pflanzen, Tiere und Menschen, von der allmächtigen Sympathie der Natur, von der uralten goldenen Zeit und ihren Beherrscherinnen, der Liebe und Poesie, von der Erscheinung des Hasses und der Barbarei und ihren Kämpfen mit jenen wohltätigen Göttinnen, und endlich von dem zukünftigen Triumph der letztern, dem Ende der Trübsale, der Verjüngung der Natur und der Wiederkehr eines ewigen goldenen Zeitalters. Die alten Dichter traten selbst von Begeisterung hingerissen, während des Gesanges näher um den seltsamen Fremdling her. Ein niegefühltes Entzücken ergriff die Zuschauer, und der König selbst fühlte sich wie auf einem Strom des Himmels weggetragen. Ein solcher Gesang war nie vernommen worden, und alle glaubten, ein himmlisches Wesen sei unter ihnen erschienen, besonders da der Jüngling unterm Singen immer schöner, immer herrlicher, und seine Stimme immer gewaltiger zu werden schien. Die Luft spielte mit seinen goldenen Locken. Die Laute schien sich unter seinen Händen zu beseelen, und sein Blick schien trunken in eine geheimere Welt hinüberzuschauen. Auch die Kinderunschuld und Einfalt seines Gesichts schien allen übernatürlich. Nun war der herrliche Gesang geendigt. Die bejahrten Dichter drückten den Jüngling mit Freudentränen an ihre Brust. Ein stilles inniges Jauchzen ging durch die Versammlung. Der König kam gerührt auf ihn zu. Der Jüngling warf sich ihm bescheiden zu Füßen. Der König hob ihn auf, umarmte ihn herzlich, und hieß ihn sich eine Gabe ausbitten. Da bat er mit glühenden Wangen den König, noch ein Lied gnädig anzuhören, und dann über seine Bitte zu entscheiden. Der König trat einige Schritte zurück und der Fremdling fing an:

Der Sänger geht auf rauhen Pfaden,
Zerreißt in Dornen sein Gewand;
Er muß durch Fluß und Sümpfe baden,
Und keines reicht hülfreich ihm die Hand.
Einsam und pfadlos fließt in Klagen
Jetzt über sein ermattet Herz;
Er kann die Laute kaum noch tragen,
Ihn übermannt ein tiefer Schmerz.

›Ein traurig Los ward mir beschieden,
Ich irre ganz verlassen hier,
Ich brachte allen Lust und Frieden,
Doch keiner teilte sie mit mir.
Es wird ein jeder seiner Habe
Und seines Lebens froh durch mich;
Doch weisen sie mit karger Gabe
Des Herzens Forderung von sich.

Man läßt mich ruhig Abschied nehmen,
Wie man den Frühling wandern sieht;
Es wird sich keiner um ihn grämen,
Wenn er betrübt von dannen zieht.
Verlangend sehn sie nach den Früchten,
Und wissen nicht, daß er sie sät;
Ich kann den Himmel für sie dichten,
Doch meiner denkt nicht Ein Gebet.

Ich fühle dankbar Zaubermächte
An diese Lippen festgebannt.
O! knüpfte nur an meine Rechte
Sich auch der Liebe Zauberband.
Es kümmert keine sich des Armen,
Der dürftig aus der Ferne kam;
Welch Herz wird Sein sich noch erbarmen
Und lösen seinen tiefen Gram?‹

Er sinkt im hohen Grase nieder,
Und schläft mit nassen Wangen ein;
Da schwebt der hohe Geist der Lieder
In die beklemmte Brust hinein:

›Vergiß anjetzt, was du gelitten,
In kurzem schwindet deine Last,
Was du umsonst gesucht in Hütten,
Das wirst du finden im Palast.

Du nahst dem höchsten Erdenlohne,
Bald endigt der verschlungne Lauf;
Der Myrtenkranz wird eine Krone,
Dir setzt die treuste Hand sie auf.
Ein Herz voll Einklang ist berufen
Zur Glorie um einen Thron;
Der Dichter steigt auf rauhen Stufen
Hinan, und wird des Königs Sohn.‹

So weit war er in seinem Gesange gekommen, und ein sonderbares Erstaunen hatte sich der Versammlung bemächtigt, als während dieser Strophen ein alter Mann mit einer verschleierten weiblichen Gestalt von edlem Wuchse, die ein wunderschönes Kind auf dem Arme trug, das freundlich in der fremden Versammlung umhersah, und lächelnd nach dem blitzenden Diadem des Königs die kleinen Händchen streckte, zum Vorschein kamen, und sich hinter den Sänger stellten; aber das Staunen wuchs, als plötzlich aus den Gipfeln der alten Bäume, der Lieblingsadler des Königs, den er immer um sich hatte, mit einer goldenen Stirnbinde, die er aus seinen Zimmern entwandt haben mußte, herabflog, und sich auf das Haupt des Jünglings niederließ, so daß die Binde sich um seine Locken schlug. Der Fremdling erschrak einen Augenblick; der Adler flog an die Seite des Königs, und ließ die Binde zurück. Der Jüngling reichte sie dem Kinde, das darnach verlangte, ließ sich auf ein Knie gegen den König nieder, und fuhr in seinem Gesange mit bewegter Stimme fort:

Der Sänger fährt aus schönen Träumen
Mit froher Ungeduld empor;
Er wandelt unter hohen Bäumen
Zu des Palastes ehrnem Tor.
Die Mauern sind wie Stahl geschliffen,
Doch sie erklimmt sein Lied geschwind,
Es steigt von Lieb und Weh ergriffen
Zu ihm hinab des Königs Kind.

Die Liebe drückt sie fest zusammen
Der Klang der Panzer treibt sie fort;
Sie lodern auf in süßen Flammen,
Im nächtlich stillen Zufluchtsort.
Sie halten furchtsam sich verborgen,
Weil sie der Zorn des Königs schreckt;
Und werden nun von jedem Morgen
Zu Schmerz und Lust zugleich erweckt.

Der Sänger spricht mit sanften Klängen
Der neuen Mutter Hoffnung ein;
Da tritt, gelockt von den Gesängen
Der König in die Kluft hinein.
Die Tochter reicht in goldnen Locken
Den Enkel von der Brust ihm hin;
Sie sinken reuig und erschrocken,
Und mild zergeht sein strenger Sinn.

Der Liebe weicht und dem Gesange
Auch auf dem Thron ein Vaterherz,
Und wandelt bald in süßem Drange
Zu ewger Lust den tiefen Schmerz.
Die Liebe gibt, was sie entrissen,
Mit reichem Wucher bald zurück,
Und unter den Versöhnungsküssen
Entfaltet sich ein himmlisch Glück.

Geist des Gesangs, komm du hernieder,
Und steh auch jetzt der Liebe bei;
Bring die verlorne Tochter wieder,
Daß ihr der König Vater sei! –
Daß er mit Freuden sie umschließet,
Und seines Enkels sich erbarmt,
Und wenn das Herz ihm überfließet,
Den Sänger auch als Sohn umarmt.

Der Jüngling hob mit bebender Hand bei diesen Worten, die sanft in den dunklen Gängen verhallten, den Schleier. Die Prinzessin fiel mit einem Strom von Tränen zu den Füßen des Königs, und hielt ihm das schöne Kind hin. Der Sänger kniete mit gebeugtem Haupte an ihrer Seite. Eine ängstliche Stille schien jeden Atem festzuhalten. Der König war einige Augenblicke sprachlos und ernst; dann zog er die Prinzessin an seine Brust, drückte sie lange fest an sich und weinte laut. Er hob nun auch den Jüngling zu sich auf, und umschloß ihn mit herzlicher Zärtlichkeit. Ein helles Jauchzen floß durch die Versammlung, die sich dicht zudrängte. Der König nahm das Kind und reichte es mit rührender Andacht gen Himmel; dann begrüßte er freundlich den Alten. Unendliche Freudentränen flossen. In Gesänge brachen die Dichter aus, und der Abend ward ein heiliger Vorabend dem ganzen Lande, dessen Leben fortan nur Ein schönes Fest war. Kein Mensch weiß, wo das Land hingekommen ist. Nur in Sagen heißt es, daß Atlantis von mächtigen Fluten den Augen entzogen worden sei.«

(1802)

E. T. A. Hoffmann

Der goldne Topf

Ein Märchen aus der neuen Zeit

Achte Vigilie

[...] »Lieber Herr Anselmus«, sagte der Archivarius Lindhorst, »Sie haben nun schon manches Manuskript schnell und richtig zu meiner großen Zufriedenheit kopiert; Sie haben sich mein Zutrauen erworben; das Wichtigste bleibt aber noch zu tun übrig, und das ist das Abschreiben oder vielmehr Nachmalen gewisser in besonderen Zeichen geschriebener Werke, die ich hier in diesem Zimmer aufbewahre und die nur an Ort und Stelle kopiert werden können. – Sie werden daher künftig hier arbeiten, aber ich muss Ihnen die größte Vorsicht und Aufmerksamkeit empfehlen; ein falscher Strich, oder was der Himmel verhüten möge, ein Tintenfleck auf das Original gespritzt, stürzt Sie ins Unglück.« – Anselmus bemerkte, dass aus den goldnen Stämmen der Palmbäume kleine smaragdgrüne Blätter herausragten; eins dieser Blätter erfasste der Archivarius, und Anselmus wurde gewahr, dass das Blatt eigentlich in einer Pergamentrolle bestand, die der Archivarius aufwickelte und vor ihm auf den Tisch breitete. Anselmus wunderte sich nicht wenig über die seltsam verschlungenen Zeichen, und bei dem Anblick der vielen Pünktchen, Striche und Züge und Schnörkel, die bald Pflanzen, bald Moose, bald Tiergestalten darzustellen schienen, wollte ihm beinahe der Mut sinken, alles so genau nachmalen zu können. Er geriet darüber in tiefe Gedanken. »Mut gefasst, junger Mensch!«, rief der Archivarius, »hast du bewährten Glauben und wahre Liebe, so hilft dir Serpentina!« Seine Stimme tönte wie klingendes Metall, und als Anselmus in jähem Schreck aufblickte, stand der Archivarius Lindhorst in der königlichen Gestalt vor ihm, wie er ihm bei dem ersten Besuch im Bibliothekszimmer erschienen. Es war dem Anselmus, als müsse er von Ehrfurcht durchdrungen auf die Kniee sinken, aber da stieg der Archivarius Lindhorst an dem Stamm eines Palmbaums in die Höhe und verschwand in den smaragdenen Blättern. – Der Student Anselmus begriff, dass der Geisterfürst mit ihm gesprochen und nun in sein Studierzimmer hinaufgestiegen, um vielleicht mit den Strahlen, die einige Planeten als Gesandte zu ihm geschickt, Rücksprache zu halten, was nun mit ihm und der holden Serpentina geschehen solle. – Auch kann es sein, dachte er ferner, dass ihn Neues von den Quellen des Nils erwartet, oder dass ein Magus aus Lappland ihn besucht – mir geziemt es nun, emsig an die Arbeit zu gehen. – Und damit fing er an die fremden Zeichen der Pergamentrolle zu studieren. – Die wunderbare Musik des Gartens tönte zu ihm herüber und umgab ihn mit süßen lieblichen Düften, auch hörte er wohl die Spottvögel kickern, doch verstand er ihre Worte nicht, was ihm auch recht lieb war. Zuweilen war es auch, als rauschten die smaragdenen Blätter der Palmbäume, und als strahlten dann die holden Kristallklänge, welche Anselmus an jenem verhängnisvollen Himmelfahrtstage unter dem Holunderbusch hörte, durch das Zimmer. Der Student Anselmus, wunderbar gestärkt durch dies Tönen und Leuchten, richtete immer fester und fester Sinn und Gedanken auf die Überschrift der Pergamentrolle, und bald fühlte er wie aus dem Innersten heraus, dass die Zeichen nichts anders bedeuten könnten, als die Worte: Von der Vermählung des Salamanders mit der grünen Schlange. – Da ertönte ein starker Dreiklang heller Kristallglocken – »Anselmus, lieber Anselmus«, wehte es ihm zu aus den Blättern, und o Wunder! an dem Stamm des Palmbaums schlängelte sich die grüne Schlange herab. – »Serpentina! holde Serpentina!«, rief Anselmus wie im Wahnsinn des höchsten Entzückens, denn so wie er schärfer hinblickte, da war es ja ein liebliches herrliches Mädchen, die mit den dunkelblauen Augen, wie sie in seinem Innern lebten, voll unaussprechlicher Sehnsucht ihn anschauend, ihm entgegenschwebte. Die Blätter schienen sich herabzulassen und auszudehnen, überall sprossten Stacheln aus den Stämmen, aber Serpentina wand und schlängelte sich geschickt durch, indem sie ihr flatterndes, wie in schillernden Farben glänzendes Gewand nach sich zog, so dass es sich dem schlanken Körper anschmiegend nirgends hängen blieb an den hervorragenden Spitzen und Stacheln der Palmbäume. Sie setzte sich neben dem Anselmus auf denselben Stuhl, ihn mit dem Arm umschlingend und an sich drückend, so dass er den Hauch, der von ihren Lippen strömte, die elektrische Wärme ihres Körpers fühlte. »Lieber Anselmus!«, fing Serpentina an, »nun bist du bald ganz mein, durch deinen Glauben, durch deine Liebe erringst du mich, und ich bringe dir den goldnen Topf, der uns beide beglückt immerdar.« – »O du holde liebe Serpentina«, sagte Anselmus, »wenn ich nur dich habe, was kümmert mich sonst alles Übrige; wenn du nur mein bist, so will ich gern untergehen in all dem Wunderbaren und Seltsamen, was mich befängt seit dem Augenblick, als ich dich sah.« »Ich weiß wohl«, fuhr Serpentina fort, »dass das Unbekannte und Wunderbare, womit mein Vater oft nur zum Spiel seiner Laune dich umfangen, Grausen und Entsetzen in dir erregt hat, aber jetzt soll es, wie ich hoffe, nicht wieder geschehen, denn ich bin in diesem Augenblick nur da, um dir, mein lieber Anselmus, alles und jedes aus tiefem Gemüte, aus tiefer Seele haarklein zu erzählen, was dir zu wissen nötig, um meinen Vater ganz zu kennen, und überhaupt recht deutlich einzusehen, was es mit ihm und mit mir für eine Bewandtnis hat.« – Dem Anselmus war es, als sei er von der holden lieblichen Gestalt so ganz und gar umschlungen und umwunden, dass er sich nur mit ihr regen und bewegen könne, und als sei es nur der Schlag ihres Pulses, der durch seine Fibern und Nerven zittere; er horchte auf jedes ihrer Worte, das bis in sein Innerstes hinein erklang, und wie ein leuchtender Strahl, die Wonne des Himmels in ihm entzündete. Er hatte den Arm um ihren schlanker als schlanken Leib gelegt, aber der schillernde glänzende Stoff ihres Gewandes war so glatt, so schlüpfrig, dass es ihm schien, als könne sie, sich ihm schnell entwindend, unaufhaltsam entschlüpfen, und er erbebte bei dem Gedanken. »Ach, verlass mich nicht, holde Serpentina«, rief er unwillkürlich aus,

»nur du bist mein Leben!« – »Nicht eher heute«, sagte Serpentina, »als bis ich alles erzählt habe, was du in deiner Liebe zu mir begreifen kannst. – Wisse also, Geliebter! dass mein Vater aus dem wunderbaren Geschlecht der Salamander abstammt, und dass ich mein Dasein seiner Liebe zur grünen Schlange verdanke. In uralter Zeit herrschte in dem Wunderlande Atlantis der mächtige Geisterfürst Phosphorus, dem die Elementargeister dienten. Einst ging der Salamander, den er vor allem liebte (es war mein Vater), in dem prächtigen Garten, den des Phosphorus Mutter mit ihren schönsten Gaben auf das herrlichste geschmückt hatte, umher, und hörte, wie eine hohe Lilie in leisen Tönen sang: ›Drücke fest die Äuglein zu, bis mein Geliebter, der Morgenwind, dich weckt.‹ Er trat hinzu; von seinem glühenden Hauch berührt, erschloss die Lilie ihre Blätter, und er erblickte der Lilie Tochter, die grüne Schlange, welche in dem Kelch schlummerte. Da wurde der Salamander von heißer Liebe zu der schönen Schlange ergriffen, und er raubte sie der Lilie, deren Düfte in namenloser Klage vergebens im ganzen Garten nach der geliebten Tochter riefen. Denn der Salamander hatte sie in das Schloss des Phosphorus getragen, und bat ihn: ›Vermähle mich mit der Geliebten, denn sie soll mein eigen sein immerdar.‹ ›Törichter, was verlangst du‹, sprach der Geisterfürst, ›wisse, dass einst die Lilie meine Geliebte war und mit mir herrschte, aber der Funke, den ich in sie warf, drohte sie zu vernichten, und nur der Sieg über den schwarzen Drachen, den jetzt die Erdgeister in Ketten gebunden halten, erhielt die Lilie, dass ihre Blätter stark genug blieben, den Funken in sich zu schließen und zu bewahren. Aber, wenn du die grüne Schlange umarmst, wird deine Glut den Körper verzehren und ein neues Wesen schnell emporkeimend sich dir entschwingen.‹ Der Salamander achtete der Warnung des Geisterfürsten nicht; voll glühenden Verlangens schloss er die grüne Schlange in seine Arme, sie zerfiel in Asche und ein geflügeltes Wesen aus der Asche geboren rauschte fort durch die Lüfte. Da ergriff den Salamander der Wahnsinn der Verzweiflung, und er rannte Feuer und Flammen sprühend durch den Garten und verheerte ihn in wilder Wut, dass die schönsten Blumen und Blüten verbrannt niedersanken und ihr Jammer die Luft erfüllte. Der hocherzürnte Geisterfürst erfasste im Grimm den Salamander und sprach: ›Ausgeraset hat dein Feuer – erloschen sind deine Flammen, erblindet deine Strahlen – sinke hinab zu den Erdgeistern, die mögen dich necken und höhnen und gefangen halten, bis der Feuerstoff sich wieder entzündet und mit dir als einem neuen Wesen aus der Erde emporstrahlt.‹ Der arme Salamander sank erloschen hinab, aber da trat der alte mürrische Erdgeist, der des Phosphorus Gärtner war, hinzu und sprach: ›Herr! wer sollte mehr über den Salamander klagen, als ich! – Habe ich nicht all die schönen Blumen, die er verbrannt, mit meinen schönsten Metallen geputzt, habe ich nicht ihre Keime wacker gehegt und gepflegt und an ihnen manche schöne Farbe verschwendet? – und doch nehme ich mich des armen Salamanders an, den nur die Liebe, von der du selbst schon oft, o Herr! befangen, zur Verzweiflung getrieben, in der er den Garten verwüstet. – Erlasse ihm die zu harte Strafe!‹ – ›Sein Feuer ist für jetzt erloschen‹, sprach der Geisterfürst, ›in der unglücklichen Zeit, wenn die Sprache der Natur dem entarteten Geschlecht der Menschen nicht mehr verständlich sein, wenn die Elementargeister in ihre Regionen gebannt nur aus weiter Ferne in dumpfen Anklängen zu dem Menschen sprechen werden, wenn dem harmonischen Kreise entrückt, nur ein unendliches Sehnen ihm die dunkle Kunde von dem wundervollen Reiche geben wird, das er sonst bewohnen durfte, als noch Glaube und Liebe in seinem Gemüte wohnten, – in dieser unglücklichen Zeit entzündet sich der Feuerstoff des Salamanders aufs Neue, doch nur zum Menschen keimt er empor und muss, ganz eingehend in das dürftige Leben, dessen Bedrängnisse ertragen. Aber nicht allein die Erinnerung an seinen Urzustand soll ihm bleiben, sondern er lebt auch wieder auf in der heiligen Harmonie mit der ganzen Natur, er versteht ihre Wunder und die Macht der verbrüderten Geister steht ihm zu Gebote. In einem Lilienbusch findet er dann die grüne Schlange wieder, und die Frucht seiner Vermählung mit ihr sind drei Töchter, die den Menschen in der Gestalt der Mutter erscheinen. Zur Frühlingszeit sollen sie sich in den dunklen Holunderbusch hängen und ihre lieblichen Kristallstimmen ertönen lassen. Findet sich dann in der dürftigen armseligen Zeit der innern Verstocktheit ein Jüngling, der ihren Gesang vernimmt, ja, blickt ihn eine der Schlänglein mit ihren holdseligen Augen an, entzündet der Blick in ihm die Ahnung des fernen wundervollen Landes, zu dem er sich mutig emporschwingen kann, wenn er die Bürde des Gemeinen abgeworfen, keimt mit der Liebe zur Schlange in ihm der Glaube an die Wunder der Natur, ja an seine eigne Existenz in diesen Wundern glutvoll und lebendig auf, so wird die Schlange sein. Aber nicht eher, bis drei Jünglinge dieser Art erfunden und mit den drei Töchtern vermählt werden, darf der Salamander seine lästige Bürde abwerfen und zu seinen Brüdern gehen.‹ ›Erlaube, Herr‹, sagte der Erdgeist, ›dass ich diesen drei Töchtern ein Geschenk mache, das ihr Leben mit dem gefundenen Gemahl verherrlicht. Jede erhält von mir einen Topf vom schönsten Metall, das ich besitze, den poliere ich mit Strahlen, die ich dem Diamant entnommen; in seinem Glanze soll sich unser wundervolles Reich, wie es jetzt im Einklang mit der ganzen Natur besteht, in blendendem herrlichen Widerschein abspiegeln, aus seinem Innern aber in dem Augenblick der Vermählung eine Feuerlilie entsprießen, deren ewige Blüte den bewährt befundenen Jüngling süß duftend umfängt. Bald wird er dann ihre Sprache, die Wunder unseres Reichs verstehen und selbst mit der Geliebten in Atlantis wohnen.‹ – Du weißt nun wohl, lieber Anselmus! dass mein Vater eben der Salamander ist, von dem ich dir erzählt. Er musste seiner höheren Natur unerachtet sich den kleinlichsten Bedrängnissen des gemeinen Lebens unterwerfen, und daher kommt wohl oft die schadenfrohe Laune, mit der er manche neckt. Er hat mir oft gesagt, dass für die innere Geistesbeschaffenheit, wie sie der Geisterfürst Phosphorus damals als Bedingnis der Vermählung mit mir und meinen Schwestern aufgestellt, man jetzt einen Ausdruck habe, der aber nur zu oft unschicklicher Weise gemissbraucht werde; man nenne das nämlich ein kindliches poetisches Gemüt. – Oft finde man dieses Gemüt bei Jünglingen, die der hohen Einfachheit ihrer Sitten wegen, und weil es ihnen ganz an der sogenannten Weltbildung fehle, von dem Pöbel verspottet würden. Ach, lieber Anselmus! – Du verstandest ja unter dem Holunderbusch meinen Gesang – meinen Blick – du liebst die grüne Schlange, du glaubst an mich und willst mein sein immerdar! – Die schöne Lilie wird emporblühen aus dem goldnen Topf und wir werden vereint glücklich und selig in Atlantis wohnen! – Aber nicht verhehlen kann ich dir, dass im grässlichen Kampf mit den Salamandern und Erdgeistern sich der schwarze Drache loswand und durch die Lüfte davonbrauste. Phosphorus hält ihn zwar wieder in Bänden, aber aus den schwarzen Federn, die im Kampfe auf die Erde stäubten, keimten feindliche Geister empor, die überall den Salamandern und Erdgeistern widerstreben. Jenes Weib, das dir so feindlich ist, lieber Anselmus! und die, wie mein Vater recht gut weiß, nach dem Besitz des goldnen Topfes strebt, hat ihr Dasein der Liebe einer solchen aus dem Fittig des Drachens herabgestäubten Feder zu einer Runkelrübe zu verdanken. Sie erkennt ihren

Ursprung und ihre Gewalt, denn in dem Stöhnen, in den Zuckungen des gefangenen Drachen werden ihr die Geheimnisse mancher wundervollen Konstellation offenbar, und sie bietet alle Mittel auf, von außen hinein ins Innere zu wirken, wogegen sie mein Vater mit den Blitzen, die aus dem Innern des Salamanders hervorschießen, bekämpft. Alle die feindlichen Prinzipe, die in schädlichen Kräutern und giftigen Tieren wohnen, sammelt sie und erregt, sie mischend in günstiger Konstellation, manchen bösen Spuk, der des Menschen Sinne mit Grauen und Entsetzen befängt und ihn der Macht jener Dämonen, die der Drache im Kampfe unterliegend erzeugte, unterwirft. Nimm dich vor der Alten in Acht, lieber Anselmus, sie ist dir feind, weil dein kindlich frommes Gemüt schon manchen ihrer bösen Zauber vernichtet. – Halte treu – treu – an mir, bald bist du am Ziel!« – »O meine – meine Serpentina!« – rief der Student Anselmus, »wie sollte ich denn nur von dir lassen können, wie sollte ich dich nicht lieben ewiglich!« – Ein Kuss brannte auf seinem Munde, er erwachte wie aus einem tiefen Traume, Serpentina war verschwunden, es schlug sechs Uhr, da fiel es ihm schwer aufs Herz, dass er nicht das Mindeste kopiert habe; er blickte voll Besorgnis, was der Archivarius wohl sagen werde, auf das Blatt, und o Wunder! die Kopie des geheimnisvollen Manuskripts war glücklich beendigt, und er glaubte, schärfer die Züge betrachtend, Serpentinas Erzählung von ihrem Vater, dem Liebling des Geisterfürsten Phosphorus im Wunderlande Atlantis, abgeschrieben zu haben. Jetzt trat der Archivarius Lindhorst in seinem weißgrauen Überrock, den Hut auf dem Kopfe, den Stock in der Hand, herein; er sah in das von dem Anselmus beschriebene Pergament, nahm eine große Prise und sagte lächelnd: »Das dacht' ich wohl! – Nun! hier ist der Speziestaler, Herr Anselmus, jetzt wollen wir noch nach dem Linke'schen Bade gehen – nur mir nach!« – Der Archivarius schritt rasch durch den Garten, in dem ein solcher Lärm von Singen, Pfeifen, Sprechen durcheinander war, dass der Student Anselmus ganz betäubt wurde und dem Himmel dankte, als er sich auf der Straße befand. Kaum waren sie einige Schritte gegangen, als sie dem Registrator Heerbrand begegneten, der freundlich sich anschloss. Vor dem Tore stopften sie die mitgenommenen Pfeifen; der Registrator Heerbrand beklagte kein Feuerzeug bei sich zu tragen, da rief der Archivarius Lindhorst ganz unwillig: »Was Feuerzeug! hier ist Feuer, so viel Sie wollen!« Und damit schnippte er mit den Fingern, aus denen große Funken strömten, die die Pfeifen schnell anzündeten. »Sehen Sie das chemische Kunststückchen«, sagte der Registrator Heerbrand, aber der Student Anselmus dachte nicht ohne inneres Erbeben an den Salamander. – Im Linke'schen Bade trank der Registrator Heerbrand so viel starkes Doppelbier, dass er, sonst ein gutmütiger stiller Mann, anfing in einem quäkenden Tenor Burschenlieder zu singen, jeden hitzig fragte: ob er sein Freund sei oder nicht, und endlich von dem Studenten Anselmus zu Hause gebracht werden musste, als der Archivarius Lindhorst schon längst auf und davon war.

(1814)

Friedrich Rückert

Wanderung

7.
O Wieg', aus der die Sonnen steigen, o heiliges Meer!
    O Grab, in das die Sonnen neigen, o heiliges Meer!
O du im Duft der Nacht entfaltend den Spiegel, darein
    Vom Himmel Luna schaut mit Schweigen, o heiliges Meer!
O du in stillen Mitternächten mit Wogengesang
    Einklingend in der Sterne Reigen, o heiliges Meer!
Die Morgen- und die Abendröten erblühen aus dir,
    Zwei Rosen deinem Garten eigen, o heiliges Meer!
Atmender Busen Amphitrites, der nieder und auf
    Die Wogen sinken läßt und steigen, o heiliges Meer!
Schoß, mütterlicher, Aphrodites! gebäre dein Kind,
    Um deinen Glanz der Welt zu zeigen, o heiliges Meer!
Spreng' auf den Frühlingskranz der Erde den perlenden Tau!
    Denn alle Perlen sind dein eigen, o heiliges Meer!
Du sammelst alle dir entstammten Najaden der Flur
    Zurück zum Nereidenreigen, o heiliges Meer!
Die Schiffe der Gedanken segeln und sinken in dir;
    Atlantis ruht in deinem Schweigen, o heiliges Meer!
Der Götterbecher, der gefallen vom hohen Olymp,
    Hängt tief an den Korallenzweigen, o heiliges Meer!

Ein Taucher in das Meer der Liebe ist *Freimunds* Gesang,
Der deinen Glanz der Welt will zeigen, o heiliges Meer!
Als wie der Mond will ich mit Sehnen mich stürzen in dich;
Laß mich aus dir als Sonne steigen, o heiliges Meer!

(1822)

Stefan George

Die tote Stadt

Die weite bucht erfüllt der neue hafen
Der alles glück des landes saugt · ein mond
Von glitzernden und rauhen häuserwänden ·
Endlosen strassen drin mit gleicher gier
Die menge tages feilscht und abends tollt.
Nur hohn und mitleid steigt zur mutterstadt
Am felsen droben die mit schwarzen mauern
Verarmt daliegt · vergessen von der zeit.

Die stille veste lebt und träumt und sieht
Wie stark ihr turm in ewige sonnen ragt ·
Das schweigen ihre weihebilder schüzt
Und auf den grasigen gassen ihren wohnern
Die glieder blühen durch verschlissnes tuch.
Sie spürt kein leid · sie weiss der tag bricht an:
Da schleppt sich aus den üppigen palästen
Den berg hinan von flehenden ein zug:

›Uns mäht ein ödes weh und wir verderben
Wenn ihr nicht helft – im überflusse siech.
Vergönnt uns reinen odem eurer höhe
Und klaren quell! wir finden rast in hof
Und stall und jeder höhlung eines tors.
Hier schätze wir ihr nie sie saht – die steine
Wie fracht von hundert schiffen kostbar · spange
Und reif vom werte ganzer länderbreiten!‹

Doch strenge antwort kommt: ›Hier frommt kein kauf.
Das gut was euch vor allem galt ist schutt.
Nur sieben sind gerettet die einst kamen
Und denen unsre kinder zugelächelt.
Euch all trifft tod. Schon eure zahl ist frevel.
Geht mit dem falschen prunk der unsren knaben
Zum ekel wird! Seht wie ihr nackter fuss
Ihn übers riff hinab zum meere stösst.‹

(1907)

Gerhart Hauptmann

Atlantis

[…]

Friedrich stand hinten bei der Logleine, die in der breiten, zerquirlten Kielstraße nachschleifte. Auch in dieser gespenstischen Vormorgenstunde verfolgten hungrige Möwen das Schiff, manchmal sich nähernd, manchmal zurückbleibend und immer wieder mit dem trostlosen Schrei verdammter Seelen ins Kielwasser stoßend. Dies war nicht Traum, und doch wußte es Friedrich davon kaum zu sondern. Noch von dem Wunderlichen und Befremdlichen des Traumerlebnisses durchdrungen, empfand er nun, überreizt wie er war, die fremde und wogende Ödenei des Weltmeers nicht minder wunderbar. So hatte es seine Wasserberge unter den blinden Augen von Jahrmillionen einhergewälzt, nicht minder blind als die Jahrmillionen. So war es gewesen, nicht anders, seit dem ersten Schöpfungstag: am Anfang schuf Gott Himmel und Erde, und die Erde war finster und leer, und der Geist Gottes schwebte auf dem Wasser. Friedrich fror. Hatte er je mit etwas anderem als mit Geist und Geistern, das heißt mit Gespenstern gelebt? Und befand er sich nicht im Augenblick mehr als je von dem geschieden, was ihm unter dem Namen Wirklichkeit als unerschütterlich fester Boden gegolten hatte? Glaubte er nicht in diesem Zustand an Ammenmärchen und Schiffergeschichten? an den fliegenden Holländer und den Klabautermann? Was verbarg dieses seine Wogenzüge grenzenlos wälzende Meer? War nicht alles aus ihm hervorgestiegen? Alles wieder in seine Tiefen hinabgetaucht? Warum sollte nicht irgend eine Macht Friedrichen einen Geisterblick in die versunkene Atlantis eröffnet haben?

Friedrich durchlebte tiefe und rätselvolle Minuten einer furchtbaren und doch auch beglückenden Bangigkeit: da war das Meer, auf dem das scheinbar verlassene Schiff, klein in dieser Unendlichkeit, vorwärtstaumelte: vor ihm kein sichtbares Ziel, hinter ihm kein sichtbarer Ausgangspunkt. Da war der Himmel, der es trüb und grau belastete. Da war er selber, Friedrich, als der Vierte im Bunde, allein, und was nicht tot war in dieser Öde, hatte sich in Visionen, Besuche von Schatten und Schemen in seinem Innern umgebildet. Der Mensch ist dem Unerforschlichen immer allein gegenübergestellt: das gibt ihm die Empfindung von Größe zugleich mit der, der Verlassenheit. Da stand ein Mensch am Hintersteven eines Schiffs, in der weichenden Urnacht des dämmernden Morgens durch unsichtbare, glühende Fäden seines Geschickes mit zwei Erdteilen fest verknüpft, und erwartete die neue, weniger quälende Form des Lebens von der Sonne, einem fremden, viele Millionen Meilen von dem Planeten Erde entfernten Gestirn. Dies alles war ihm in einem fast vernichtenden Sinne wunderbar. So, als sei er in Wunder eingekerkert. Und es wandelte ihn, in einer plötzlichen Hoffnungslosigkeit, jemals aus dem erstickenden Zwange der Rätsel und Wunder befreit zu sein, die Versuchung an, sich über die Reling hinabzustürzen. Und schon überkam ihn die Scheu eines Menschen, der ein böses Gewissen hat. Er blickte sich um, wie wenn er fürchte, ertappt zu werden. Die Brust war ihm schwer, als hätte er niederziehendes Blei darin.

In diesem Augenblick hörte er sich mit einem kräftigen »Guten Morgen!« ansprechen. Es war der Steuermann Herr von Halm, der zur Brücke ging. Und sogleich, vor der gesunden Schönheit des Sprachlautes, wich der Spuk, und Friedrichens Seele ward dem Dasein zurückgegeben. »Wollten Sie Tiefseeforschungen machen?« fragte Herr von Halm. Friedrich lachte: »Jawohl, es fehlte nicht viel,« sagte er, »so hätte ich eine Lotung nach der versunknen Atlantis unternommen.«

Er sprang ab: »Wie denken Sie über das Wetter?« [...]

(1912)

Gertrud Kolmar

Die Unerschlossene

Auch ich bin ein Weltteil.
Ich habe nie erreichte Berge, Buschland undurchdrungen,
Teichbucht, Stromdelta, salzleckende Küstenzungen,
Höhle, drin riesiges Kriechtier funkelgrün funkt,
Binnenmeer, das mit apfelsingelber Qualle prunkt.

Meiner Brüste Knospen spülte nicht Regen,
Kein Strahl riß sie auf: diese Gärten sind abgelegen.
Kein Abenteurer hat noch meiner Wüstentäler goldenen
Sand besiegt
Und den Schnee, der auf hohen Öden jungfräulich liegt.

Nacktrote Felsgurgel würgen Kondore mit kralligen Fingern,
Spreiten die Federmäntel in Lüfte und ahnen nichts von
Bezwingern.
Sind Adler? Auch Urweltadler? – wer lauschte, wenn einer
schrie? –
Doch meine großen Geier sind mächtiger noch und fremder
als sie.

Was ich hülle, bricht nie mehr aus schon erschlossenen Erden;
Denn dort leitet kein Schlangenwidder starr zuckende
Vipernherden,
Leuchten durch Nächte nicht Kröten sich mit dem Karneol
im Haupt.
Der Geheimnisse kupferner Kelch ward längst aus dem
wehrenden Moos geklaubt.

Über mir sind oft Himmel mit schwarzen Gestirnen,
bunten Gewittern,
In mir sind lappige, zackige Krater, die von zwingendem
Glühen zittern;
Aber auch ein eisreiner Quell und die Glockenblume ist da,
die ihn trinkt:
Ich bin ein Kontinent, der eines Tages stumm im Meere
versinkt.

(zwischen 1927 und 1932/33 entstanden, 1938 gedruckt)

Oskar Loerke

Ödes Meer über Atlantis

Von ihrer Todesrüste
Ringsum auf keiner Küste,
Mit Meersalz nur geschrieben,
Ist eine Schrift geblieben.

Zerstreut ist ihre Flotte
Gleich einer Mahlzeit Linsen,
Zerweht ihr Kleid, der Motte
Auch nicht mit Staub zu zinsen.

Sie mußte sich versenken,
Vom Gotte losgekettet
Aus seinem Weltgedenken.
Kein Wehruf ist gerettet:

Nicht auf das Dach der Pinien
Ein Schrei von Auern, Ebern,
Und keine Geier webern
Im Himmel Unheillinien.

Und keine Schafe mäen.
Nach Schutt kein Grünverkrochnes!
Und keine Blitze säen
Den Donner auf Zerbrochnes.

Wenn großer Schiffe Bahren
Jetzt Vieh zur Schlachtbank fahren,
Zerwühlen ihre Schrauben
Kaum schalen Ammenglauben.

Wenn Blitze köpflings zischen,
Von ihrem Herrn geheißen,
So mögen sie gleich Fischen
Sich drunten selbst zerreißen.

Im Fallen einer Träne
Verwünscht sich unten, oben,
Der Sterne Meerestoben,
Der Wasser Sternenmähne.

Die Träne ist gerettet,
Vom Gotte losgekettet,
Und mußte sich versenken
In seinem Weltgedenken.

Was dauerte am längsten
Im Dauern meiner Wache?
Willst du dich in mir ängsten?
Was glaubt ihr denn an Rache,

Daß ich, was mein ist, strafe?
Es gleicht das Ungeheure,
Was hier war, einem Schlafe,
Und einem Traum das Eure.

(1936)

Wystan Hugh Auden

Atlantis

Fest entschlossen
Nach Atlantis zu gelangen,
Hast Du natürlich herausgefunden
Daß nur das Narrenschiff
Die Reise dieses Jahr macht,
Weil Stürme von ungeheurer Stärke
Vorhergesagt wurden, und also
Mußt du bereit sein
Dich absurd genug zu verhalten
Um als einer von Den Jungs zu gelten,
Zumindest so zu erscheinen, als ob Du
Harten Schnaps, Unfug und Lärm lieben würdest.

Sollten die Stürme dich, was passieren kann,
Zwingen, eine Woche zu ankern
In irgend einer alten Hafenstadt
Ioniens, dann spreche
Mit ihren witzigen Gelehrten, Männern,
Die bewiesen haben, es kann
einen Ort wie Atlantis nicht geben:
Lerne ihre Logik, aber bemerke
Wie ihre Scharfsinnigkeit einen
Einfachen riesigen Gram verrät;
Also sollen sie Dir die Wege beibringen,
Daran zu zweifeln, daß du glaubst.

Falls Du, später, strandest
Zwischen den Landspitzen Thrakiens
Wo die ganze Nacht mit Fackeln
Eine barbarische nackte Rasse
frenetisch umherspringt zu den Klängen
Des Tritonshorns und des dissonanten Gongs;
An dieser steinigen wilden Küste
Leg' ab deine Kleider und tanze, denn
Solange du nicht in der Lage bist
Alles vollständig zu vergessen
Über Atlantis, wirst du
Deine Reise niemals beenden.

Weiter, solltest du kommen zum lustvollen
Karthago oder Korinth, nimm Teil
An ihrer endlosen Lustigkeit;
Und wenn eine Nutte in einer Bar
Sagen sollte, während sie dein Haar streichelt,
»Das ist Atlantis, Schätzchen«,
Hör Dir mit Aufmerksamkeit
Ihre Lebensgeschichte an: Bis Du
Noch nicht vertraut wirst
Mit jeder Zuflucht, die versucht,
Atlantis vorzutäuschen, wie
Willst du die echte erkennen?

Nehmen wir an, du strandest schließlich
In der Nähe von Atlantis, und beginnst
Die furchtbare Reise landeinwärts
Durch verwahrloste Wälder und gefrorene
Tundras, wo alle schnell verloren gehen;
Wenn du, verlassen, da stehst
Abweisendes überall
Stein und Schnee, Stille und Luft,
Erinnere dich an den edlen Toten
Und ehre das Schicksal das du bist,
Reisend und gequält,
Dialektisch und seltsam.

Taumle jubelnd vorwärts;
Und selbst wenn du, vielleicht
Tatsächlich ankommst
Zum letzten Gebirgszug, brichst du zusammen
Mit dem ganzen Atlantis schimmernd
Unter dir, jedoch kannst du nicht
Herabsteigen, du solltest immer noch stolz sein
Daß dir erlaubt war
Auch nur einen kurzen Blick auf Atlantis zu werfen
In einer poetischen Vision:
Danke und lege dich nieder in Frieden,
Du hast deine Erlösung gesehen.

All diese kleinen Haushaltsgötter
Haben angefangen zu weinen, aber sage
Ihnen nun Auf Wiedersehen, und los zum Meer.
Lebewohl, lieber Freund, lebewohl: Mögen
Hermes, der Herr der Straßen,
Und die vier Zwerge Kabeiroi,
Dich immer beschützen und bedienen;
Und möge der Gott
Dir bei allem was du tun musst
Seine unsichtbare Anleitung anbieten,
Und über dich, Freund, erheben
Das Licht Seines Angesichts.

(Januar 1941)

Louis Dudek

Atlantis

Heute überquerten wir Atlantis,
    das unser wahres Zuhause ist.
Wir leben im Exil
und warten darauf, daß diese Welt kommt.

Hier ist nichts wirklich, nur wenige
    Handlungen, oder Wörter,
Stücke von Atlantis, sind wirklich.

Ich liebe meine Mitmenschen nicht,
    sondern nur Bürger von Atlantis,
oder jene, die Anteil haben
an den Elementen, die es wirklich machen.
[…]
Dort, irgendwo, am Horizont
    kann man die See vom Himmel nicht unterscheiden,
wo die weiße Wolke schimmert,
die einzige Wirklichkeit, in einem Meer von Unwirklichkeit,
aus dieser Wolke heraus kommen Paläste, und Dome,
    und Hauptstädte aus Marmor,
und Schnitzereien aus Elfenbein und Gold –
    Atlantis
glänzt unsichtbar, in dieser ewigen Wolke.

Eine Architektur der Widersprüche und unerbittlichen
                                        Möglichkeiten
    versöhnt endlich
in einem einzigen Körper.

(1967)

Heiner Müller

Leben Gundlings Friedrich von Preußen Lessings Schlaf Traum Schrei

Lessings Schlaf Traum Schrei

2

Projektion (Sprecher): AUS DEM PREUSSEN DES ZWEITEN FRIEDRICH GOLD IM STECHSCHRITT SILBER IM SPIESSRUTENLAUF KOMMT LESSING NACH AMERIKA LAND DER KARTOFFEL DIE PREUSSEN GROSS MACHEN WIRD AUF EINEM AUTOFRIEDHOF IN MONTANA* BEGEGNET ER DEM LETZTEN PRÄSIDENTEN DER USA

Autofriedhof. Elektrischer Stuhl, darauf ein Roboter ohne Gesicht. In zwischen unter den Autowracks in verschiedenen Unfallposen klassische Theaterfiguren und Filmstars. Musik WELCOME MY SON WELCOME TO THE MACHINE (Pink Floyd WISH YOU WERE HERE). *Lessing mit Nathan dem Weisen und Emilia Galotti, Namen auf dem Kostüm.*

EMILIA GALOTTI *rezitiert:* Gewalt! Gewalt! wer kann der Gewalt nicht trotzen? Was Gewalt heißt ist nichts: Verführung ist die wahre Gewalt! Ich habe Blut, mein Vater, so jugendliches, so warmes Blut als eine. Auch meine Sinne sind Sinne. Ich stehe für nichts. Ich bin für nichts gut … Geben Sie mir, mein Vater, geben Sie mir diesen Dolch …

NATHAN *rezitiert, gleichzeitig, den Schluß der Ringparabel:* Wohlan…

Polizeisirene. Emilia und Nathan vertauschen ihre Köpfe, entkleiden umarmen töten einander. Weißes Licht. Tod der Maschine auf dem Elektrischen Stuhl. Bühne wird schwarz.

STIMME (Projektion): STUNDE DER WEISSGLUT TOTE BÜFFEL AUS DEN CANYONS GESCHWADER VON HAIEN ZÄHNE AUS SCHWARZEM LICHT DIE ALLIGATOREN MEINE FREUNDE GRAMMATIK DER ERDBEBEN HOCHZEIT VON FEUER UND WASSER MENSCHEN AUS NEUEM FLEISCH LAUTREAMONT-MALDOROR FÜRST VON ATLANTIS SOHN DER TOTEN

* In allen anderen Ausgaben des Stückes steht DAKOTA statt MONTANA

3
Projektion (Sprecher): APOTHEOSE SPARTAKUS EIN FRAGMENT

Auf der Bühne ein Sandhaufen, der einen Torso bedeckt. Bühnenarbeiter, die als Theaterbesucher kostümiert sind, schütten aus Eimern und Säcken Sand auf den Haufen, während gleichzeitig Kellner die Bühne mit Büsten von Dichtern und Denkern vollstellen. Lessing wühlt im Sand, gräbt eine Hand aus, einen Arm. Die Kellner, nun in Schutzhelmen, verpassen Lessing eine Lessingbüste, die Kopf und Schultern bedeckt. Lessing, auf den Knien, macht vergebliche Versuche, sich von der Büste zu befrein. Man hört aus der Bronze seinen dumpfen Schrei. Applaus von Kellnern Bühnenarbeitern (Theaterbesuchern).

(1976)

Rose Ausländer

Hieroglyphen

An die Windwand
geschrieben
mit Ätherfingern
Hieroglyphen

Die Wand wandert
von Land zu Land

Am Strand von Ascona
blaut
ein Hauch jener Sprache

Im Leuchtturm von Atlantis
flimmern noch
blendende Silben
um den versunkenen Sinn

(1976)

Silke Scheuermann

Schwimmer an Atlantis' Stränden

Schwimmer an bestimmten Stränden
haben niemals Land gesehn
sich dafür interessiert

Niemals trotz besseren Wissens das unendliche
Blassblau ungleicher Leben dort korrigiert
ihren kommenden Untergang prophezeit
weil er weiche Hände wie Sand hat
langsam rieselt

Sie schwiegen –
Mitleid spülte sie ganz leicht nach unten
Die nächste
Welle kam

Sie wussten wie reich sie hier waren
Wie gut ihre Fluten
immer noch sind

Ihre Flaschenpostbriefe zum Beispiel
dieselbe Wut als brächten Krabben
den Steinen ein Ständchen
obwohl doch gezeichnet von: hoffnungslos

Und der Charme ihrer Boote beschränkt
sich absichtlich auf diese Flagge und das Medusenhaupt
Keiner soll aufspringen
Es stünde
zu viel auf dem
Spiel wenn sie sichtbar würden

Was hätten all die
Städter sonst – ohne Schwimmer
an Atlantis' Stränden?

Umgekehrt: Was
wären wir?

(2007)

Atlantis als Ursprung der Kultur

»Auch er [der Atlantis Untergang] war nur eine Wiederholung, das Gegenwärtigwerden von etwas tief Vergangenem, eine fürchterliche Gedächtnisauffrischung [...]«

aus Thomas Mann, *Joseph und seine Brüder*

Ignatius Loyola Donnelly

Atlantis, die vorsintflutliche Welt

I. Teil: Die Geschichte von Atlantis

Der Zweck des Buches

Dieses Buch ist in der Absicht geschrieben, einigen ganz bestimmten und neuartigen Anschauungen Geltung zu verschaffen. Es will den Nachweis führen:

1. daß einst inmitten des Atlantischen Ozeans, gegenüber der Ausmündung des Mittelländischen Meeres eine große Insel existierte, welche den Ueberrest eines atlantischen Festlandes bildete, und die der Welt des Altertums bekannt war unter dem Namen: Atlantis;

2. daß die Beschreibung, die uns Plato von dieser Insel gibt, keineswegs, wie man lange Zeit glaubte, eine phantastische Fabel, sondern wahrhafte prähistorische Geschichte ist;

3. daß Atlantis jene Region war, in welcher der Mensch zu allererst sich aus dem Zustande der Barbarei erhob und zur Zivilisation emporwuchs;

4. daß die Bevölkerung von Atlantis im Verlauf unermeßlicher Zeitalter zu einer volkreichen mächtigen Nation heranwuchs, deren überquellende Bestandteile die Ufer des mexikanischen Golfes, des Mississippi, des Amazonenstromes, der Pazifikküste Südamerikas, des Mittelländischen Meeres, und ferner die Küsten von Westeuropa und Westafrika, der Ostsee, des Schwarzen Meeres und des Kaspischen Meeres mit gebildeten Volksstämmen bevölkerte;

5. daß Atlantis nichts anderes war, als die vorsintflutliche Welt mit dem Garten Eden oder dem Paradies; mit den Gärten der Hesperiden; den Eleusischen Feldern; dem Garten des Alkinous, des Mesomphalos; mit dem Olymp; dem Asgard aus den Traditionen der alten Völker – die allesamt die Erinnerung an ein großes Land bilden, in dem die Menschen seit unvordenklichen Zeiten in Glück und Frieden lebten;

6. daß die Götter und Göttinnen und Heroen der alten Griechen, der Phönizier, der Hindus und der nordischen Mythologie nichts anderes waren, als die Könige und Königinnen und Heroen von Atlantis; und die ihnen in der Mythologie zugeschriebenen Taten und Handlungen waren nichts anderes, als die durcheinandergewürfelten Erinnerungen an wirkliche vorgeschichtliche Ereignisse;

7. daß die Mythologie von Aegypten und Peru die ursprüngliche Religion von Atlantis darstellte, welche in Sonnenverehrung bestand;

8. daß Aegypten vielleicht die älteste aller von den Atlantinern gegründeten Kolonien war und daß die altägyptische Kultur ein treues Abbild der Kultur von Atlantis darstellt;

9. daß die Werkzeuge und sonstigen Hilfsmittel des Bronzezeitalters in Europa von Atlantis herstammen und daß die Atlantiner ebenso die ersten Bearbeiter des Eisens waren;

10. daß Atlantis der ursprüngliche Wohnsitz sowohl der arischen oder Indo-europäischen Völkerfamilie, als auch der semitischen Rasse, vielleicht sogar auch der turanischen Rasse gewesen ist;

11. daß Atlantis durch ein furchtbares Naturereignis vernichtet wurde, durch das die ganze Insel bis auf die höchsten Bergspitzen, – die heutigen Azoren – mit fast allen ihren Bewohnern in das Meer hinabsank;

12. daß nur wenige Personen auf Schiffen und Flößen entkamen, und den umwohnenden Völkern im Osten und Westen des Ozeans Kunde brachten von der entsetzlichen Katastrophe, deren Andenken bis in unsere Zeit hinauf in Gestalt einer Sintflut-Sage bei vielen Völkern der alten und neuen Welt noch lebendig ist.

(1882)

Rudolf Steiner

Aus der Akasha-Chronik

Unsere atlantischen Vorfahren

Die Vorfahren der Atlantier wohnten auf einem verschwundenen Landesteil, dessen Hauptgebiet südlich vom heutigen Asien lag. Man nennt sie in theosophischen Schriften die Lemurier. Nachdem diese durch verschiedene Entwickelungsstufen durchgegangen waren, kam der größte Teil in Verfall. Er wurde zu verkümmerten Menschen, deren Nachkommen heute noch als sogenannte wilde Völker gewisse Teile der Erde bewohnen. Nur ein kleiner Teil der lemurischen Menschheit war zur Fortentwickelung fähig. Aus diesen bildeten sich die Atlantier. – Auch später fand wieder etwas ähnliches statt. Die größte Masse der atlantischen Bevölkerung kam in Verfall, und von einem kleinen Teil stammen die sogenannten Arier ab, zu denen unsere gegenwärtige Kulturmenschheit gehört. *Lemurier, Atlantier* und *Arier* sind, nach der Benennung der Geheimwissenschaft, *Wurzelrassen* der Menschheit. Man denke sich zwei solcher Wurzelrassen den Lemuriern vorangehend und zwei den Ariern in der Zukunft folgend, so gibt das im ganzen *sieben*. Es geht immer eine aus der andern in der Art hervor, wie dies eben in bezug auf Lemurier, Atlantier und Arier angedeutet worden ist. Und jede Wurzelrasse hat physische und geistige Eigenschaften, die von denen der vorhergehenden durchaus verschieden sind. Während zum Beispiel die Atlantier das Gedächtnis und alles, was damit zusammenhängt, zur besonderen Entfaltung brachten, obliegt es in der Gegenwart den Ariern, die Denkkraft und das, was zu ihr gehört, zu entwickeln.

Aber auch in jeder Wurzelrasse selbst müssen verschiedene Stufen durchgemacht werden. Und zwar sind es immer wieder sieben. Im Anfange des Zeitraumes, der einer Wurzelrasse zugehört, finden sich die Haupteigenschaften derselben gleichsam in einem jugendlichen Zustande; und allmählich gelangen sie zur Reife und zuletzt auch zum Verfall. Dadurch zerfällt die Bevölkerung einer Wurzelrasse in sieben Unterrassen. Nur hat man sich das nicht so vorzustellen, als ob eine Unterrasse gleich verschwinden würde, wenn eine neue sich entwickelt. Es erhält sich vielleicht eine jede noch lange, wenn neben ihr andere sich entwickeln. So leben immer Bevölkerungen auf der Erde nebeneinander, die verschiedene Stufen der Entwickelung zeigen.

(1904–1908)

Antonin Artaud

Der Ritus der Könige von Atlantis

Am 16. September, dem Tag des mexikanischen Unabhängigkeitsfestes, habe ich in Norogachic, tief in der Sierra Tarahumara, den Ritus der Könige von Atlantis gesehen, den Platon im *Kritias* beschreibt. Platon spricht von einem seltsamen Ritus, den die Könige von Atlantis vollzogen, wenn ihre Rasse in eine verzweifelte Lage geraten war.

Wie mythisch die Existenz von Atlantis auch sein mag, Platon beschreibt die Bewohner von Atlantis als eine Rasse magischen Ursprungs. Bei den Tarahumaras, die meiner Meinung nach die direkten Nachkommen der Bewohner von Atlantis sind, gibt es noch heute diesen Kult magischer Riten.

Wer mir das nicht glaubt, soll in die Sierra Tarahumara gehen: er wird erleben, daß in diesem Land, in dem Gestalt und Schichtung der Felsen etwas Märchenhaftes haben, die Legende Realität wird, und daß für Realität außerhalb dieses Märchenhaften kein Platz ist. Ich weiß, daß das Leben der Indianer dem Geschmack der heutigen Welt nicht entspricht; doch wir können angesichts einer solchen Rasse einen Vergleich ziehen, der zeigt, daß gerade das moderne Leben in gewisser Hinsicht im Rückstand ist, daß also nicht die Tarahumara-Indianer im Rückstand sind in Bezug auf die Gegenwart.

Sie wissen, daß jeder Fortschritt, jede Erleichterung, die durch das Vorherrschen einer rein materiellen Zivilisation erreicht wird, auch einen Verlust, einen Rückschritt mit sich bringt.

Man kann also sagen, daß das Problem des Fortschritts sich angesichts jeder authentischen Tradition nicht stellt. Echte Traditionen kennen keinen Fortschritt, weil sie den äußersten Punkt aller Wahrheit darstellen. Und der einzige Fortschritt, der zu verwirklichen ist, besteht darin, daß Form und Kraft dieser Traditionen bewahrt werden. Die Tarahumaras haben es verstanden, über Jahrhunderte hinweg ihre Vitalität zu bewahren.

Also, um auf Platon und die echten esoterischen Traditionen zurückzukommen, die in seinen Schriften enthalten sind, ich habe im Tarahumara-Gebirge den Ritus dieser sagenhaften, verzweifelten Könige gesehen.

Platon erzählt, daß sich die Könige von Atlantis bei Sonnenuntergang vor einem geopferten Stier versammelten. Und während Diener den Stier in Stücke zerlegten, hoben andere die Stücke auf und gossen das Blut in Schalen. Die Könige tranken dieses Blut und berauschten sich, wobei sie eine Art düstere Melodie sangen, bis am Himmel nichts mehr als der Kopf der sterbenden Sonne und auf der Erde nichts mehr als der Kopf des geopferten Stieres war. Dann streuten die Könige sich Asche aufs Haupt. Ihre düstere Melodie wechselte, und sie bildeten gleichzeitig einen engeren Kreis. Jede Anrufung der Sonne wurde eine Art bitterer Vorwurf, wirkte wie eine öffentliche Buße, wie Gewissensbisse, die die Könige in allseitigem Einverständnis bis zum Augenblick, wo die Nacht voll hereingebrochen war, zum Ausdruck brachten.

So etwa beschreibt Platon diesen Ritus. Die Indianer nun führten kurz vor Sonnenuntergang einen Ochsen auf den Dorfplatz von Norogachic, und nachdem sie ihm die Beine gefesselt hatten, fingen sie an, ihm die Brust aufzuschlitzen. Das frische Blut wurde in großen Krügen aufgefangen. Ich werde das schmerzliche Grinsen des Ochsen, als ihm das Messer eines Indianers die Eingeweide zerfetzte, nicht so bald vergessen. Die *matachines*-Tänzer* versammelten sich vor dem Stier, und als er ganz tot war, begannen sie mit ihren Blumentänzen.

Die Indianer tanzen nämlich zu diesem Gemetzel Blumentänze, Libellentänze, Vogeltänze und Tänze vieler anderer Dinge, und es war wirklich ein seltsamer Anblick, als zwei Indianer auf den toten Stier stiegen, das Blut heraussprudeln ließen und ihn mit Axthieben in Stücke hackten, während die anderen Indianer, als Könige verkleidet und mit einer Spiegelkrone auf dem Kopf, ihre Libellentänze, Vogeltänze, Windtänze, Tänze der Dinge und Blumentänze aufführten.

* *Matachines*: Schlächter. Bezeichnung sowohl für den Ritus selbst als auch für diejenigen, die ihn vollziehen. *Anm. d. Übers.*

Am Tanz der *matachines* kann ein ganzes Dorf teilnehmen; aber es gibt in allen Phasen des Tanzes einen König. Und die Könige der *matachines* lösen einander ab. Jeder tanzt seiner Stimmung gemäß.

An diesem Tag gab es nur einen einzigen Musiker; er saß auf dem Boden und spielte Geige. Doch das vollzählige Orchester bestand aus einer Gitarre, einer kleinen Trommel, Glöckchen und Eisenstäben. Die kleine Trommel ist ein Musikinstrument, das im Krieg verwendet wird; ihr Klang hallt von Gipfel zu Gipfel.

Die Könige des Tanzes tragen eine Spiegelkrone, die dreieckige Freimaurerschürze und einen großen rechteckigen Umhang über der Schulter. Sie haben auch besondere Hosen an, die etwas unterhalb der Knie in ein Dreieck auslaufen.

Bei dem *matachines* handelt es sich nicht um einen sakralen Ritus, sondern um einen profanen Volkstanz, den die Spanier nach Mexiko gebracht haben, doch die Tarahumaras haben ihn auf indianische Weise umgeformt, er ist von ihrem Geist geprägt. Sogar wenn diese Tänze im Grunde die Bewegung der äußeren Natur nachahmen: den Wind, die Bäume, einen Ameisenhaufen, einen reißenden Fluß, bekommen sie bei den Tarahumaras einen ganz und gar kosmologischen Sinn, und mir war, als hätte ich es mit Planetenameisen zu tun und sähe ihrem Gewimmel im Takt einer Sphärenmusik zu.

Sie tanzen zum Klang einer kindlichen, raffinierten Musik, die nichts ist für europäische Ohren: man hört scheinbar immer den gleichen, immer im selben Rhythmus skandierten Ton; doch mit der Zeit wecken diese stets identischen Töne und dieser Rhythmus in uns etwas wie eine Erinnerung an einen großen Mythos; sie beschwören das Bewußtsein einer geheimnisvollen, verwickelten Geschichte.

Der Vortänzer verrenkte sich in einem bestimmten Rhythmus, und sein Tanz ahmte die Gangart einer winzigen, torkelnden Ameise nach; der Tänzer sackte zusammen, wand sich mit den unregelmäßigen Bewegungen eines zu stark aufgeblähten Frosches; in der rechten Hand hielt er geschickt einen Flaschenkürbis voller Ringe hartgewordener Raupen, die die Konsistenz von Glas gewonnen hatten, und die linke Hand spielte mit einem Blumenfächer.

Die Musik der Tarahumaras läßt eine sehr beschränkte Anzahl von Rhythmen erkennen, die sich endlos wiederholen. Und jedesmal, wenn der Rhythmus sich ändert, wechselt der Vortänzer seinen Standort, verläßt er den Platz, wo er sich bewegt und verrenkt hat, und umkreist die andern Tänzer.

Diese Tänzer sind in zwei Gruppen aufgeteilt, und jeder einzelne, einer nach dem andern, zeigt dem Vortänzer sein Gesicht. Er zeigt es wie ein gewappneter Ritter mit dem Glanz des in seine Rüstung gehüllten antiken Kriegers, dann dreht er sich wieder in die entgegengesetzte Richtung. Wenn der Vortänzer alle Tänzer umkreist hat, kehrt er stampfend auf seinen Platz zurück. Und eine Phase des Tanzes ist zu Ende. Doch andere schließen sich an, und das Toben nimmt wieder zu und dauert eine ganze Nacht, vom Augenblick, wo die Sonne untergeht, bis zur Morgenröte, ohne daß die Tänzer jemals müde würden.

In einer Reihe stehend und schräg gegen die Wand gelehnt, also nicht mit dem Rücken zur Wand, sondern so, daß bald die linke, bald die rechte Seite sichtbar ist, stoßen ein paar junge Männer ab und zu einen eisigen Schrei aus, der ähnlich klingt wie ein Jagdhorn im Wald, und ihre Stimme erinnert an den schmerzlichen Schrei einer Hyäne, eines kranken Hundes oder eines Hahnes, dem man den Hals umdreht. Sie stoßen diesen Schrei nicht ununterbrochen, sondern in gewissen Abständen aus; er geht von Mund zu Mund wie eine menschliche Tonleiter, die im Dunkeln etwas von einer Anrufung hat.

So tanzten sie bis zum Sonnenuntergang, und während sie tanzten, sammelten andere Indianer Stück für Stück den Stierkadaver auf, und gerade im Augenblick, als nur noch der Kopf auf dem Boden lag, ging am Himmel der Kopf der Sonne unter. Da hielten die Vortänzer inne, und die andern Tänzer bildeten einen Kreis um sie. Und sie stimmten alle wieder eine Art düstere Melodie an. Eine Melodie der Gewissensbisse, der religiösen Buße, eine geheime Anrufung irgendwelcher dunkler Mächte, irgendeines *Jenseits*, das gegenwärtig war.

Dann gingen sie und ließen sich vor einem großen Feuer nieder, das sich an einer vom vorigen Schauplatz weit entfernten Stelle befand, verborgen und unzugänglich wie die Nacht selbst, denn der zweite Teil des Ritus sollte dartun, daß er geheim war. In diesem Augenblick nun setzte man ihnen die Schalen mit frischem Blut vor. Und der Tanz, der die ganze Nacht dauern sollte, begann von neuem.

Die Stücke des Ochsens waren in vier Schüsseln gesammelt worden, und über den Schüsseln bildeten die Frauen ein großes

Kreuz. Alle tranken von dem warmen Blut und hüpften immer und immer wieder wie Frösche herum. Manchmal schliefen alle. Dann stimmte die Geige ihre Melodie an, und der Tanz setzte wieder ein. Und die Männer, die sich ab und zu unter die andern mengten, stießen diesen erstickten Schakalsschrei aus.

Soll man doch halten was man will von dem Vergleich, den ich da ziehe. Da Platon nie in Mexiko war und ihn die Tarahumara-Indianer nie gesehen haben, muß man jedenfalls zugeben, daß die Idee dieses sakralen Ritus aus der gleichen mythischen, prähistorischen Quelle kommt. Und das habe ich hier andeuten wollen.

(1936)

Thomas Mann

Joseph und seine Brüder

Vorspiel: Höllenfahrt

[…]

Wo liegen die Anfangsgründe der menschlichen Gesittung? Wie alt ist diese? Wir fragen so in Hinsicht auf den fernen Joseph, dessen Entwicklungsstufe sich, abgesehen von kleinen träumerischen Ungenauigkeiten, über die wir freundschaftlich lächeln, von der unsrigen schon nicht mehr wesentlich unterschied. Diese Frage aber eben braucht nur gestellt zu werden, damit das Gebiet der Dünenkulissen sich äffend eröffne. Sprechen wir vom ›Altertum‹, so meinen wir meistens die griechisch-römische Lebenswelt und damit eine solche von vergleichsweise blitzblanker Neuzeitlichkeit. Zurückgehend auf die sogenannte griechische ›Urbevölkerung‹, die Pelasger, gewahren wir, daß, ehe sie die Inseln in Besitz nahmen, diese von der *eigentlichen* Urbevölkerung bewohnt waren, einem Menschenschlage, der den Phöniziern in der Beherrschung des Meeres voranging, somit diese in ihrer Eigenschaft als ›erste Seeräuber‹ zu einer bloßen Kulisse macht. Damit nicht genug, neigt die Wissenschaft in zunehmenden Grade zu der Vermutung und Überzeugung, daß diese ›Barbaren‹ Kolonisten von Atlantis waren, des versunkenen Erdteils jenseits der Säulen des Herkules, der vor Zeiten Europa und Amerika verband. Ob aber dieser die vom Menschen erstbesiedelte Gegend der Erde war, steht so sehr dahin, daß es sich der Unwahrscheinlichkeit nähert und vielmehr wahrscheinlich wird, daß die Frühgeschichte der Gesittung und auch diejenige Noahs, des Hochgescheiten, an weit ältere, schon viel früher dem Untergange verfallene Landgebiete anzuknüpfen ist.

[...] Gewisse Funde bestimmen die Experten der Erdgeschichte, das Alter der Menschenspezies auf fünfhunderttausend Jahre zu schätzen. Das ist knapp gerechnet, erstens in Anbetracht dessen, was die Wissenschaft heute für wahr lehrt: daß nämlich der Mensch in seiner Eigenschaft als Tier das älteste aller Säugetiere ist und schon in Zeiten späterer Lebensfrühe, vor aller Großhirnentfaltung, in verschiedenen zoologischen Modetrachten, amphibischen und reptilischen, auf Erden sein Wesen getrieben habe; zweitens aber wenn man erwägt, welche unabsehbaren Zeitstrecken erforderlich gewesen sein müssen, damit aus dem halbaufrechten, traumwandlerischen und von einer Art Vor-Vernunft durchzuckten Beuteltiertypus mit verwachsenen Fingern, welchen der Mensch vor dem Erscheinen Noah-Utnapischtims, des Hochgescheiten, verkörpert haben muß, der Erfinder von Pfeil und Bogen, der Nutznießer des Feuers, der Meteoreisenschmied, der Züchter des Korns, der Haustiere und des Weines wurde – mit einem Worte das altkluge, kunstfertige und in jeder entscheidenden Hinsicht moderne Wesen, als das der Mensch uns beim ersten Morgengrauen der Geschichte bereits entgegentritt. Ein Tempelweiser zu Sais erläuterte dem Solon die griechische Überlieferung vom Phaethon durch das menschliche Erlebnis einer Abweichung im Laufe der Körper, die sich um die Erde im Himmelsraume bewegen und die eine verheerende Feuersbrunst auf Erden hervorgerufen hätten. Und wirklich wird immer gewisser, daß des Menschen Traumerinnerung, formlos, aber immer aufs neue sagenhaft nachgeformt, hinaufreicht bis zu den Katastrophen ungeheueren Alters, deren Überlieferung, gespeist durch spätere und kleinere Vorkommnisse ähnlicher Art, von verschiedenen Völkern bei sich zu Hause angesiedelt wurde und so jene Kulissenbildung bewirkte, die den Zeitenwanderer lockt und reizt.

Die Tafelverse, die man dem Joseph vorgesagt und die er sehr gut behalten hatte, kündeten unter anderm die Geschichte der großen Flut. Er würde von dieser Geschichte gewußt haben, auch wenn sie ihm nicht in babylonischer Sprache und Gestaltung zugekommen wäre; denn sie war lebendig in seinem Westlande überhaupt und unter den Seinen im besonderen, wenn auch in etwas anderer Form und mit anderen Einzelheiten, als man sie im Stromlande wahrhaben wollte. Gerade in seiner Jugendzeit war sie im Begriffe, sich bei ihm zu Hause in einer von der östlichen abweichenden Sondergestalt zu befestigen, und Joseph wußte wohl, wie es zugegangen war damals, als alles Fleisch, die Tiere nicht ausgenommen, seinen Weg in unbeschreiblicher Weise verderbt hatte, ja selbst die Erde Hurerei trieb und Schwindelhafer hervorbrachte, wenn man Weizen säte, – und dies alles trotz der Warnungen Noahs, so daß der Herr und Schöpfer, der sogar seine Engel in diese Greuel verwickelt sehen mußte, es schließlich, nach einer letzten Geduldsfrist von hundertzwanzig Jahren, nicht länger verantworten und ertragen konnte und zu seinem Schmerz das Schwemmgericht hatte walten lassen müssen. Und wie er in seiner gewaltigen Gutmütigkeit (welche die Engel keineswegs teilten) dem Leben ein Hintertürchen, um zu entwischen, gelassen hatte in Gestalt des verpichten Kastens, den Noah mit dem Getiere bestieg! Joseph wußte es auch, und er kannte den Tag, an dem die Geschöpfe den Kasten betreten: der zehnte des Monats Cheschwan war es gewesen, und am siebzehnten war die Flut ausgebrochen, zur Zeit der Frühjahrsschmelze, wenn der Siriusstern am Tage aufgeht und die Wasserbrunnen zu schwellen anfangen. An diesem Tage also – Joseph hatte das Datum vom alten Eliezer. Wie oft aber war dieser Jahrestag seitdem wohl wiedergekehrt? Das bedachte er nicht, das bedachte auch der alte Eliezer nicht, und hier beginnen die Zusammenziehungen, Verwechselungen und Durchblickstäuschungen, welche die Überlieferung beherrschen.

Der Himmel weiß, wann jener ertränkende Übergriff des zu Unregelmäßigkeit und Gewaltsamkeit immer geneigten Euphratstromes oder auch jener Einbruch des Persischen Meerbusens unter Wirbelsturm und Erdbeben in das weite Land sich ereignet hatte, der die Flut-Überlieferung nicht etwa gestiftet, aber ihr zum letzten Male Nahrung zugeführt, sie mit entsetzlicher Wirklichkeitsanschauung belebt hatte und nachkommenden Geschlechtern nun als *die* Sintflut galt. Vielleicht war der jüngste Schreckenszwischenfall dieser Art wirklich nicht lange her, und je näher er lag, desto stärkeren Reiz gewinnt die Frage, ob und wie es dem Geschlechte, das ihn am eigenen Leibe erlebte, gelang, die gegenwärtige Heimsuchung mit dem Gegenstande einer Überlieferung, mit *der* Sintflut zu verwechseln. Dies geschah, und daß es geschah, gibt keinerlei Anlaß zur Verwunderung und geistigen Geringschätzung. Das Erlebnis bestand weniger darin, daß etwas Vergangenes sich wiederholte, als darin, daß es gegenwärtig wurde. Daß es aber Gegenwart gewinnen konnte, beruhte darauf, daß die Umstände, die es herbeigeführt hatten, jederzeit gegenwärtig waren. Jederzeit waren die Wege des Fleisches verderbt oder konnten es bei aller Frömmigkeit sein; denn wissen auch die Menschen, ob sie es gut oder schlecht machen vor Gott und ob nicht, was ihnen gut scheint, den Himmlischen ein Greuel ist? Die blöden Menschen kennen Gott nicht und nicht den Ratschluß der Unterwelt; jederzeit kann die Nachsicht sich als erschöpft erweisen, das Gericht in Kraft treten, und an einem Warner hat es wohl auch nicht gefehlt, einem Wissenden und Hochgescheiten, welcher die Zeichen zu deuten wußte und durch kluge Vorkehrungen als einziger von Zehntausenden dem Verderben entrinnt, – nicht ohne zuvor die Tafeln des Wissens als Samen zukünftiger Weisheit der Erde anvertraut zu haben, damit, wenn die Wasser sich verlaufen, aus dieser Schriftsaat alles wieder beginnen könne. Jederzeit, das ist das Wort des Geheimnisses. Das Geheimnis hat keine Zeit; aber die Form der Zeitlosigkeit ist das Jetzt und Hier.

Die Sintflut spielte also am Euphrat, aber in China spielte sie auch. Um das Jahr 1300 vor unserer Zeitrechnung gab es dort eine fürchterliche Ausschreitung des Hoang-Ho, die übrigens zur Regulierung des Stromes Anlaß gab, und in der die große Flut wiederkehrte, welche ungefähr tausendundfünfzig Jahre früher, unter dem fünften Kaiser, stattgefunden hatte und deren Noah Yau hieß, die aber, zeitlich genommen, noch lange nicht die wahre, die erste Sintflut war, denn die Erinnerung an diesen Originalvorgang ist den Völkern gemeinsam. Genau wie die babylonische Fluterzählung, die Joseph kannte, nur eine Nachschrift älterer und immer älterer Originale war, ebenso ist das Fluterlebnis selbst auf immer entlegenere Urbilder zurückzuführen, und besonders gründlich glaubt man zu sein, wenn man als letztes und wahres Original das Versinken des Landes Atlantis in den Meeresfluten bezeichnet, wovon die grauenvolle Kunde in alle einst von dorther besiedelten Gegenden der Erde gedrungen sei und sich als wandelbare Überlieferung für immer im Gedächtnis der Menschen befestigt habe. Das ist jedoch nur ein Scheinhalt und vorläufiges Wegesziel. Eine chaldäische Berechnung ergibt, daß zwischen der Sintflut und der ersten geschichtlichen Dynastie des Zweistromlandes ein Zeitraum von 39 180 Jahren lag. Folglich kann der Atlantis-Untergang, nur neuntausend Jahre vor Solon gelegen und unter dem erdgeschichtlichen Gesichtswinkel betrachtet eine sehr junge Katastrophe, bei weitem nicht die Sintflut gewesen sein. Auch er war nur eine Wiederholung, das Gegenwärtigwerden von etwas tief Vergangenem, eine fürchterliche Gedächtnisauffrischung; und der Geschichte eigentlicher Ursprung ist mindestens bis zu dem unberechenbaren Zeitpunkt zurückzuverlegen, wo die ›Lemuria‹ genannte Festlandinsel, die ihrerseits nur ein Überrest des alten Gondwanakontinentes war, in den Wogen des Indischen Ozeans verschwand.

(1933–1943)

Viktor Ullmann / Peter Kien

Der Kaiser von Atlantis

1. Bild, Nr. VI
Arie des Trommlers

(Trommelwirbel. Der Trommler erscheint hinter dem Zaun und verliest einen Aufruf.)

Hallo, hallo! Achtung! Achtung! Im Namen seiner Majestät des Kaisers Overall! »Wir, zu Gottes Gnaden Overall der Einzige, Ruhm des Vaterlandes, Segen der Menschheit … Kaiser beider Indien, Kaiser von Atlantis, regierender Herzog von Ophir und wirklicher Truchseß der Astarte, Ban von Hungarn, Kardinalfürst von Ravenna, König von Jerusalem.

Zur Verherrlichung unserer göttlichen Natur Erzpapst, haben in unsrer unfehlbaren, alles durchdringenden Weisheit beschlossen, über all unser Gebiet den grossen, segensreichen Krieg aller gegen alle zu verhängen.

Jedes Kind, ob Knäblein, ob Mägdlein, jede Jungfrau, Gattin, Mutter, jeder Mann, ob krumm oder grade, wird die Waffe führen in diesem heiligen Kampf, der mit dem Sieg unserer apostolischen Majestät und der Vernichtung des Bösen in unseren Landen enden wird. Mit diesem Augenblicke erklären wir den Feldzug für siegreich eröffnet.

(Rezit.)

Unser alter Verbündeter, der TOD, wird uns sein glorreiches Banner vorantragen, im Namen unserer großen ZUKUNFT und seiner großen Vergangenheit. Streitet tapfer. Gegeben im Jahre fünfzehn unserer segensreichen REGIERUNG. Gezeichnet: Overall!«

TOD. Hörst du, wie sie mich höhnen? Die Seelen nehmen kann nur ich!

(gespr.): Die Fahne vorantragen! Meine große Vergangenheit! Eure große Zukunft! Freund Heins Nachfolger!

TROMMLER. Wir, zu Gottes Gnaden Overall der Einzige …

HARLEKIN. Ha ha ha ha ha ha ha! Ha ha!

TOD. *(Er zieht den Säbel.)*

TROMMLER. *(Er geht ab.)*

HARLEKIN. Was machst du da?

TOD. Hi hi! Im Namen eurer großen Zukunft!

(Er zerbricht den Säbel.)

Ich mache die Zukunft der Menschen groß … und lang … lang!

2. Bild, Nr. VIII

[…]

OVERALL. *(Overall springt in die Höhe.)*

Bin ich wahnsinnig geworden? Ringt den Tod man aus der Hand mir? Wer wird in Zukunft mich noch fürchten? Weigert sich der Tod zu dienen? Hat sein altes Schwert zerbrochen? Wer wird dem Imperator von Atlantis noch gehorchen?!

Hallo! Tod durch Erschießen!

Nun?!

LAUTSPRECHER. Befehl vollzogen. Der Tod muß jeden Augenblick eintreten.

OVERALL. *(weicht zurück)*

Was ist das? Den Arzt! Nun?

LAUTSPRECHER. Hallo, Arzt! Er lebt noch.

OVERALL. Sucht den Erreger dieser Krankheit. Wie viele starben, seit die Seuche auftrat?

LAUTSPRECHER. Eine seltsame Krankheit ist ausgebrochen. Die Soldaten können nicht sterben.

[…]

4. Bild, Nr. XV

[…]

(Overall reißt das Tuch vom Spiegel. Hinter dem Rahmen steht als Spiegelbild der Tod. Overall steht abweisend vor dem Spiegel, will ihn wieder verhängen.)

TROMMLER UND HARLEKIN. Ein lebender Toter!

OVERALL. Wer bist du?

Nr. XVI
Arie des Todes

TOD. Ich bin der Tod, der Gärtner Tod, und säe Schlaf in schmerzgepflügte Spuren. Ich bin der Tod, der Gärtner Tod und jäte welkes Unkraut müder Kreaturen. Ich bin der Tod, der Gärtner Tod, und mähe reifes Korn des Leidens auf den Fluren. Bin der, der von der Pest befreit, und nicht die Pest. Bin, der Erlösung bringt von Leid, nicht, der euch leiden läßt. Ich bin das wohlig warme Nest, wohin das angstgehetzte Leben flieht. Ich bin das größte Freiheitsfest. Ich bin das letzte Schlummerlied. Still ist und friedevoll mein gastlich Haus! Kommt, ruhet aus!

OVERALL. So kehrst du uns wieder? Wir Menschen können ohne dich nicht leben.

TOD. Ich will versöhnt sein, wenn du das Opfer bringen kannst, als erster den neuen Tod zu leiden.

OVERALL. Ich hätte die Kraft zu diesem Opfer. Aber die Menschen verdienen es nicht.

TOD. So kann ich nicht zu euch zurückkehren.

OVERALL. Soll ich mich weigern?

Der Krieg ist aus.

Nr. XVII
Arie »Des Kaisers Abschied«

OVERALL. Der Krieg ist aus, das sagst du so mit Stolz. Nur dieser Krieg, nur dieser Krieg ist aus, der Letzte?

Weiße Fahnen werden wehn, von allen Türmen werden Glocken festlich läuten, und die Toren werden tanzen, singen, springen.

gern zu erleben, worum dich alle Leidenden bitten?...
TOD. Gib mir deine Hand darauf!

Nr. XVII
Arie »Des Kaisers Abschied«

OVERALL. Von allem, was geschieht, ist Eines nur, wovor der Götter Lächeln nicht besteht: der Abschied!

Noch ist wie von ewig her um uns die Stunde, noch ruht deine Hand in meiner und mein dunkles Leben fühlt durch sie das deine. Weine nicht um mich!

(Der Tod hat allmählich die Züge des Hermes angenommen.)

OVERALL. Ich folge diesem fremden Jüngling nach, wohin nicht sag' ich dir, wohin nicht sag' ich dir, doch leise ist in mir noch Hoffnung später Wiederkehr!

Es werden Flüsse kommen und Gebirg wird um mich sein. Auf hohen Wiesen wird in Sonn' und hartem Wind die Blume blühn. Es fällt, wo du nicht bist, der Schnee. Es strömt, wo du nicht bist, der Sommerregen aus.

Wo du nicht bist, ist viel.

Wo du nicht bist, ist viel. Und wie du denkst: Jetzt tritt ein Kind zum Brunnen, steht vor einem Schmied ein Pferd

Ach wie lange nur! Gedämpft ist nur das Feuer, nicht gelöscht!

Bald flammt es wieder hoch, bald flammt es wieder hoch, von Neuem rast der Mord, und ich ersehnte Grabesruh!

O wär mein Werk geglücket! Von dieser Fessel Mensch befreit, dehnt sich das Land mit ungemähten Feldern unter Sonn' und Wind. Auf Städtetrümmern ruht der Schnee. In modrigen Ruinen spielen Has und Reh. Ach, wären wir verdorrt. Die Wälder wachsen frei, die wir nur lähmen, keiner wehrt dem Wasser seinen Weg zu strömen. Tod kommt wieder, Hunger, Liebe, Leben! Tod kommt wieder Hunger, Liebe, Leben! Manchmal Wolken, manchmal Blitz, doch nie mehr Mord.

In deiner Hand liegt unser Leben, nimm's fort, nimm's fort, nimm's fort, nimm es fort.

und wird beschlagen, so gedenkt auch meiner ohne Klage, so gedenkt auch meiner ohne Klage, denn es ist das Ferne nicht beklagenswert, vielmehr das Nahe, das in ewigem Schatten ruht, in ewigem Schatten ruht.

Der Tod nimmt den Kaiser sanft bei der Hand und führt ihn durch den Spiegel ab, während man hinter der Szene den Choral hört.

Nr. XVIII
Finale

BUBIKOPF, TROMMLER, HARLEKIN und LAUTSPRECHER. Komm Tod, du unser werter Gast, in unsers Herzen Kammer.

Nimm von uns Lebensleid und Last, führ uns zur Rast nach Schmerz und Jammer.

Lehr uns Lebens Lust und Not in unsern Brüdern ehren. Lehr uns das heiligste Gebot: Du sollst den großen Namen Tod nicht eitel beschwören!

(1943)

Georges Perec

W oder die Kindheitserinnerung

Es soll dort, am andern Ende der Welt, eine Insel geben. Sie heißt W.

Sie erstreckt sich von Osten nach Westen; in ihrer größten Länge mißt sie etwa vierzehn Kilometer. Sie hat, was die äußeren Umrisse angeht, die Form eines Hammelschädels, dessen untere Kinnlade weitgehend ausgerenkt worden ist.

Der verirrte Reisende, der eigensinnige oder unglückliche Schiffbrüchige, der kühne Forscher, den das Schicksal, die Abenteuerlust oder die Verfolgung irgendeines Hirngespinsts auf diese Unzahl von Inseln geschleudert hätte, die der abgetrennten Spitze des südamerikanischen Kontinents vorgelagert sind, hätte nur eine kümmerliche Chance gehabt, nach W zu kommen. Tatsächlich gibt es an der Küste keinen natürlichen Landepunkt, sondern nur Untiefen, die Riffe dicht unter der Wasseroberfläche äußerst gefährlich machen, steil aufragende, gradlinige Basaltfelswände ohne einen einzigen Spalt, oder im Westen, in der Gegend, die dem Hinterkopf des Hammels entspricht, übelriechende Sümpfe. Diese Sümpfe werden von zwei warmen Flüssen gespeist, die Omegis und Chaldis heißen und deren fast paralleles Versickern auf einer kurzen Strecke, im zentralsten Teil der Insel, ein fruchtbares und grünendes Mikromesopotamien bewirken. Die zutiefst feindliche Natur der Welt ringsum, die zerklüfteten Bodenerhebungen, der ausgedörrte Boden, die ständig eisige und nebelverhangene Landschaft machen die frische, heitere Ebene, die sich nun dem Blick darbietet, noch wunderbarer: nicht mehr die öde, von den wilden Winden der Antarktis gepeitschte Heide, auch nicht die schroffen, zerklüfteten Abhänge, auch nicht die dürren Algen, über die unaufhörlich Millionen Seevögel hinwegfliegen, sondern sanfte, von Eichen- und Platanenwäldchen gekrönte Hügelbildungen, staubiggraue Wege, gesäumt von trockenen Steinhaufen oder hohen Brombeerhecken, große Felder mit Heidelbeeren, weißen Rüben, Mais und Süßkartoffeln.

[...]

Die Überlieferung führt die Gründung und sogar den Namen der Insel auf einen gewissen Wilson zurück. Zu diesem einstimmig vertretenen Ausgangspunkt gibt es zahlreiche Varianten. Der einen zufolge ist Wilson zum Beispiel ein Leuchtturmwärter, dessen Unachtsamkeit an einer furchtbaren Katastrophe schuld gewesen sein soll; einer anderen zufolge ist er der Anführer einer Gruppe von Sträflingen, die auf dem Transport nach Australien gemeutert haben sollen; wieder einer anderen zufolge ist er ein von der Welt angewiderter Nemo, der davon träumt, einen idealen Staat aufzubauen. Eine vierte Variation, die der vorhergehenden ziemlich nahe kommt, sich jedoch bedeutsam von ihr unterscheidet, macht aus Wilson einen Olympiasieger (andere sagen einen Trainer), der, begeistert von der olympischen Idee, doch verzweifelt über die Schwierigkeiten, mit denen Pierre de Coubertin damals zu kämpfen hatte, und überzeugt, daß das olympische Ideal nur verunglimpft, in den Dreck gezogen, entstellt werden könne zugunsten eines gemeinen Kuhhandels, den schlimmsten Gefährdungen ausgesetzt gerade durch jene, die behaupten würden, ihm zu dienen, den Entschluß faßte, alles daranzusetzen, ein neues Olympia zu gründen, das geschützt wäre gegen chauvinistische Streitereien und ideologische Manipulationen.

Genaueres über diese Überlieferungen ist nicht bekannt; selbst ihre Gültigkeit ist bei weitem nicht gesichert. Das ist nicht sehr wichtig. Kluge Spekulationen über gewisse Bräuche (zum Beispiel ein bestimmtes Privileg, das einem bestimmten Dorf gewährt wird) oder über einige der noch gebräuchlichen Familiennamen könnten genaue Einzelheiten und Aufschlüsse über die Geschichte von W bringen, über die Herkunft der Siedler (von denen zumindest soviel sicher ist, daß es Weiße waren, Abendländer und sogar fast ausschließlich Angelsachsen: Holländer, Deutsche, Skandinavier, Vertreter jener hochmütigen Klasse, die man in den Vereinigten Staaten Wasp nennt), über ihre Anzahl, über die Gesetze, die sie sich gaben usw. Aber ob W nun von Freibeutern oder von Sportlern gegründet wurde, macht im Grunde keinen großen Unterschied. Eines jedenfalls ist wahr und gesichert und fällt als erstes auf, nämlich daß W heute ein Land ist, in dem der Sport König ist, eine Nation von Athleten, in der Sport und Leben zu einer einzigen großartigen Anstrengung verschmelzen. Der stolze Wahlspruch

FORTIUS ALTIUS CITIUS,

der die monumentalen Säulengänge an den Dorfeinfahrten schmückt, die prachtvollen Stadien mit ihren wunderbar gepflegten Aschenbahnen, die riesigen Wandzeitungen, die zu jeder Stunde des Tages die Ergebnisse der Wettkämpfe veröffentlichen, die täglichen Triumphzüge der Sieger, die Kleidung der Männer: ein grauer Trainingsanzug mit einem riesigen weißen W auf dem Rücken, dies sind einige der ersten Schauspiele, die sich dem Neuankömmling bieten. Unter Entzücken und Begeisterung (wer wäre nicht von dieser kühnen Disziplin begeistert, von den täglichen Heldentaten, von dem Kampf Schulter an Schulter, der Trunkenheit, die der Sieg verleiht) erfährt er durch sie, daß das Leben hier dem höheren Ruhme des Körpers dient. Man wird später noch sehen, wie die Berufung zum Wettkampf das Leben des Staatswesens bestimmt, wie der Sport W beherrscht, wie er die gesellschaftlichen Beziehungen und die Sehnsüchte des einzelnen aufs nachhaltigste geprägt hat.

[…]

XIV

Die meisten Bewohner von W sind in vier Siedlungen zusammengefaßt, die man einfach die »Dörfer« nennt: es gibt das Dorf W, das zweifellos das älteste ist, jenes, das von der ersten Generation der W-Menschen gegründet wurde, sowie die Dörfer Nord-W, West-W und Nord-West-W, die jeweils im Norden, im Westen und im Nordwesten von W liegen. Diese Dörfer liegen nahe genug beieinander, damit ein Läufer, der bei Tagesanbruch in seinem Dorf startet und nacheinander die drei anderen durchquert, noch vor Ende des Vormittags zu seinem Ausgangspunkt zurückkehren kann. Diese Übung ist übrigens sehr populär, und viele Sportdirektoren haben sie als Einleitung der Trainingsstunden gewählt, und zwar nicht nur für die Langstreckenläufer, sondern für alle Wettkämpfer, einschließlich der Speerwerfer, der Springer und der Ringkämpfer.

Die Straße, die diese Dörfer miteinander verbindet, ist äußerst schmal, und sehr bald hat sich die Sitte eingebürgert, diese morgendliche Lockerungsübung nur in einer Richtung durchzuführen, und zwar im Uhrzeigersinn. Selbstverständlich ist es ein schwerer Verstoß gegen die Regel, in entgegengesetzter Richtung zu laufen. In dem Maße, in dem der Begriff der Sünde in W wenn auch nicht unbekannt, so doch völlig in die Sportsmoral eingegangen ist (jeder Fehler, ob absichtlich oder unabsichtlich – da diese Unterscheidung auf W keinen Sinn hat –, führt automatisch zur Disqualifikation, das heißt zur Niederlage, eine hier äußerst wichtige, um nicht zu sagen entscheidende Sanktion), kann die Nichteinhaltung eines Brauchs, wenn es nicht in Verbindung mit dem Wettkampf geschieht, nur die Bedeutung einer Herausforderung haben: auf dieser sehr einfachen Grundlage ist der ziemlich komplizierte Mechanismus aufgebaut, der die Begegnungen zwischen den Dörfern regelt.

Um diesen Mechanismus zu verstehen, der einer der Pfeiler des Lebens auf W ist, muß man den Begriff »Dorf« ein wenig erläutern: die Dörfer umfassen nicht die gesamten Einwohner von W, sondern nur die Sportler und diejenigen, die, auch wenn sie keinen Sport mehr ausüben, nicht mehr an den Wettkämpfen teilnehmen, für die Sportler unmittelbar notwendig sind: die Mannschaftsführer, die Trainer, die Sportärzte, die Masseure, die Diätetiker usw. Diejenigen, deren Aktivität nicht mit den Menschen, sondern mit ihren Wettkämpfen in Zusammenhang steht, das heißt in der abnehmenden Reihenfolge der Hierarchie und der Verantwortungen, die Organisatoren, die Rennleiter, die Richter und Schiedsrichter, die Zeitnehmer, die Platzwarte, die Musiker, die Fackel- und Standartenträger, die Taubenbetreuer, die Pistenkehrer, die Balljungen usw., wohnen in den Stadien oder in den Nebengebäuden. Die andern, deren Tätigkeit nicht oder nicht mehr unmittelbar mit dem Sport zu tun hat, das heißt in der Hauptsache Greise, Frauen und Kinder, sind in einer Wohnsiedlung untergebracht, die einige Kilometer südwestlich von W liegt und die Festung genannt wird. Hier befinden sich unter anderem auch das Krankenhaus und der Hauptkrankensaal, das Altersheim, die Jugendhäuser, die Küchen, die Werkstätten usw. Der Name Festung kommt vom Hauptgebäude, einem zinnenbewehrten, fast fensterlosen Turm, der aus einem grauen, porösen Stein erbaut wurde, einer Art versteinerter Lava, und stark an einen Leuchtturm erinnert. Dieser Turm dient der Zentralregierung von W als Regierungssitz. Dort werden unter allergrößter Geheimhaltung alle wichtigen Entscheidungen getroffen, ganz besonders aber jene, die die Organisation der größten Sportveranstaltungen betreffen, der Spiele nämlich, von denen es insgesamt drei gibt: die Olympiaden, die Spartakiaden und die Atlantiaden. Die Regierungsmitglieder werden unter den Organisatoren und den Vertretern der Richter & Schiedsrichter ausgewählt, jedoch niemals unter den Wettkämpfern.

[…]

XVIII

Es ist klar, daß der einzige Zweck der Grundorganisation sportlichen Lebens auf W (das Vorhandensein der Dörfer, die Zusammensetzung der Mannschaften, die Selektionsmodalitäten, um hier nur elementare Beispiele für diese Organisation zu geben) die Verschärfung des Wettkampfs oder, anders ausgedrückt, die Verherrlichung des Sieges ist. So gesehen kann man sagen, daß es keine menschliche Gesellschaft gibt, die es mit W aufnehmen könnte. Der struggle for life ist hier Gesetz; dabei gilt der Kampf für sich allein nichts; was die Männer von W beflügelt, ist nicht die Liebe zum Sport um des Sportes willen, die Leistung um der Leistung willen, sondern die Gier nach dem Sieg, nach dem Sieg um jeden Preis. Das Publikum auf den Rängen der Stadien verzeiht einem

Sportler nie, daß er verloren hat, aber es spart nicht mit Beifall für die Sieger. Ruhm den Siegern! Wehe den Besiegten! Für den Profi-Sportler, der der Bürger eines Dorfes nun einmal ist, bedeutet der Sieg den einzig möglichen Ausweg, die einzige Chance. Der Sieg auf allen Ebenen: in seiner eigenen Mannschaft, bei den Begegnungen mit den anderen Dörfern, schließlich und vor allem bei den Spielen.

[...]

XXVI

Die Empfängnis der Kinder ist auf W Anlaß für ein großes Fest, das man die Atlantiade nennt.

Die Frauen auf W werden in Frauenhäusern gehalten und stehen unter strengster Bewachung, nicht aus Furcht, sie könnten ausbrechen – ihre Folgsamkeit ist beispielhaft und sie haben von der Außenwelt eine eher schreckhafte Vorstellung –, sondern um sie vor den Männern zu schützen: zahlreiche Sportler, in der Regel jene, die die unbarmherzigen Sportgesetze auf W von den Atlantiaden ausgeschlossen haben, versuchen in der Tat fast täglich trotz strenger Sanktionen, mit denen diese Art Machenschaften bestraft werden, gewaltsam in den Bereich der Frauen einzubrechen und die Schlafsäle zu erreichen. Die besondere Betrachtungsweise, die in der Gesellschaft von W herrscht, findet übrigens auch hier eine originelle Anwendung: die Härte der Strafe, mit der ein Sportler belegt wird, ist in der Tat proportional zur Entfernung, die ihn im Augenblick seiner Verhaftung von den Frauen trennt: wenn er in der Nähe der elektrisch geladenen Einfassung geschnappt wird, die das Frauenhaus umgibt, läuft er Gefahr, auf der Stelle erschossen zu werden; wenn er es erreicht, die Zone der Patrouillen zu überwinden, kann er mit einigen Wochen Gefängnis davonkommen; wenn es ihm gelingt, über die Umfassungsmauer zu steigen, kommt er mit einer gewöhnlichen Prügelstrafe davon, und wenn er das Glück hat, bis zu den Schlafsälen vorzudringen – zwar hat es das noch nie gegeben, doch theoretisch ist die Sache nicht unmöglich –, wird er im Zentralstadium öffentlich beglückwünscht und erhält den Titel eines Ehren-Casanovas, was ihm gestattet, offiziell an der nächsten Atlantiade teilzunehmen.

Die Zahl der Frauen ist ziemlich begrenzt. Sie geht selten über ein halbes Tausend hinaus. In der Tat ist es Brauch, daß man die Gesamtheit der männlichen Kinder am Leben läßt (außer wenn sie bei der Geburt irgendeine Mißbildung aufweisen, die sie zum Wettkampf ungeeignet macht, wobei es sich von selbst versteht, daß beim Fünfkampf und beim Zehnkampf ein untergeordnetes körperliches Gebrechen häufig eher als ein Triumph denn als ein Handikap angesehen wird), aber nur eines von fünf Mädchen behält.

Bis zum Alter von etwa dreizehn oder vierzehn Jahren teilen die Mädchen das Leben der Jungen in den Jugendhäusern. Dann werden die Jungen in die Dörfer geschickt, wo sie Novizen und später Sportler werden, während die Mädchen ins Frauenhaus kommen. Sie geben sich dort den ganzen Tag über gemeinnützigen Tätigkeiten hin: dem Weben von Sporttrikots, von Trainingsanzügen und Standarten, der Herstellung von Schuhen, der Konfektion von Festgewändern, verschiedenen Arbeiten als Hausfrauen und Köchinnen, es sei denn, ihre Entbindung steht bevor oder sie müssen sich einige Monate lang um Kleinkinder kümmern. Sie verlassen niemals das Frauenhaus, ausgenommen für die Atlantiaden.

Die Atlantiaden finden ungefähr jeden Monat statt. Man führt dann die für fruchtbar gehaltenen Frauen ins Zentralstadion, zieht ihnen die Kleider aus und läßt sie auf die Piste los, wo sie, so schnell sie nur können, zu laufen anfangen. Man läßt ihnen eine halbe Runde Vorsprung, dann setzt man die besten Sportler von W auf sie an, das heißt die beiden Besten einer jeden Disziplin aus jedem Dorf, mithin insgesamt, da es zweiundzwanzig Disziplinen und vier Dörfer gibt, hundertsechsundsiebzig Männer. In der Regel genügt den Läufern eine Runde, um die Frauen einzuholen, und meistens werden sie dann vor den Ehrentribünen, entweder auf der Aschenbahn oder auf dem Rasen, vergewaltigt.

[…]

XXVI

Der Sportler von W hat keine Befugnisse über sein Leben. Er hat von der Zeit nichts zu erwarten. Weder der Wechsel der Tage und der Nächte noch der Rhythmus der Jahreszeiten sind ihm irgendeine Hilfe. In gleichbleibender Härte erfährt er den Nebel der Winternacht, den eisigen Regen des Frühlings, die glühende Hitze der

Sommernachmittage. Sicherlich kann er vom Sieg erwarten, daß er sein Los verbessern wird: aber der Sieg ist so selten und so oft lächerlich! Das Leben des Sportlers von W ist nichts als eine harte, unaufhörliche Anstrengung, die erschöpfende und vergebliche Verfolgung jenes illusorischen Augenblicks, wo der Sieg die Ruhe bringen kann. Wie viele Hunderte, wie viele Tausende zermürbender Stunden für eine Sekunde der Heiterkeit, für eine Sekunde der Gelassenheit? Wie viele Wochen, wie viele Monate der Erschöpfung für eine Stunde der Entspannung?

Laufen. Über Aschenbahnen laufen, durch Sümpfe laufen, im Schlamm laufen, Laufen, springen, Kugeln stoßen. Kriechen. In die Hocke gehen, aufstehen. Aufstehen, in die Hocke gehen. Sehr schnell, immer schneller. Im Kreis laufen, sich auf die Erde werfen, kriechen, aufstehen, laufen. Stehenbleiben, in Habachtstellung, stundenlang, tagelang, tage- und nächtelang. Hinlegen! Aufstehen! Anziehen! Ausziehen! Anziehen! Ausziehen! Laufen! Springen! Kriechen! Knien!

Eingetaucht in eine zügellose Welt, die Gesetze nicht kennend, die ihn erdrücken, Peiniger oder Opfer seiner Gefährten unter den ironischen und verächtlichen Blicken seiner Richter, weiß der Sportler von W nicht, wo seine wahren Feinde sind, weiß nicht, daß er sie besiegen könnte und daß dieser Sieg der einzige Sieg wäre, den er erringen könnte, der einzige, der ihn befreien würde. Aber sein Leben und sein Tod scheinen ihm unabwendbar, ein für allemal in ein unbeschreibliches Schicksal eingebettet.

Es gibt zwei Welten, die der Herren und die der Sklaven. Die Herren sind unerreichbar und die Sklaven zerfleischen sich gegenseitig. Doch selbst das weiß der Sportler von W nicht. Er glaubt lieber an seinen Stern. Er wartet darauf, daß das Glück ihm lächelt. Eines Tages werden die Götter mit ihm sein, er wird die richtige Nummer ziehen, er wird derjenige sein, den der Zufall auswählt, um die olympische Flamme zur Feuerschale der Hauptwettkampfstätte zu bringen, was ihn, da er nun den Grad eines offiziellen Lichtträgers erhält, jeglichen Arbeitsdienstes enthebt und ihm im Prinzip ewigen Schutz sichert. Und es scheint, daß seine ganze Energie nur auf dieses Warten gerichtet ist, diese einzige Hoffnung auf ein erbärmliches Wunder, durch das er den Schlägen, der Peitsche, der Demütigung, der Angst entgeht. Es gehört zu den unveräußerlichen Zügen der Gesellschaft von W, daß man unaufhörlich das Schicksal befragt: mit lange gekneteten Brotkrumen stellen die Sportler sich Knöchelchen, kleine Würfel her. Sie deuten den Vogelflug, die Form der Wolken, der Wasserlachen, den Fall der Blätter. Sie sammeln Talismane: die Schuhspitze eines Olympiameisters, den Fingernagel eines Gehenkten. Karten- oder Tarockspiele gehen in den Mannschaftsräumen um: das Glück entscheidet über die Aufteilung der Strohsäcke, der Rationen und des Arbeitsdienstes. Ein ganzes System unerlaubter Wetten, die die Verwaltung unter der Hand durch ihre kleinen Offiziellen kontrolliert, begleitet die Wettkämpfe. Wer die Erkennungsnummern der drei Ersten eines Olympiakampfes in der richtigen Reihenfolge angibt, hat ein Anrecht auf alle ihre Privilegien; wer sie in der beliebigen Reihenfolge angibt, wird eingeladen, ihre Siegesmahlzeit mit ihnen einzunehmen.

(1975)

Atlantis in der »Science Fiction« und in der Fantasyliteratur

»… dieses Atlantis hatte ich vor Augen, und es trug noch die unwiderleglichen Spuren seiner Katastrophe!«

aus Jules Verne, *Zwanzigtausend Meilen unter dem Meer*

Jules Verne

Zwanzigtausend Meilen unter dem Meer

9. Kapitel

Ein verschwundener Kontinent

[…] Gegen elf Uhr abends erhielt ich unerwartet Besuch von Kapitän Nemo. Er erkundigte sich freundlich, ob ich mich müde fühle, weil ich die vergangene Nacht aufgeblieben sei. Ich verneinte.

»Dann, Herr Aronnax, möchte ich Ihnen einen merkwürdigen Ausflug vorschlagen.«

»Ja, Herr Kapitän?«

»Sie haben bis jetzt den Meeresboden nur am Tag und bei Sonnenlicht besucht. Möchten Sie ihn auch im Dunkel der Nacht sehen?«

»Sehr gerne.«

»Ich warne Sie aber, dieser Spaziergang wird anstrengend sein. Wir müssen lange gehen und sogar einen Berg erklettern. Die Wege sind nicht allzu gut.«

»Was Sie mir da sagen, Kapitän, verdoppelt meine Neugierde. Ich bin bereit, Ihnen zu folgen.«

»So kommen Sie, Herr Professor, wir wollen unsere Tauchanzüge anlegen.«

Im Umkleideraum stellte ich fest, daß uns weder meine Gefährten noch Leute von der Mannschaft auf diesem Ausflug begleiten sollten. Kapitän Nemo hatte mir nicht einmal vorgeschlagen, Ned oder Conseil mitzunehmen.

Bald hatten wir unsere Tauchausrüstung angelegt. Auf unsern Rücken wurden die Sauerstoffgeräte geschnallt, aber von den elektrischen Lampen sah ich nichts. Ich machte den Kapitän darauf aufmerksam.

»Sie sind uns nicht vonnöten«, erwiderte er.

Ich glaubte falsch verstanden zu haben, aber ich konnte meine Bemerkung nicht wiederholen, denn der Kopf des Kapitäns war bereits in seiner Metallhülle verschwunden. Ich zog mich fertig an, spürte, daß man mir einen eisenbeschlagenen Stock in die Hand drückte, und einige Minuten später, nach der gewohnten Prozedur, setzten wir in einer Tiefe von dreihundert Metern Fuß auf den Boden des Atlantik.

[…] Welch ein Schauspiel! Wie es beschreiben! Wie den Anblick schildern, den diese Wälder und Felsen, von Wassern umflossen, bieten, unten dunkel und wild, oben rot schimmernd in der Klarheit, die vom Widerschein des Lichts im Wasser geläutert wird? Wir erkletterten Felsen, von denen sich unter unseren Füßen riesige Stücke lösten und mit dem dumpfen Grollen einer Lawine hinabstürzten. Zu unserer Rechten und unserer Linken höhlten sich finstere Gänge, in denen sich der Blick verlor. Dann wieder öffneten sich weite Lichtungen, die von Menschenhand gerodet schienen, und manchmal fragte ich mich, ob nicht plötzlich irgendein Bewohner dieser Unterwasserregion vor mir auftauchen würde.

Doch Kapitän Nemo stieg immer weiter. Ich wollte nicht zurückbleiben und folgte ihm kühn. Mein Stock war mir eine große Hilfe. Ein Fehltritt wäre gefährlich gewesen auf diesen schmalen, unterhöhlten Pfaden am Rande des Abgrunds; doch ich schritt festen Fußes aus ohne vom Schwindel ergriffen zu werden. Bald sprang ich über eine Spalte, deren Tiefe mich auf einem Gletscher der Erde hätte zurückweichen lassen, bald wagte ich mich auf einem schwankenden Baumstamm über einen Abgrund, ohne hinunterzuschauen – ich hatte nur Augen für die wilde Schönheit dieser Gegend. Gewaltige Felsen, auskragend über ihrem zerklüfteten Fundament, schienen den Gesetzen der Schwerkraft zu trotzen. Zwischen ihren steinernen Knien schossen Bäume empor, wie eine Fontäne unter starkem Druck aufspringt, und stützten jene, die sie ihrerseits stützten. Natürliche Türme aus schroffem Gestein neigten sich so stark vornüber, daß sie auf der Oberfläche der Erde unweigerlich eingestürzt wären.

Und ich selbst, spürte ich denn nichts vom gewaltigen Druck der Wassersäule, wenn ich trotz meines schweren Anzugs, meines

Kupferhelms und meiner Bleisohlen steile Hänge erstieg, die praktisch unbegehbar waren, und die ich doch mit der Leichtigkeit eines Rehs oder einer Gemse bewältigte?

Ich bin mir völlig im klaren darüber, daß dieser Bericht meines Ausflugs unter Wasser unwahrscheinlich klingt. Ich schildere Dinge, die augenscheinlich unmöglich sind und sich dennoch wirklich zugetragen haben, das ist unbestreitbar. Ich habe keineswegs geträumt. Ich habe sie erlebt und gespürt.

Zwei Stunden, nachdem wir den *Nautilus* verlassen hatten, ließen wir die Baumgrenze hinter uns, und hundert Fuß über unserem Kopf erhob sich der Gipfel des Berges, der sich als Schatten abzeichnete auf dem strahlenden Glanz der gegenüberliegenden Erhebung. Einige versteinerte Sträucher bildeten eine fratzenhaft verzerrte Zickzacklinie. Unter unseren Füßen erhoben sich Schwärme von Fischen wie überraschte Vögel aus dem Gras. Die Felsmasse war durchbrochen von unzugänglichen Höhlen, tiefen Grotten und unauslotbaren Löchern, in deren Tiefe ich unheimliche Geräusche hörte. Das Blut stockte mir, als ich einen gewaltigen Fangarm sah, der mir den Weg verlegte, und gleichzeitig hörte, wie sich im Schatten einer Höhle knirschend die riesigen Scheren eines Krebses schlossen. Tausende von Lichtpunkten funkelten in der Dunkelheit. Es waren die Augen gigantischer Krustentiere, die in ihren Verstecken kauerten, Riesenhummer, die sich aufrichteten wie Hellebardiere und ihre Zangen mit blechernem Klappern bewegten, titanische Krabben wie auf Lafetten aufgeprotzte Kanonen und schreckenerregende Kraken, die ihre Fangarme verschlangen wie ein lebendes Gestrüpp von Schlangen.

Wie war diese wuchernde Welt beschaffen, die ich noch nicht kannte? Welcher Ordnung gehörten diese Gliedertiere an, für die der Fels etwas wie einen zweiten Rückenschild bildete? Wo hatte die Natur das Geheimnis ihrer vegetativen Existenz gefunden, und seit wie vielen Jahrhunderten lebten sie so in den untersten Schichten des Ozeans?

Aber ich konnte nicht stehenbleiben. Kapitän Nemo war vertraut mit diesen schrecklichen Tieren und beachtete sie nicht. Wir waren auf einem ersten Absatz angelangt, wo mich weitere Überraschungen erwarteten. Hier erhoben sich malerische Ruinen, die nicht die Hand des Schöpfers, sondern die des Menschen verrieten. Es waren gewaltige Steinhaufen, an denen man die unbestimmten Formen von Burgen und Tempeln erkannte, überzogen von einer

Welt blühender Tierpflanzen und einem dicken Vegetationsmantel von Algen und Tang statt Efeu.

Aber welcher Teil der Erdkugel war hier in einer Katastrophe untergegangen? Wer hatte diese Felsen in Stein wie Dolmen der Frühzeit aufgehäuft? Wo war ich, wohin hatte mich die Laune Kapitän Nemos entführt?

Ich hätte ihn gerne gefragt, doch da ich dies nicht konnte, blieb ich stehen und ergriff seinen Arm. Doch er schüttelte nur den Kopf, und indem er auf die Spitze des Berges wies, schien er zu sagen:

»Komm! Komm nur! Komm mit!«

Ich folgte ihm zu einer letzten Anstrengung, und einige Minuten darauf hatte ich den Gipfel bewältigt, der zehn Meter über die Felsmasse hinausragte.

Ich schaute hinunter auf den Weg, den wir zurückgelegt hatten. Der Berg erhob sich nur etwa sieben- bis achthundert Fuß über die Ebene; aber auf seiner andern Seite ragte er in doppelter Höhe über den Boden eines tiefer gelegenen Teiles des Atlantik auf. Meine Blicke schweiften in die Ferne und gewahrten eine große, von einem starken Schein beleuchtete Fläche. Der Berg war in Wirklichkeit ein Vulkan! Fünfzig Fuß unter dem Gipfel, inmitten eines Regens von Steinen und Schlacke, spie ein großer Krater Ströme von Lava aus, die sich als feurige Kaskade in die Wassermassen ergoß. Der Vulkan erhellte wie eine riesige Fackel die Ebene bis zu den letzten Grenzen des Horizonts.

Ich habe gesagt, der Unterwasserkrater habe Lava ausgespien, doch er spie keine Flammen. Für Flammen bedarf es des Sauerstoffs in der Luft, sie können unter Wasser nicht entstehen; aber weißglühende Lavaströme entwickeln eine derartige Hitze, daß sie das nasse Element besiegen, so daß es bei der Berührung verdampft. Die dabei entstehenden Gase verteilten sich, und die Lava strömte ungehindert den Berg hinunter bis zur Ebene, wie die Auswürfe des Vesuvs auf Torre del Greco.

Und tatsächlich, dort, unter meinen Augen, erschien eine verwüstete, untergegangene Stadt, mit eingestürzten Dächern, zerstörten Tempeln, eingefallenen Toren, gebrochenen Säulen, aus denen man noch die gediegenen Proportionen einer Art toskanischer Architektur erahnte; etwas weiter entfernt die Reste eines gigantischen Aquädukts; hier die verschlammte Erhebung einer Akropolis mit den fließenden Formen eines Parthenon, dort Spuren einer Mole, als hätte ein antiker Hafen an den Gestaden eines verschwundenen Ozeans den Kauffahrtschiffen und Kriegstriremen ehemals Schutz geboten; noch weiter hinten zeichneten sich die langen Linien eingefallener Mauern und breiter, verlassener Straßen ab – ein ganzes versunkenes Pompeji, das Kapitän Nemo vor meinen Augen aufsteigen ließ!

Wo war ich? Wo war ich nur? Ich wollte es um jeden Preis wissen, ich wollte reden, ich wollte die Kupferkugel abreißen, die meinen Kopf umschloß.

Aber Kapitän Nemo trat auf mich zu und gebot mir mit einer Gebärde Einhalt. Dann bückte er sich, hob ein Stück Kreidestein auf, ging auf einen schwarzen Basaltfelsen zu und schrieb dieses einzige Wort:

ATLANTIS

Wie ein Blitz durchfuhr mich die Erkenntnis! Atlantis, die alte Hauptstadt von König Theopompes, das Atlantis Platos, dieser Kontinent, der geleugnet wird von Origines, Porphyrios, Iamblichos, d'Anville, Malte-Brun, Humboldt, die seinen Untergang ins Reich der Sagen wiesen; Atlantis, an das Possidonius, Plinius, Tertullian, Ammianus Marcellinus, Engel, Sherer, Tournefort, Buffon, d'Avezac glaubten – dieses Atlantis hatte ich vor Augen, und es trug noch die unwiderleglichen Spuren seiner Katastrophe! In dieser versunkenen Landschaft außerhalb Europas, Asiens, Libyens, jenseits der Säulen des Herkules, hatte das mächtige Volk der Atlantiden gelebt, gegen das das alte Griechenland seine ersten Kriege geführt hatte.

Der Historiker, der in seinen Schriften die großen Taten jener heroischen Zeiten schildert, ist Plato selbst. Sein Dialog von Timaios und Critias entstand sozusagen unter der Inspiration des Solon, Dichter und Gesetzgeber.

Eines Tages unterhielt sich Solon mit einigen weisen Alten von Sais, der damals schon achthundert Jahre alten Stadt in Ägypten, wie aus den auf die heilige Wand ihrer Tempel eingeritzten Annalen hervorging. Einer dieser Alten erzählte die Geschichte einer anderen Stadt, die noch um tausend Jahre älter war. Diese erste der Athene geweihte Stadt war, als sie neunhundert Jahre bestanden hatte, von den Atlantiden überfallen und teilweise zerstört worden. Diese Atlantiden, so sagte der Alte, kamen von einem riesigen Kontinent, der größer war als Afrika und Asien zusammen und sich vom zwölften bis zum vierzigsten Grad nördlicher Breite erstreckte. Ihre Herrschaft reichte bis Ägypten. Sie wollten sie auch auf Griechenland ausdehnen, mußten sich aber angesichts des erbitterten Widerstands der Hellenen zurückziehen. Jahrhunderte verstrichen. Dann trat die Katastrophe ein mit Überschwemmungen und Erdbeben. Ein Tag und eine Nacht genügten, den atlantischen Kontinent untergehen zu lassen; seine höchsten Erhebungen: Madeira, die Azoren, die Kanarischen Inseln und die Inseln von Kap Verde, ragen noch aus den Fluten.

Das waren die historischen Erinnerungen, die die Inschrift des Kapitäns Nemo in meinem Geist erweckte. So hatte ich also, durch eine seltsame Fügung des Schicksals, Fuß gesetzt auf einen der Berge dieses sagenumwobenen Kontinents! Ich berührte mit der Hand die Ruinen, die Hundertausende von Jahren alt waren und der Frühzeit entstammten! Ich wandelte ebendort, wo die Zeitgenossen des ersten Menschen geweilt hatten! Ich zermalmte unter meinen schweren Sohlen die Skelette von Tieren aus der Vorzeit, Tieren, denen diese jetzt in Erz verwandelten Bäume einst Schatten gespendet hatten!

Ach, warum fehlte es mir an Zeit! Wie gern wäre ich die steilen Hänge dieses Berges hinuntergestiegen, um diesen ganzen riesigen Kontinent zu untersuchen, der zweifellos Afrika mit Amerika verband, und seine großen Städte, die aus der Zeit vor der Sintflut stammten, zu besuchen. Dort vielleicht, unter meinen Blicken, erstreckten sich Machimos, die Kriegerische, Eusebes, die Fromme, deren riesenhafte Einwohner über hundert Jahre alt wurden und mit der Kraft ihrer Arme diese Blöcke türmten, die bis auf den heutigen Tag der Zerstörung durch das Wasser widerstanden hatten. Eines Tages vielleicht würde eine Eruption diese versunkenen Ruinen an die Oberfläche des Meeres bringen. Man weiß von zahlreichen Unterwasservulkanen in diesem Teil des Ozeans, und manches Schiff hat ungewöhnliche Stöße verspürt, als es über diesen unruhigen Boden fuhr. Die einen haben dumpfen Lärm gehört, der den Kampf der Elemente ankündigte, die andern sahen vulkanische Asche, die aus dem Meer emporgeschleudert wurde. Der ganze Boden bis zum Äquator wird jetzt noch aufgewühlt durch die vulkanischen Kräfte. Und wer weiß, ob nicht in einer fernen Zeit, gehoben durch Ausbrüche und Ablagerungen von Lava, die Gipfel feuerspeiender Berge über dem Spiegel des Atlantik auftauchen!

Während ich so vor mich hin träumte und mir alle Einzelheiten dieser grandiosen Landschaft einzuprägen suchte, verharrte Kapitän Nemo, an eine moosbedeckte Stelle gelehnt, unbeweglich und wie versteinert in stummer Ekstase. Dachte er an die verschwundenen Generationen und fragte er sie nach dem Geheimnis des menschlichen Schicksals? Kam dieser seltsame Mann hierher, um sich in die Erinnerungen der Geschichte zu vertiefen und ins Leben der Antike, er, der nichts wissen wollte vom modernen Leben? Was hätte ich nicht alles darum gegeben, seine Gedanken zu kennen, sie zu teilen, sie zu verstehen!

Wir blieben eine ganze Stunde da und betrachteten die weite Ebene im Lavaglanz, der von Zeit zu Zeit erstaunlich intensiv wurde. Die unterirdischen Wallungen brachten den Boden unter unseren Füßen zum Beben. Die Geräusche aus der Tiefe, klar übertragen durch das Wasser, vervielfachten sich in majestätischer Klangfülle.

In diesem Augenblick ward der Mond kurz durch die Wassermassen sichtbar und warf seinen bleichen Schein auf den versunkenen Kontinent. Es war nur ein schwacher Schimmer, doch die Wirkung war unbeschreiblich. Der Kapitän erhob sich und warf einen letzten Blick auf die unendliche Ebene; dann machte er mir mit der Hand ein Zeichen, ihm zu folgen. Wir stiegen rasch den Berg hinunter. Als wir den ehernen Wald hinter uns hatten, bemerkte ich das Licht des *Nautilus*, das wie ein Stern funkelte. Der Kapitän ging geradewegs darauf zu, und als der erste Schein der Morgendämmerung den Ozean erhellte, waren wir zurück an Bord.

(1869/70)

Pierre Benoit

Die Königin von Atlantis

Le Mesge sah Morhange triumphierend an. Offensichtlich hielt er nur ihn für einen ebenbürtigen Gesprächspartner, denn er wandte sich ausschließlich an ihn.

»Zahllose französische und fremde Offiziere sind bereits auf Geheiß unserer eigenwilligen Herrin hierher geführt worden. Sie sind der erste, den ich meines Vertrauens für würdig halte. Denn

Sie waren ein Schüler von Berlioux, und ich verdanke diesem großen Mann so viel, daß ich eine alte Schuld abzutragen glaube, wenn ich einen seiner Schüler in die, ich darf wohl sagen, einzigartigen Ergebnisse meiner Privatforschungen einweihe.«

Er klingelte. Ferradschi erschien, und Le Mesge befahl:

»Kaffee für die Herren.«

Er bot uns auch ägyptische Zigaretten aus einem mit bunten Intarsien eingelegten Kästchen an. »Ich rauche zwar nie«, erklärte er, »aber Antinea kommt gelegentlich hierher. Es sind ihre Zigaretten. Bedienen Sie sich, meine Herren.«

[...] Wir machten es uns gemütlich. Le Mesge setzte sich an seinen Schreibtisch, zog an seinen Manschetten und begann:

»So sehr ich, was die Wissenschaft betrifft, die absolute Objektivität schätze, kann ich doch nicht ganz meine eigene Geschichte von der der letzten Urenkelin Klitos und Neptuns trennen. Das ist für mich ehrenvoll und bedauerlich zugleich. [...] Als Studienrat am Park-Gymnasium in Lyon lernte ich Berlioux kennen. Ich verfolgte mit leidenschaftlichem Interesse seine Arbeiten über die Geschichte Afrikas. Schon damals hatte ich mir vorgenommen, eine etwas ausgefallene Doktorarbeit zu schreiben. Ich wollte eine Parallele zwischen der Kahina, der Berberkönigin, die im 7. Jahrhundert gegen die arabischen Eindringlinge kämpfte, und Jeanne d'Arc herstellen, der Heldin Frankreichs, die ihr Land gegen die englischen Eindringlinge verteidigte.

Ich schlug daher der Pariser Fakultät für Philologie und Geschichte das Thema ›Die Jeanne d'Arc der Tuareg‹ vor. Diese Ideenverbindung erregte in der Gelehrtenwelt allgemeine Entrüstung und ausgesprochen törichte Heiterkeit. Freunde warnten mich unter der Hand. Ich wollte ihnen zuerst nicht glauben, mußte es dann aber wohl oder übel doch tun, als mich mein Lyoner Schuldirektor zu sich bat: Er erkundigte sich in auffälliger Weise nach meinem Gesundheitszustand und fragte mich schließlich, ob ich nicht einen zweijährigen Urlaub mit halbem Gehalt nehmen möchte. [...]

Ich mietete mir ein Zimmer am Ufer der Adour an der Promenade des Baignots. Eine brave Zugehfrau kam regelmäßig zu mir. Sie besorgte auch den Haushalt eines alten Herrn, eines Untersuchungsrichters im Ruhestand und Vorsitzenden der ›Société Roger-Duclos‹. Diese Gesellschaft war das reinste wissenschaftliche Tohuwabohu, in der allerlei Provinzgelehrte sich mit erstaunlicher

Inkompetenz dem Studium der ausgefallensten Probleme widmeten. Eines Nachmittags war ich wegen eines heftigen Unwetters zu Hause geblieben. Die brave Frau putzte voller Eifer meine Messingklinke. Sie nahm dazu eine Paste, Tripoli genannt, die sie auf ein Papier gestrichen hatte; damit rieb sie so fest sie konnte … Das ungewöhnliche Aussehen dieses Stück Papiers machte mich stutzig. Ich warf einen Blick drauf. ›Großer Gott! Woher habe Sie dieses Blatt?‹ Sie wurde verlegen: ›Von meinem Herrn. Er hat einen ganzen Stapel davon. Diese Seite habe ich aus einem Heft gerissen.‹ ›Da haben Sie 10 Francs. Gehen Sie und holen Sie mir dieses Heft.‹

Eine Viertelstunde später brachte sie es. Gott sei Dank fehlte nur eine Seite, die, mit der sie die Türklinke geputzt hatte. Und wissen Sie, was diese Handschrift, dieses Heft enthielt? Nichts weniger als die ›Reise nach Atlantis‹ des Mythographen Dionysios von Milet, die Diodoros erwähnt und deren Verlust Berlioux so oft beklagt hatte.

Dieses unschätzbare Dokument enthielt zahlreiche Zitate aus dem ›Kritias‹. Es gab den wesentlichen Inhalt jenes berühmten Dialogs wieder, dessen einziges auf der Welt vorhandenes Manuskript Sie soeben in Händen hielten. Darin wird ganz eindeutig die Lage der Atlanten-Burg beschrieben. Der Autor beweist, daß dieses von der heutigen Wissenschaft schlichtweg geleugnete Land nicht von den Fluten begraben wurde, wie das die wenigen schüchternen Verfechter der Atlantis-Sage behaupten. Es nannte das Gebiet ›Zentralmassiv der Maxyer‹. Wie Sie wissen, gibt es keinen Zweifel mehr, daß die Maxyer des Herodot mit den Stämmen der Imoscharh, den Tuareg, identisch sind. Nun stellt aber Dionysios in seinem Manuskript die unleugbare Verbindung der Maxyer der Geschichte zu den Atlanten der angeblichen Sage her.

Von Dionysios erfuhr ich also, daß der Mittelpunkt von Atlantis, Wiege und Sitz von Neptuns Dynastie, in der von Plato berichteten Katastrophe, die den Rest der Insel verschlang, nicht nur nicht untergegangen war, sondern daß dieser Teil dem Ahaggar-Hochland des Tuaregstammes entsprach und dort – zumindest zu seiner Zeit – die edle Dynastie Neptuns noch fortbestand.

Die Atlantis-Forscher verlegen die Naturkatastrophe, die dieses sagenhafte Land ganz oder teilweise vernichtete, ins 9. Jahrhundert vor Christus. Wenn Dionysios von Milet, der vor kaum 2000 Jahren schrieb, der Meinung war, daß zu seiner Zeit die Neptun-Dynastie noch herrschte, so lag für mich der Schluß nahe: was 9000 Jahre bestanden hat, kann auch 11 000 bestehen. Von diesem Augenblick an kannte ich nur noch ein Ziel: Mit den Nachkommen der Atlanten Verbindung aufzunehmen. […]

Begreifen Sie doch«, fuhr er etwas gemäßigter fort, »den Irrtum derer, die zwar an Atlantis glaubten, jedoch die Katastrophe eigensinnig damit zu erklären suchten, daß diese herrliche Insel ganz einfach untergegangen sei. Sie alle haben nur an ein Versinken gedacht. Aber in Wirklichkeit ist sie nicht versunken, sondern emporgetaucht. Neue Gebiete sind aus den Fluten des Atlantiks aufgestiegen. Die Wüste hat das Meer abgelöst. Die Sebchas, die Salinen, die Tritonseen, die sandigen Syrten sind die traurigen Reste der bewegten Wellen, die einst die Flotten teilten, die Attika eroberten. Noch sicherer als das Wasser verschlingt der Sand eine Zivilisation. Heute ist von dieser herrlichen Insel, die Meer und Wind stolz und blühend machten, nur dieses ausgeglühte Massiv übriggeblieben. Und in dieser für immer von der Welt der Lebenden abgeschiedenen Talmulde ist einzig und allein jene wunderbare Oase übriggeblieben, die dort unten liegt, diese roten Früchte, dieser Wasserfall, der blaue See, heilige Zeugen eines verschwundenen goldenen Zeitalters. Bei Ihrer Ankunft gestern haben Sie die fünf Kreise überschritten, die drei ausgetrockneten Meergräben und die beiden Wälle, in die ein Gang gehauen ist, durch den Sie auf Ihren Kamelen geritten sind. Früher schaukelten dort die Triremen. Bei dieser ungeheuren Naturkatastrophe ist nur eines fast unversehrt in seiner antiken Pracht erhalten geblieben: dieser Berg, auf dem Neptun seine geliebte Klito, Evenors und Leukippes Tochter, die Mutter des Atlas, einschloß. Sie ist die vieltausendjährige Urahnin Antineas, der Herrscherin, in deren Machtkreis Sie nun für immer gefangen sind.«

[…] »So will ich Sie denn nicht länger auf die Folter spannen«, sagte Le Mesge. »Das Wort Antinea setzt sich folgendermaßen zusammen: ›Ti‹ ist nur ein barbarisches Einsprengsel in diesem Wort vorwiegend griechischer Herkunft. ›Ti‹ ist in der Berbersprache der weibliche Artikel. Es gibt mehrere Beispiele solcher Vermischungen. Nehmen sie nur Tipasa, die nordafrikanische Stadt. Ihr Name bedeutet ›die Ganze‹, von ›ti‹ und ›πάσα‹. In unserem Fall heißt ›tinea‹ ›die Neue‹, von ›ti‹ und ›νέα‹.«

»Und die Vorsilbe ›an‹?«, fragte Morhange.

»Sollte ich mich mit so kläglichem Ergebnis eine ganze Stunde lang bemüht haben, mit Ihnen über Kritias zu sprechen? An sich hat die Vorsilbe ›an‹ zwar keine Bedeutung … Da wir aber hier den sehr seltenen Fall einer Apokope haben, hat sie sehr wohl ihren Sinn: Nicht ›an‹ muß man lesen, sondern ›atlan‹. Durch die Apokope ist ›Atl‹ weggefallen und ›an‹ geblieben. Kurz und gut, das Wort Antinea setzt sich so zusammen: ›Τι – νέα – ἄτλ – ’Αν‹.

Und damit hätten wir auch schlagend dessen Bedeutung bewiesen: Die neue Atlante.«

[…] »Haben Sie denn die Stelle bei Plinius dem Älteren vergessen, wo von der Bibliothek von Karthago und ihren sagenhaften Schätzen die Rede ist?

146, als die Stadt diesem Dummkopf Scipio zum Opfer fiel, hatte die Rotte von Analphabeten, die man den römischen Senat nannte, für all diese Reichtümer nichts als Verachtung übrig. Sie wurden eingeborenen Königen zum Geschenk gemacht. Auf diese Weise empfing Mastanabal das wunderbare Erbe. Es ging von ihm auf seine Söhne und Enkel über, auf Hiempsal, Juba I, Juba II, den Gemahl der edlen Kleopatra Selene, der Tochter der großen Kleopatra und des Mark Anton. Kleopatra Selene gebar eine Tochter, die einen Atlantenkönig heiratete. So zählt denn Antinea, die Tochter Neptuns, die unsterbliche Königin von Ägypten zu ihrer Urahnin, und daher befinden sich hier – als ihr rechtmäßiges Erbe – die Überreste der Bibliothek von Karthago, ergänzt durch die der Bibliothek von Alexandria.

Die Wissenschaft flieht vor dem Menschen. Während sich in Berlin, London, Paris und anderswo jene beklagenswerten pseudowissenschaftlichen Türme von Babel erhoben, hat sich die wahre Wissenschaft in diesen Wüstenwinkel des Ahaggars geflüchtet. Mögen sie dort draußen weiter ihre Hypothesen schmieden, zu denen sie der angebliche Verlust der geheimnisvollen Werke der Antike zwingt. Diese Werke sind nicht verloren. Hier sind sie, die hebräischen, chaldäischen und assyrischen Werke. Hier die großen ägyptischen Überlieferungen, die Solon, Herodot und Plato beeinflußt haben. Hier die griechischen Mythographen, die Magier der römischen Provinz Afrika, die indischen Träumer, kurz und gut alle Schätze, deren Fehlen jede zeitgenössische Dissertation zu einem lächerlichen Torso macht. Glauben Sie mir, der bescheidene kleine Geschichtslehrer, den alle verächtlich als Narren abtaten, hat sich bitter gerächt. Ihre falsche, lückenhafte Gelehrsamkeit wird mich bis zu meinem Lebensende mit Heiterkeit erfüllen. Und dank Neptuns eifersüchtigem Bestreben, seine geliebte Klito von der übrigen Welt zu trennen, wird nach meinem Tod weiterhin der Irrtum in ihren erbärmlichen Machwerken herrschen.«

[…] Le Mesge war vor einer schweren dunklen Tür stehengeblieben, in die bizarre Zeichen eingeschnitzt waren. Er schloß die Türe auf.

»Meine Herren, darf ich bitten«, sagte er, und ließ uns vorangehen.

Kalte Luft schlug uns entgegen: In dem Saal, in den wir eingetreten waren, herrschte eine wahre Kellertemperatur.

Anfangs konnte ich durch die Dunkelheit die Raumverhältnisse nicht recht erkennen. Die absichtlich spärliche Beleuchtung bestand aus zwölf großen Kupferlampen in Säulenform, die auf dem Boden standen und mit breiten roten Flammen brannten. Als die Tür aufging, ließ der Zugwind vom Gang her die Flammen aufflackern, so daß sie unsere Schatten vergrößert und merkwürdig verzerrt auf den Boden warfen. […]

Der Saal bildete einen vollkommenen Kreis, dessen Mittelpunkt die Quelle bildete, der wir den Rücken zukehrten.

Wir saßen also den gerundeten Wänden gegenüber. Bald konnten wir unsere Blicke nicht mehr von ihnen lösen. Sie waren nämlich durchaus bemerkenswert. Ringsum war in regelmäßigen Abständen eine Reihe dunkler Nischen in den Stein gehauen, deren schwarze Umrisse vor uns nur durch die Tür unterbrochen wurden, durch die wir eingetreten waren. Hinter uns mußte sich eine zweite Tür befinden, die ich, wenn ich mich umwandte, an einer dunkleren Lücke in der Nischenreihe erriet. Ich zählte von einer Türe zur anderen sechzig dieser Nischen, im ganzen also 120. Jede war drei Meter hoch und ein Meter breit. Jede enthielt eine Art Kasten, oben breiter als unten. Nur der untere Teil war geschlossen. In allen diesen Kästen, außer in zweien, die mir gegenüberstanden, glaubte ich eine glänzende Gestalt von offenbar menschlicher Form zu erkennen, etwas wie eine Statue aus sehr heller Bronze. In dem mir gegenüberliegenden Halbrund zählte ich genau dreißig dieser merkwürdigen Statuen.

Was hatte es mit diesen Standbildern auf sich? Ich wollte sie mir aus der Nähe ansehen und stand auf.

Le Mesge legte eine Hand auf meinen Arm und flüsterte, noch immer sehr leise: »Gleich, nur Geduld.«

Die Blicke des Professors waren starr auf die Tür gerichtet, durch die wir in den Saal getreten waren und hinter der jetzt das Geräusch sich nähernder Schritte laut wurde. Sie öffnete sich leise und drei weiße Tuareg kamen herein. Zwei von ihnen trugen auf den Schultern einen länglichen Sack, der dritte war offenbar ihr Aufseher.

Auf sein Geheiß legten sie den Sack auf den Boden und zogen aus einer der Nischen den langen Kasten, der in jeder von ihnen stand.

»Sie können jetzt nähertreten, meine Herren«, sagte Le Mesge zu uns.

Auf ein Zeichen von ihm zogen sich die drei Tuareg einige Schritte zurück. [...]

Die drei Schwarzen hatten begonnen, den Sack zu öffnen, den sie neben den bemalten Kasten gelegt hatten. Von einem unsagbaren Grauen gepackt sahen Morhange und ich zu.

Bald zeigte sich uns eine starre menschliche Gestalt. Ein roter Flammenschein streifte sie. Wir sahen vor uns auf dem Boden, in einen Schleier aus weißem Musselin gehüllt, eine Statue aus blasser Bronze, eine Statue, die denen glich, die ringsum steif in den Nischen standen und einen undurchdringlichen Blick auf uns zu richten schienen.

»Sir Archibald Russell«, flüsterte Le Mesge feierlich.

Morhange näherte sich stumm. Er hatte den Mut, den Musselinschleier zu heben. Lange, sehr lange betrachtete er die stumme Bronzestatue.

»Eine Mumie, eine Mumie«, sagte er endlich, »nein, Sie irren sich, das ist keine Mumie.«

»Genau genommen«, gab Le Mesge zu, »ist es tatsächlich keine Mumie. Und doch haben Sie hier die sterbliche Hülle von Sir Archibald Russell vor sich. Allerdings muß ich Ihnen zugeben, daß das von Antinea eingeführte Verfahren der Einbalsamierung von dem der alten Ägypter abweicht. Wir verwenden hier kein kohlensaures Natron, keine Leinwandstreifen, keine Duftsubstanzen. Unsere Forschung im Ahaggar ist beim ersten Versuch zu einem Ergebnis gelangt, das die europäische Wissenschaft erst nach langen Irrwegen gefunden hat. Als ich hierherkam, stellte ich voller Überraschung fest, daß man hier eine Methode anwandte, die ich ausschließlich im Besitz der zivilisierten Welt glaubte.«

Le Mesge schlug mit gekrümmtem Zeigefinger leicht auf die

mattglänzende Stirn von Sir Archibald Russell. Es gab einen metallischen Klang.

»Das ist doch Bronze«, murmelte ich. »Es ist also keine Menschenstirn, sondern doch Bronze.«

Le Mesge zuckte mit den Schultern und erwiderte mit ziemlicher Schärfe: »Es ist eine Menschenstirn und keine Bronze. Bronze, mein Herr, ist dunkler. Dieses Metall hier ist das große unbekannte Metall, das Plato im Kritias erwähnt: Ein Mittelding zwischen Gold und Silber. Man findet es nur im Atlantis-Gebirge. Wir nennen es Orichalk.« […]

Le Mesge saß wieder zwischen uns.

»Jetzt wissen Sie es«, wiederholte er. »Aber Sie verstehen es noch nicht.«

Langsam und fast feierlich fügte er hinzu:

»Sie sind, wie Ihre Vorgänger, Antineas Gefangene … Die Gefangenen ihrer Rache.«

»Ihrer Rache?«, fragte Morhange, der sich offenbar wieder gefaßt hatte. »Und wofür will sie sich rächen? Was haben der Leutnant und ich der Atlantenfürstin angetan? Wodurch haben wir uns ihren Haß zugezogen?«

»Das ist ein alter, ein sehr alter Streit«, erwiderte der Professor ernst. »Ein Streit, der weit über Sie hinausgeht, Herr Hauptmann.«

»Könnten Sie uns das vielleicht näher erklären, Herr Professor?«

»Sie sind die Männer, sie ist das Weib«, erwiderte Le Mesge.

»Das sagt alles.«

»Wirklich, mein Herr, ich sehe nicht recht … wir sehen nicht recht ein …«

»Sie werden schon noch verstehen. Haben Sie denn vergessen, wie sehr sich die schönen Barbarenköniginnen des Altertums über die Fremdlinge zu beklagen hatten, die der Zufall an ihre Gestade trieb? Der Dichter Victor Hugo hat in seiner Ballade ›Die Tochter O-Tahitis‹ ihr unwürdiges Verhalten sehr gut beschrieben. Soweit wir zurückdenken können, es ist immer das gleiche: nichts als Egoismus und Undankbarkeit. Diese Herren zogen reichlich Nutzen aus der Schönheit und den Schätzen der Dame und verschwanden dann eines schönen Morgens. Und sie hatte noch Glück, wenn diese Herren sich nicht genaue Aufzeichnungen gemacht hatten und dann mit Schiffen und Truppen zurückkehrten, um das Land zu besetzen.«

»Ihre Belesenheit macht Ihnen alle Ehre, mein Herr«, bemerkte Morhange. »Fahren Sie nur fort.«

»Muß ich Ihnen Beispiele nennen? Leider gibt es mehr als genug. Erinnern Sie sich an die rücksichtslose Art des Odysseus gegenüber Kalypso oder des Diomedes gegenüber Kallirhoë? Oder wie Theseus Ariadne behandelte? Jason war Medea gegenüber von unbegreiflicher Leichtfertigkeit. Die Römer haben diese Tradition mit noch größerer Rohheit fortgesetzt. Aeneas, der übrigens viel Ähnlichkeit mit Pastor Spardek hat, führte sich Dido gegenüber ganz abscheulich auf. Die göttliche Kleopatra mußte in Cäsar einen lorbeerbekränzten Schurken erkennen. Und Titus endlich, der Heuchler Titus, hat zuerst ein ganzes Jahr in Idumäa von den Wohltaten der Berenike gelebt und dann das arme Weib nur zu dem Zweck nach Rom mitgeschleppt, um es dort erst recht zu demütigen. Es war höchste Zeit, daß die Söhne Japhets den Töchtern Sems endlich für diese ungeheuere Schuld büßen.

Und nun hat sich eine Frau gefunden, um für ihr Geschlecht das große Hegelsche Gesetz der Dialektik wieder in Kraft treten zu lassen. Durch die klugen Maßnahmen Neptuns von der Welt der Arier getrennt, läßt sie sich die jüngsten und kräftigsten Männer zuführen. Ihr Körper ist willig, aber ihre Seele unerbittlich. Sie nimmt sich von diesen Abenteurern alles, was sie ihr geben können. Sie leiht ihnen ihren Leib, doch ihre Seele bleibt für sie unerreichbar. Sie ist die erste Herrscherin, aus der die Leidenschaft niemals auch nur für einen Augenblick eine Sklavin gemacht hat. Niemals mußte sie sich selbst wieder zurückerobern, denn sie hat sich nie hingegeben. Sie ist die einzige Frau, der es gelungen ist, die beiden so eng ineinander verflochtenen Dinge, die Liebe und die Wollust, auseinanderzuhalten.«

Le Mesge schwieg einen Augenblick und fuhr dann fort:

»Einmal am Tag kommt sie in diesen unterirdischen Saal. Gedankenverloren steht sie vor diesen starren Statuen. Sie betastet diese kalten Körper, die sie so brennendheiß gekannt hat. Dann, nachdem sie noch einen verträumten Blick auf die leere Nische geworfen hat, in der ihr augenblicklicher Liebhaber bald für immer in seinem kalten Panzer aus Orichalk schlafen wird, kehrt sie gemächlich zu dem ungeduldig Wartenden zurück.«

(1919)

Howard Phillips Lovecraft

Der Tempel

(An der Küste von Yucatan aufgefundenes Manuskript)

Am 20. August 1917 deponiere ich, Karl-Heinrich Graf von Altberg-Ehrenstein, stellvertretender Oberbefehlshaber in der Kaiserlich Deutschen Marine und Kommandant des Unterseebootes U-29, diese Flasche und Dokumente an einem mir unbekannten Punkt im Atlantischen Ozean, etwa 20 Grad nördlicher Breite und 35 Grad westlicher Länge, wo mein Schiff kampfunfähig auf dem Grund des Meeres ruht. Ich tue dies aus dem Wunsch heraus, gewisse ungewöhnliche Tatsachen der Öffentlichkeit zugänglich zu machen; etwas, das ich aller Wahrscheinlichkeit nach nicht mehr erleben werde, um es selbst zu tun, da die mich umgebenden Verhältnisse ebenso bedrohlich wie ungewöhnlich sind, und sie beziehen sich nicht nur auf die hoffnungslose Kampfunfähigkeit des U-29, sondern auch auf die in ihrer Art verhängnisvolle Verminderung meines eisernen Willens.

Am Nachmittag des 18. Juni, wie durch Funkspruch dem U-61, unterwegs nach Kiel, mitgeteilt wurde, torpedierten wir den britischen Frachter *Victory*, zwischen New York und Liverpool, bei 45 Grad 16 Minuten nördlicher Breite und 28 Grad 34 Minuten westlicher Länge und erlaubten der Besatzung, in die Boote zu steigen, um für das Admiralitätsarchiv gute Filmbilder zu bekommen. Das Schiff sank sehr malerisch, mit dem Bug voraus, das Heck hoch aus dem Wasser aufragend, während der Schiffsrumpf senkrecht in die Tiefe schoß. Unsere Kamera ließ nichts aus, und ich bedauere, daß solch ein guter Filmstreifen nie in Berlin ankommen sollte. Danach versenkten wir die Rettungsboote mit unseren Bordgeschützen und gingen auf Tauchstellung.

Als wir ungefähr bei Sonnenuntergang wieder zur Oberfläche emporstiegen, fanden wir auf Deck die Leiche eines Matrosen, dessen Hände in merkwürdiger Weise die Reling umklammerten. Der arme Kerl war jung, ziemlich dunkel und sehr hübsch, vielleicht ein Italiener oder Grieche, und er gehörte zweifellos zur Besatzung der *Victory*. Er hatte offensichtlich gerade bei dem Schiff Zuflucht gesucht, das gezwungen gewesen war, sein eigenes zu vernichten – ein Opfer mehr des ungerechten Aggressionskrieges, den die Engländer gegen unser Vaterland führen. Unsere Leute durchsuchten ihn nach Andenken und fanden in seiner Rocktasche einen merkwürdigen geschnitzten Elfenbeingegenstand, der einen lorbeerbekränzten Jünglingskopf darstellte. Mein Offizierskamerad, Leutnant Klenze, glaubte, daß der Gegenstand sehr alt und von künstlerischem Wert sei, weshalb er ihn dem Mann abnahm und für sich behielt. Wie er je in den Besitz eines gewöhnlichen Matrosen gekommen war, konnte sich keiner von uns vorstellen.

[…] Am 20. Juni wurden die Seeleute Böhm und Schmidt, die am Tag vorher krank gewesen waren, tobsüchtig. Ich bedauerte, daß kein Arzt zu unserem Offiziersstab gehörte, da deutsche Leben kostbar sind, aber die ununterbrochene Faselei der beiden, betreffs eines gräßlichen Fluches, drohte die Disziplin zu untergraben, weshalb wir drastische Maßnahmen ergriffen. Die Mannschaft nahm den Fall mürrisch zur Kenntnis, aber es schien Müller zu beruhigen, denn er machte uns danach keine Schwierigkeiten mehr. Wir ließen ihn am Abend frei, und er ging schweigend seinen Pflichten nach.

[…] Die Explosion im Maschinenraum um 2 Uhr früh kam völlig unerwartet. Man hatte keinen Maschinendefekt und keine Nachlässigkeit des Personals entdeckt, dennoch wurde das Schiff ohne Vorwarnung von einem Ende zum andern durch einen ungeheueren Stoß erschüttert. Leutnant Klenze eilte in den Maschinenraum und fand den Treibstofftank und fast den ganzen Mechanismus zerstört, die Ingenieure Raabe und Schneider waren sofort tot gewesen. Unsere Lage war in der Tat plötzlich ernst geworden, denn obwohl die chemischen Lufterneuerer intakt waren und obwohl wir die Vorrichtung zum Auf- und Untertauchen und zum Öffnen der Luken noch gebrauchen konnten, solange die Druckluft und die Sammlerbatterien aushielten, waren wir machtlos, das Unterseeboot anzutreiben oder zu steuern.

[…] Am nächsten Nachmittag tauchte ein dichter Schwarm Seevögel von Süden her auf, und der Ozean begann verhängnisvoll zu wogen. Wir schlossen die Luken und warteten die weitere Entwicklung ab, bis uns klar wurde, daß wir entweder tauchen müßten, oder wir würden von den steigenden Wellen überspült. Unser Luftdruck und der elektrische Strom wurden schwächer, und wir wünschten jeden unnötigen Gebrauch unserer mageren mechanischen Hilfsmittel zu vermeiden, aber in diesem Fall blieb uns keine Wahl. Wir gingen nicht tief herunter und als die See sich nach einigen Stunden etwas beruhigte, entschlossen wir uns, zur Oberfläche zurückzukehren. Hier entstanden indessen neue Schwierigkeiten, denn das Schiff reagierte auf unsere Führung nicht, trotz allem, was die Mechaniker versuchten. Als die Leute wegen dieser Unterwassergefangenschaft Angstzustände bekamen, begannen einige von ihnen von Leutnant Klenzes Elfenbeinfigürchen zu murmeln, aber der Anblick der automatischen Pistole brachte sie zum Schweigen. Wir hielten die armen Teufel auf Trab, so gut wir konnten, und ließen sie an der Maschinerie herumbasteln, obwohl wir wußten, daß es nutzlos war.

Klenze und ich schliefen für gewöhnlich zu verschiedenen Zeiten, und es passierte während meines Schlafes, ungefähr um 5 Uhr früh am 4. Juli, daß die allgemeine Meuterei losbrach. Die sechs verbliebenen Schweine von Seeleuten, argwöhnend, daß wir verloren seien, waren plötzlich wegen unserer Weigerung, uns dem Yankeeschlachtschiff von vor zwei Tagen zu ergeben, in Raserei ausgebrochen und befanden sich in einem Delirium der Verwünschung und Zerstörung. Sie brüllten wie die Tiere, die sie waren, und zerbrachen unterschiedslos Instrumente und Möbel und kreischten von solchem Unsinn wie dem Fluch des Elfenbeinbildes und dem toten dunkelhaarigen Jüngling, der sie angeschaut hatte und fortgeschwommen war. Leutnant Klenze schien wie gelähmt und unfähig, wie man es von einem weichlichen, weibischen Rheinländer erwartet. Ich erschoß alle sechs Mann, da es nötig war, und vergewisserte mich, daß keiner am Leben blieb.

[...] Am 9. August erblickten wir den Meeresboden und ich ließ einen starken Scheinwerferstrahl darübergleiten. Es war eine ungeheuere wellige Ebene, meist mit Seetang bedeckt und mit den Schalen kleiner Weichtiere übersät. Hier und dort sah man schlammige Dinge von rätselhaftem Umriß, mit Tang behangen und von Entenmuscheln überkrustet, die Klenze als alte Schiffe erklärte, die in ihrem nassen Grab ruhen. Ein Ding erschien ihm besonders rätselhaft, ein spitz hervorragendes Stück festen Materials, das an seinem Scheitelpunkt nahezu vier Fuß aus dem Meeresboden emporragte, ungefähr zwei Fuß dick mit flachen Seiten und glatten Oberflächen, die in sehr stumpfem Winkel aufeinandertrafen. Ich nannte die Spitze ein Stück Felsausbiß, aber Klenze glaubte, Bildwerke darauf zu erkennen. Nach einer Woche begann er zu zittern und wandte dem Anblick den Rücken zu, als ob er Angst habe, dennoch konnte er keine Erklärung geben, außer daß er sich von der riesigen Ausdehnung, der Dunkelheit, Entrücktheit,

Altertümlichkeit und dem Geheimnisvollen der Meeresabgründe überwältigt fühlte.

[...] Um 3.15 Uhr nachmittags schnappte der arme Klenze völlig über. Er war im Kommandoturm gewesen und hatte den Scheinwerfer bedient, als ich ihn in die Bibliotheksabteilung, wo ich lesend saß, hereinplatzen sah, und sein Gesicht verriet ihn sofort. Ich werde wiederholen, was er sagte, und die Worte, die er betonte, unterstreichen: »*ER* ruft! ER ruft! Ich höre ihn. Wir müssen gehen!« Während er dies sagte, nahm er das Elfenbeinbild vom Tisch, steckte es in die Tasche und ergriff meinen Arm in dem Bestreben, mich über die Kajütentreppe auf Deck zu schleifen. Ich begriff augenblicklich, daß er die Luke zu öffnen beabsichtigte, um sich mit mir ins Wasser draußen zu stürzen; ein närrischer Einfall selbstmörderischer und mörderischer Manie, auf den ich keineswegs vorbereitet war.

[...] Ich bat ihn, mir das Elfenbeinbild zu geben, bevor er mich verließ, aber diese Bitte löste bei ihm ein derart unheimliches Gelächter aus, daß ich sie nicht wiederholte. Dann fragte ich ihn, ob er seiner Familie in Deutschland ein Andenken oder eine Haarlocke hinterlassen wolle, für den Fall, daß ich gerettet würde, aber er lachte nur noch einmal sein komisches Lachen. Während er die Leiter erstieg, begab ich mich zu den Druckhebeln und betätigte den Mechanismus, der ihn in den Tod sandte, in den entsprechenden Zeitabständen.

[...] Am nächsten Tag stieg ich zum Kommandoturm empor und begann die üblichen Untersuchungen bei Scheinwerferlicht. Gen Norden war die Aussicht ziemlich dieselbe, wie an den vier vorangegangenen Tagen, seit wir den Grund gesichtet hatten, aber ich bemerkte, daß das Driften des U-29 sich verlangsamt hatte. Als ich den Strahl nach Süden kreisen ließ, stellte ich fest, daß der Meeresboden davor stark abschüssig abfiel und an verschiedenen Stellen merkwürdig regelmäßige Steinblöcke trug, die gemäß einem bestimmten Plan angeordnet waren. Das Boot glitt nicht sofort ab, um sich der größeren Meerestiefe anzupassen, weshalb ich bald gezwungen war, den Scheinwerfer zu verstellen, um einen starken Strahl nach unten zu senden. Infolge des plötzlichen Wechsels löste sich ein Draht, dessen Reparatur eine Verzögerung von mehreren Minuten nötig machte; aber endlich ging das Licht wieder an und überflutete das Meerestal unter mir.

Ich bin zu keinerlei Gemütsbewegung geneigt, aber meine Verwunderung war sehr groß, als ich sah, was sich mir beim Schein des elektrischen Lichtes darbot. Dennoch hätte ich als jemand, der in der besten preußischen Kulturtradition erzogen wurde, nicht so verwundert sein dürfen, denn Geologie und Tradition erzählen uns gleichermaßen von großen Verschiebungen in Meeres- und Kontinentalregionen. Was ich erblickte, war eine Anzahl kunstvoller, verfallener Gebäude, alle von großartiger, wenn auch noch unbestimmbarer Architektur in verschiedenen Erhaltungsstadien. Die meisten schienen aus Marmor zu bestehen und leuchteten weiß im Strahl des Scheinwerfers; der Grundriß war der einer großen Stadt auf dem Grunde eines schmalen Tales mit zahlreichen, einzeln stehenden Tempeln und Villen auf den steilen Abhängen darüber. Die Dächer waren eingefallen und die Säulen geborsten, aber trotzdem blieb ein Schimmer unendlich alten Glanzes, den nichts auszulöschen vermochte.

Da ich endlich Atlantis gegenüberstand, das ich bisher größtenteils für eine Mythe gehalten hatte, war ich der eifrigste aller Forscher. Einst war auf dem Boden des Tales ein Fluß dahingeströmt; denn als ich die Szenerie genauer untersuchte, erblickte ich Überreste von Stein- und Marmorbrücken, Seemauern, Terrassen und Uferdämmen, die einst blühend und schön gewesen waren. In meiner Begeisterung wurde ich beinahe so idiotisch und sentimental wie der arme Klenze und nahm erst langsam wahr, daß die Südströmung endlich zum Stillstand gekommen war, was dem U-Boot erlaubte, auf der versunkenen Stadt zum Halten zu kommen, so wie ein Flugzeug auf einer Stadt der Oberwelt landet. Ich wurde mir auch nur sehr langsam bewußt, daß die Schule der ungewöhnlichen Delphine verschwunden war.

In ungefähr zwei Stunden lag das Boot auf einer gepflasterten Plaza dicht bei der Felsenwand des Tales. Nach der einen Seite konnte ich die ganze Stadt sehen, die sich von der Plaza aus zum ehemaligen Flußufer abwärtszog, und in überraschender Nähe sah ich mich der reich geschmückten und völlig erhaltenen Fassade eines großen Gebäudes, offenbar eines Tempels, gegenüber, der aus dem soliden Fels herausgehauen war. Über die ursprüngliche Art der Bearbeitung kann ich nur Vermutungen anstellen. Die Fassade, von ungeheueren Ausmaßen, deckt offenbar einen durchgehend hohlen Raum, denn ihre Fenster sind zahlreich und weit verteilt. In der Mitte gähnt eine große offene Tür, zu der eine eindrucksvolle Treppenflucht führt, eingefaßt von exquisiten Bildhauerarbeiten, die die Gestalten eines Bacchanals im Relief zeigten. Zuvorderst sind die großen Säulen und Friese, beide mit Skulpturen von unvorstellbarer Schönheit geschmückt, die offenbar idealisierte ländliche Szenen und Prozessionen von Priestern und Priesterinnen darstellen, die seltsame Zeremonialgegenstände für die Verehrung eines strahlenden Gottes tragen. Die Kunst ist von phänomenaler Vollkommenheit, in der Grundidee größtenteils hellenistisch, doch merkwürdig individuell. Sie vermittelt den Eindruck außerordentlichen Alters, als sei sie eher der entfernteste, als der unmittelbare Vorfahre der griechischen Kunst. Auch gibt es für mich keinen Zweifel, daß dieses massive Werk aus dem unberührten Hügelfelsen unseres Planeten geschaffen wurde. Es ist sichtbarlich ein Teil der Talwand, ich kann mir jedoch kaum vorstellen, wie der riesige Innenraum je ausgehöhlt werden konnte. Vielleicht bildete eine Höhle oder eine Reihe von Höhlen den Kern. Weder Alter noch Überflutung haben die uralte Größe dieser Ehrfurcht einflößenden heiligen Stätte – denn eine heilige Stätte muß es in der Tat sein – annagen können, und heute, nach Tausenden von Jahren, ruht sie, ungetrübt und unversehrt, in der endlosen Nacht und dem Schweigen der Meeresabgründe. Ich kann die Anzahl der Stunden nicht mehr zählen, die ich damit verbrachte, die versunkene Stadt mit ihren Gebäuden, Arkaden, Statuen, Brücken und dem Kolossaltempel mit seiner Schönheit und seinem Geheimnis zu betrachten.

[…] Am 16. August gelang mir der Ausstieg aus U-29, und ich bahnte mir mühselig einen Weg durch die verfallenen, schlammverstopften Straßen zum früheren Fluß. Ich fand keine Skelette oder andere menschliche Überreste, aber ich sammelte Schätze an archäologischen Erkenntnissen aus den antiken Skulpturen und Münzen. Über all dies kann ich jetzt nicht sprechen, außer daß ich Ehrfurcht gegenüber einer Kultur äußere, die am Zenit ihres Ruhms stand, als noch Höhlenbewohner Europa durchstreiften und der Nil unbeachtet ins Meer floß. Andere, denen dieses Manuskript als Führer dienen mag, sollte es je gefunden werden, müssen Geheimnisse entschleiern, die ich nur andeuten kann. Ich kehrte zum Boot zurück, als meine Batterie schwächer wurde, entschlossen, den Felsentempel am darauffolgenden Tag zu erkunden.

Am 17. August, als mein Wunsch, die Geheimnisse des Tempels zu erforschen, noch stärker zugenommen hatte, überkam mich eine große Enttäuschung, als ich herausfand, daß das Material, das nötig war, um die tragbare Lampe wieder aufzufüllen, in der Meuterei dieser Schweine im Juli kaputtgegangen war. Ich hatte eine maßlose Wut, dennoch hinderte mich meine Vernunft, unvorbereitet in das stockfinstere Innere vorzudringen, das sich als Höhle eines unbeschreiblichen Seeungeheuers, oder als ein Labyrinth von Gängen erweisen könnte, aus denen es für mich kein Entrinnen geben würde. Alles, was ich tun konnte, war, den schwach gewordenen Scheinwerfer einzuschalten und mit seiner Hilfe die Tempelstufen zu erklimmen und die Bildhauerarbeiten der Außenseite zu studieren. Der Lichtstrahl drang in einem Aufwärtswinkel durch die Tür, und ich spähte hinein, um etwas erkennen zu können, aber vergebens. Nicht einmal das Dach war zu erkennen, aber obwohl ich einen oder zwei Schritte ins Innere tat, nachdem ich den Boden mit einem Stock untersucht hatte, wagte ich es nicht, weiter hineinzugehen. Um so mehr, als mich das erste Mal in meinem Leben ein Gefühl der Furcht beschlich. Mir begann klarzuwerden, was die Launen des armen Klenze verursacht hatte, denn obwohl der Tempel mich mehr und mehr anzog, fürchtete ich seine wäßrigen Abgründe mit blindem und zunehmendem Entsetzen. Ins Unterseeboot zurückgekehrt, machte ich das Licht aus und saß gedankenvoll im Dunkeln. Der Strom mußte jetzt für Notfälle aufgespart werden.

[…] Nach dem Erlöschen des letzten Zündholzes, das ich zu verschwenden wagte, saß ich ganz still ohne Licht da. Als ich über das unvermeidliche Ende nachdachte, ließ ich meinen Geist über die vorhergegangenen Ereignisse schweifen, und ein bisher unbewußter Eindruck verstärkte sich, der einen schwächeren und abergläubischeren Menschen hätte schaudern machen. *Der Kopf des strahlenden Gottes auf den Bildhauerarbeiten des Felsentempels ist der gleiche wie der des geschnitzten Elfenbeinstückes, das der tote Matrose aus dem Meere gebracht und das der arme Klenze dorthin zurückgetragen hatte.*

(1920)

Arthur Conan Doyle

Die Maracot-Tiefe

Der Doktor befand sich mitten in einem chemikalischen Vortrag, als sich die Tür öffnete und Manda hereinkam. Er begrüßte uns freundlich. Mit ihm kam wieder der ältere Herr mit dem ehrwürdigen Auftreten, den wir schon am vergangenen Abend kennengelernt hatten. Er stand wohl im Ruf, über eine große Bildung zu verfügen, denn jetzt sprach er uns mit mehreren Sätzen an, die wahrscheinlich unterschiedlichen Sprachen entstammten, die uns aber alle gleich unverständlich vorkamen. Dann zuckte er die Achseln und sagte etwas zu Manda, woraufhin der Befehle an die beiden gelbgekleideten Bediensteten gab, die wartend neben der Tür standen. Sie verschwanden, kamen aber bald schon mit einem merkwürdigen Bildschirm zurück, der an den Seiten von Stangen gehalten wurde. Er sah unseren Kinoleinwänden sehr ähnlich, war aber mit einem funkelnden Material überzogen, das im Licht glitzerte und schimmerte. Der Schirm wurde an eine Wand gestellt. Der Alte machte ein paar sorgfältig bemessene Schritte, bis er einen bestimmten Punkt erreicht hatte. Dort blieb er stehen, wandte sich an Maracot und berührte mit einer Hand seine Stirn, während er mit der anderen auf den Schirm zeigte.

»Klarer Fall von Schwachsinn«, sagte Scanlan. »Er ist nicht ganz bei sich.«

Maracot schüttelte den Kopf, um unser Unverständnis anzuzeigen. Auch der Alte war einen Augenblick lang verwirrt. Dann schien ihm etwas einzufallen, und er zeigte auf sich. Dann drehte er sich zu dem Schirm, starrte ihn an und schien seine ganze Aufmerksamkeit darauf zu konzentrieren. Kurz darauf erschien ein Abbild des alten Mannes auf dem Schirm. Dann zeigte er auf uns, und einen Moment später war unsere kleine Gruppe statt seiner auf dem Schirm zu sehen. Nun, wir waren nicht sonderlich gut getroffen. Scanlan sah aus wie die Karikatur eines Chinesen und Maracot wie eine zerbröckelte Statue, aber offensichtlich zeigte es uns, wie wir in den Augen des Alten aussahen.

»Gedankenübertragung«, rief ich.

»Ganz genau«, stimmte Maracot zu. »Es handelt sich dabei um eine wahrhaft wunderbare Erfindung, obwohl es eigentlich nur um eine Kombination von Telepathie und Television geht, auch wenn auf der Erde unsere Kenntnisse davon noch sehr gering sind.«

»Ich hätte nie gedacht, daß ich noch einmal im Kino zu sehen sein würde, falls dieser käsegesichtige Chinese wirklich mich darstellen soll«, sagte Scanlan. »Gott, wenn diese Geschichte der Welt zu Ohren käme, hätten wir für den Rest unseres Lebens ausgesorgt.«

»Genau das ist unser Problem«, sagte ich. »Bei St. Georg, wir könnten die ganze Welt in Aufruhr versetzen, wenn es nur einen Weg zurück für uns gäbe. Doch was will er uns denn jetzt sagen?«

»Der alte Knabe will, daß Sie mal einen Versuch dran machen, Doc.«

Maracot nahm den Platz ein, den der Alte ihm gezeigt hatte, und sein starker, geradeaus gerichteter Verstand ließ ein klares und deutliches Bild auf dem Schirm erscheinen. Zuerst sahen wir ein Abbild von Manda und dann ein anderes von der *Stratford*, wie wir sie verlassen hatten.

Sowohl Manda als auch der alte Gelehrte nickten angetan und anerkennend, als sie das Dampfschiff sahen. Manda machte eine weit ausholende Handbewegung, zeigte erst auf uns und dann auf den Schirm.

»Wir sollen die ganze Geschichte erzählen … das will er«, rief ich. »Sie wollen in Bildern erfahren, wer wir sind und wie wir hierhergelangten.«

Maracot nickte Manda zu, um ihm anzuzeigen, daß er verstanden hatte. Er hatte gerade ein Bild von unserer Seereise auf dem Schirm produziert, als der fremde Anführer seine Hand erhob und ihn damit unterbrach. Auf einen Befehl von ihm hin trugen die Bediensteten den Schirm fort. Die beiden Atlanter gaben uns durch Zeichen zu verstehen, daß wir ihnen folgen sollten.

Wir befanden uns in einem Gebäude von enormen Ausmaßen, und wir stiegen Korridor um Korridor hinab, bis wir endlich in eine riesige Halle gelangten, in der Stuhlreihen wie in einem Vorlesungssaal aufgestellt waren. Am vorderen Ende befand sich ein breiter Schirm von der gleichen Machart wie der, den wir eben erst gesehen hatten. Ihm gegenüber hatte sich ein Publikum von mindestens tausend Köpfen eingefunden, die uns mit einem Gemurmel begrüßten, als wir eintraten. Beide Geschlechter und alle Altersgruppen waren vertreten. Alle Männer hatten eine dunkle Haut und Bärte, während bei den Frauen die Jungen schön und die Alten würdevoll waren. Uns blieb wenig Gelegenheit, sie zu studieren, denn man führte uns sofort zu Sitzplätzen in der ersten Reihe. Maracot hingegen wurde an ein Pult direkt vor dem Schirm geführt. Die Lichter wurden gedämpft, und das war gleichzeitig das Startsignal für den Doktor.

Und er führte seine Aufgabe sehr gut aus. Zuerst sahen wir unser Schiff, wie es auf der Themse hinabfuhr. Aufgeregtes Raunen kam von der gespannten Menge, als kurz London zu sehen war. Dann erschien eine Landkarte, auf der der Kurs der *Stratford* wiedergegeben wurde. Dem folgte unsere Stahlkammer und auch ein Blick darauf, wie es in ihrem Innern aussah. Die Zuhörer freuten sich, als sie den Kasten wiedererkannten. Wir sahen uns noch einmal hinabtauchen und den Rand des Abgrunds erreichen. Dann erschien das Monster auf dem Schirm, das uns so übel mitgespielt hatte. »Marax! Marax!« riefen die Leute bei diesem Anblick. Ohne Zweifel waren sie auch schon mit ihm in Kontakt gekommen und wußten, welche Gefahren von ihm ausgingen. Erschreckt stöhnte das Publikum auf, als das Untier sich an unserer Stahltrosse zu schaffen machte. Erschrockenes Gemurmel brandete auf, als Kabel und Trosse durchtrennt wurden und wir in den Schlund stürzten. Bei einem ganzen Monat an Erklärungen hätten wir unser Abenteuer nicht so plastisch darstellen können wie in dieser halbstündigen visuellen Demonstration.

Als die Vorstellung zu Ende war, stand die Menge auf und überschüttete uns mit der wärmsten Sympathie. Man umringte uns, klopfte uns auf die Schultern und zeigte auch sonst an, wie willkommen wir waren. Man stellte uns einigen anderen Führern vor, doch schien sich hier Führerschaft mehr auf einer geistigen Ebene zu zeigen, denn alle Leute gehörten derselben sozialen Schicht an und waren mehr oder weniger gleich gekleidet. Die Männer trugen Tuniken von safrangelber Farbe, die ihnen bis an die Knie reichten, und hohe Stiefel aus einem geschuppten, widerstandsfähigen Material, das wahrscheinlich einmal die Haut irgendeines Meerestieres gewesen war. Die Frauen kleideten sich auf wunderbare Weise in einem klassischen Stil. Ihre wehenden Roben zeigten alle Schattierungen von Rosa, Blau und Grün und waren mit Perltrauben oder opalisierenden Muschelschalen verziert. Viele Frauen waren so schön, daß sie sich jedem irdischen Vergleich entzogen.

[...] Später an diesem Tag wurden wir von Manda und anderen neuen Freunden durch einige Teile des enormen Gebäudes geführt. Es war nach Aberjahrtausenden so tief in den Meeresboden eingesunken, daß man nur noch durch das Dach hineingelangen konnte. Von dort aus führte Ebene nach Ebene bis zum Boden, der einige hundert Meter unter der Eingangsschleuse lag. Man hatte sich andererseits in den Meeresgrund eingegraben, und wir sahen überall Gänge, die nach unten in die Eingeweide der Erde führten. Man zeigte uns die Anlage, die die Atemluft produzierte, und die Maschinen, die sie durch das Gebäude pumpten. Erstaunt und bewundernd erklärte Maracot, daß hier nicht nur Sauerstoff mit Stickstoff verbunden wurde, sondern zusätzliche Geräte weitere Gase hinzufügten, bei denen es sich nur um Argon, Neon und andere kaum bekannte Bestandteile der Atmosphäre handeln konnte, deren Zusammensetzung wir oben auf der Erde gerade erst zu verstehen begannen. Die Destillieranlage zur Frischwasserbereitung und riesige elektrische Maschinen fanden ebenfalls unser Interesse. Aber viele Geräte waren so kompliziert, daß wir große Mühe hatten, alle Details zu erkennen. Ich kann hier nur berichten, daß ich mit eigenen Augen sah und mit dem Gaumen schmeckte, wie Chemikalien in gasförmigem und flüssigem Zustand in verschiedene Maschinen geschüttet, dort erhitzt, Druck ausgesetzt und schließlich unter Strom gesetzt wurden, aus denen dann als Endprodukt Mehl, Tee, Kaffee oder Wein entstand.

Über einen bedeutenden Umstand waren wir uns sehr rasch im klaren, und er drängte sich uns auch bei den unterschiedlichsten Gelegenheiten unserer Besichtigung der Teile des Gebäudes auf, die man uns zeigte. Man hatte nämlich das Versinken im Meer vorausgesehen, und die Abschottung gegen das Eindringen des Wassers war, lange bevor das Land wirklich in den Wellen versank, durchgeführt worden. Es wurde uns klar und brauchte keine zusätzlichen Beweise mehr, daß diese Vorkehrungen nicht nach dem Versinken ausgeführt worden sein konnten. Wir bekamen nun mit, daß das ganze gewaltige Gebäude von Anfang an mit dem Ziel errichtet worden war, als ewige, sichere Arche zu fungieren. Die enormen Maschinen und Anlagen, in denen Luft, Nahrung, destilliertes, reines Wasser und all die anderen notwendigen Güter produziert wurden, waren alle in die Wände eingelassen worden und damit integraler Bestandteil der ursprünglichen Konstruktion. Genauso verhielt es sich mit den Austrittskammern und der Siliziumanlage, in denen die glasartigen Kugeln hergestellt wurden, und auch den mächtigen Pumpen, mit denen in den Schleusen der

Wasserstand reguliert wurde. Alle diese Geräte und Anlagen waren dank der Kenntnisse und der Voraussicht dieser wunderbaren Rasse aus längst vergangenen Tagen gebaut und errichtet worden. Diese Leute schienen, so weit wir in Erfahrung bringen konnten, einen Arm nach Zentralamerika und einen anderen nach Ägypten ausgestreckt und so noch Spuren ihrer Kultur auf der Erde hinterlassen zu haben, als ihre eigentliche Heimat im Atlantik versank. Wir schlossen nun, daß diese, ihre Nachfahren auf der Erde also, wahrscheinlich degeneriert waren, wie es ganz natürlich ist, daß ihre Entwicklung im wesentlichen stagnierte und sie nur Teile der Wissenschaft und der Kenntnisse ihrer Vorfahren bewahrt hatten, gleichzeitig aber den Elan vermissen ließen, auf diesen aufzubauen und zu neuen Kenntnissen zu gelangen. Unsere Gastgeber besaßen zwar unglaubliche und wunderbare Maschinen, schienen aber auf der anderen Seite höchst befremdlich an einem Mangel an Initiative zu leiden. Sie hatten der einmaligen Maschinerie, die sie geerbt hatten, nichts Neues hinzufügen können. Ich bin mir sicher, daß Maracot mit seinen Fähigkeiten schon nach relativ kurzer Zeit mit beeindruckenden Ergebnissen hätte aufwarten können. Das gleiche gilt für Scanlan, der auf Grund seiner raschen Auffassungsgabe und seiner großen Kenntnisse in der Mechanik ständig Verbesserungsvorschläge machte, die in den Augen der Atlanter sicher ebenso bemerkenswert waren wie ihre Anlagen in den unseren. […]

Ein paar Tage nach unserer Ankunft nahmen uns unsere Gastgeber oder Wächter – manchmal wußten wir selbst nicht, als was von beiden wir sie zu sehen hatten – zu einem Ausflug auf den Grund des Ozeans mit. Sechs Atlanter waren dabei, darunter auch Manda, ihr Anführer. […]

Die nächste Etappe nach der Wanderung an den Basaltklippen entlang brachte uns zu unserem Ziel. Die graue Ebene vor uns war hier unregelmäßig mit Erhebungen und hohen Gebilden bedeckt, die uns verkündeten, daß hier unter uns die alte Stadt lag. Sie wäre sicher bereits zur Gänze vom Schlick begraben, so wie Herculaneum von der Lava und Pompeii von der Asche, hätten die Überlebenden des Baal-Tempels nicht einen Eingang ausgegraben. Dieser Eingang war im Grunde ein langer, abwärts führender Gang, der in einer zu beiden Seiten mit Gebäuden besetzten Straße mündete. Die Häuserwände waren immer wieder geborsten und verwittert, denn sie waren nicht aus so solidem Material gebaut wie der Tempel, dessen Konstruktion ihn vor dem Verfall bewahrt hatte.

Die Inneneinrichtungen waren in den meisten Fällen noch genauso vorhanden, wie sie es zum Zeitpunkt der Katastrophe gewesen waren. Nur hie und da hatte das Meer einige Veränderungen vorgenommen, hübsch und veredelnd an einigen Stellen, schrecklich und zerstörerisch an anderen. Unsere Führer ermutigten uns nicht, gleich die ersten Gebäude zu untersuchen, an die wir gelangten, sondern eilten mit uns weiter, bis wir das erreichten, was sicher einmal die große Zentral-Zitadelle oder ein Palast gewesen sein muß, um die sich die ganze Stadt gruppiert hatte. Die Säulen und Pfeiler, die reichbebilderten Simse und Friese und die Freitreppen überragten alles, was ich in dieser Beziehung je auf der Erde gesehen habe.

Am nähesten kam das Gebäude in seinem Aussehen noch den Überresten des Tempels von Karnak bei Luxor in Ägypten. Mag es auch merkwürdig klingen, aber die Dekorationen und halb ausgelöschten Eingravierungen ähnelten bis ins Detail denen an den großen Ruinen nahe dem Nil. Genauso war es mit den lotosförmigen Kapitellen auf den Säulen. Es war ein ganz einmaliges Erlebnis, auf dem tesselierten Marmorfußboden in diesen gewaltigen Hallen zu stehen, wo zu beiden Seiten riesige Statuen hoch über dem Betrachter aufragten, und gleichzeitig zu sehen, wie wir es an diesem Tag taten, wie große, silbrige Aale über unseren Köpfen dahinglitten und erschrockene Fische in jede Richtung vor dem Licht davoneilten, das wir ausstrahlten. Wir wanderten von Raum zu Raum und bemerkten überall Anzeichen von Luxus und manchmal auch von der lasziven Tollheit, die nach der überlieferten Legende den Fluch Gottes auf diese Leute gezogen hatte. Ein kleiner Raum war auf ganz wunderbare Weise mit Perlmutt emailliert, so daß er auch heute noch in hellen, buntschimmernden Tönen aufleuchtete, wo unser Lichtstrahl auftraf. Eine reichverzierte Plattform aus einem gelben Metall und eine ähnlich bearbeitete Couch befanden sich in einer Ecke, und man gewann unwillkürlich den Eindruck, daß es sich dabei um das Schlafgemach einer Königin gehandelt haben mußte. Doch neben der Couch lag jetzt ein furchtbar aussehender Tintenfisch, dessen schwarzer Körper sich in einem gemächlichen, verstohlenen Rhythmus hob und senkte. Er wirkte wie das Herz des Teufels, das im Zentrum dieses gottlosen Ortes immer noch schlug. Ich war doch sehr froh, als unsere Führer uns wieder hinausführten, und meinen Gefährten erging es ebenso, wie ich später erfuhr. […]

Ein paar Tage, unserer Zeiteinteilung gemäß, nachdem wir der Menge eine bildliche Darstellung unserer Erlebnisse gegeben hatten, wurden wir mit einer noch viel würdevolleren und erhabeneren Einrichtung vertraut gemacht, die uns auf wunderbare Weise die vergangene Geschichte dieses bemerkenswerten Volks nahebrachte. Ich möchte mich hier nicht der schmeichlerischen Vorstellung hingeben, daß man sie nur unseretwegen vorführte, denn ich glaube vielmehr, daß die Ereignisse der Vergangenheit in regelmäßigen Abständen vorgezeigt werden, um so die Geschichte nicht in Vergessenheit geraten zu lassen. Daher war wohl der Teil, zu dem wir zugelassen wurden, nur eine Art Zwischenspiel in einer langen religiösen Zeremonie. Wie nun auch die Hintergründe ausgesehen haben mögen, ich will alles exakt so beschreiben, wie es sich abgespielt hat.

Man führte uns in dieselbe große Halle, ihr Versammlungsraum oder Theater, in der Dr. Maracot unsere Abenteuer auf den Schirm projiziert hatte. Die ganze Gemeinschaft war bereits versammelt, und man wies uns, wie zuvor, die Ehrenplätze direkt vor dem großen, selbstleuchtenden Schirm zu. Nach einem langen Lied, das wohl ihre Nationalhymne gewesen sein mag, betrat ein sehr alter, weißhaariger Mann, der Historiker oder Chronist des Volkes, unter stürmischem Applaus die Bühne. Er sandte eine Reihe Bilder vom Aufstieg und Untergang seines Volkes auf den hellen Schirm vor ihm. Ich wünschte, ich besäße Worte genug, um von der Lebendigkeit und dem Ergreifenden dieser Abbildungen zu künden. Meine beiden Gefährten und ich verloren jeglichen Sinn für Raum und Zeit, so sehr nahm uns die Vorstellung gefangen. Auch das Publikum wurde zutiefst gerührt und stöhnte oder schluchzte, als das ganze Ausmaß der Tragödie dargestellt wurde, in der ihr Vaterland untergegangen und ihre Rasse so gut wie ausgelöscht worden war.

Auf den ersten Bildern sahen wir den alten Kontinent in all seiner Pracht und Größe, so wie die Erinnerung daran mittels historischer Berichte vom Vater auf den Sohn weitergegeben worden war. Aus der Vogelperspektive sahen wir auf ein wunderbares, sanft dahinrollendes Land, das gigantisch in seiner Weite, gut mit Wasserläufen versehen und hervorragend bewässert war, auf endlose Kornfelder, Obstplantagen mit im Wind wehenden Baumkronen, bewaldete Hügel, ruhig daliegende Seen und mehrere malerische Berge. Das Land war mit Dörfern besetzt und mit Höfen und wunderbaren Landvillen überzogen. Dann wurde unsere Aufmerksamkeit auf die Hauptstadt gelenkt: eine einmalig schöne und prächtige Stadt am Ufer des Meeres. Im Hafen drängten sich die Galeeren, auf den Piers stapelten sich die Handelsgüter, und hohe Mauern mit hochaufragenden Zinnen und ein rundumlaufender Festungsgraben sorgten für die Sicherheit der Stadt. Alle Anlagen und Bauwerke waren von gigantischen Ausmaßen. Die Häuserreihen erstreckten sich viele Kilometer weit ins Inland. Das Zentrum der Hauptstadt bildete eine Burg oder Zitadelle, deren Mauern mit Schießscharten versehen waren. Sie war so großzügig angelegt und wirkte so dominierend, daß sie wie ein Traumgebilde aussah. Endlich zeigte man uns die Gesichter derjenigen, die in dieser goldenen Zeit gelebt haben: weise und altehrwürdige Senioren, starke und mutige Krieger, fromme Priester, wunderschöne und erhabene Frauen und liebenswerte Kinder – die Apotheose der menschlichen Rasse.

Doch dann kamen andere Bilder. Man zeigte uns Kriege, unaufhörliche Auseinandersetzungen zu Land und zu Wasser. Wir sahen nackte und wehrlose Völker, die von gewaltigen Kriegswagen und der Attacke gepanzerter Reiter niedergeritten und überrannt wurden. Unseren Augen zeigten sich die Schätze, mit denen die Sieger beladen wurden. Aber je größer die Schätze wurden, desto grausamer und begieriger wurden die Gesichter auf dem Schirm. Hinab und tiefer sank dieses Volk mit jeder neuen Generation. Man zeigte uns die Anzeichen verderbter Verschwendungssucht und moralischen Verfalls, materiellen Strebens und geistigen Niedergangs. Brutale Spiele, in denen nur noch das Gemetzel im Vordergrund stand, hatten die Körperertüchtigungsübungen der Alten ersetzt. Nicht länger existierte das einfache und ruhige Familienleben, wurde geistige Bildung betrieben. Statt dessen blickten wir auf unzufriedene und hohle Menschen, die von einer Jagd nach Befriedigung in die nächste stolperten. Ständig suchten sie nach neuen Vergnügungen, konnten Erfüllung darin nie erreichen und gaben sich dem Glauben hin, in einer komplizierteren und unnatürlicheren Weise sei sie zu finden. Auf der einen Seite war eine überreiche Klasse entstanden, die nur nach sinnlichen Freuden strebte, während sich auf der anderen Seite der in elender Armut lebende Rest der Bevölkerung befand, deren einziger Lebenszweck darin bestand, den Herren bei der Erfüllung ihrer Wünsche hilfreich zu sein, wie übel diese auch immer sein mochten.

Wieder wurde der Vorführung eine neue Note hinzugefügt.

Reformer waren am Werk, die versuchten, das Volk vom schlechten Weg abzubringen und auf den richtigen Pfad zurückzuführen, den es aufgegeben hatte. Wir sahen sie genau, ernste und entschlossene Männer, die mit dem Volk diskutierten und es inständig beschworen. Aber wir sahen auch, wie sie von denen verspottet und verhöhnt wurden, die sie eigentlich retten wollten. Besonders die Baals-Priester fielen uns dabei ins Auge, die Götzendiener, die es zugelassen hatten, daß Pomp und Gebärden und äußerliche Riten die uneigennützige geistige Entwicklung und Reife ersetzten. Sie führten die Opposition gegen die Reformer an. Aber diese ließen sich weder einschüchtern noch entmutigen. Sie arbeiteten weiter an dem Versuch, das Volk zu retten. Auf ihren Gesichtern erschien ein noch ernsterer Zug, ja eine Bedrohung schien von ihnen auszugehen, wie bei Männern, die auf Grund einer schrecklichen Vision, die ihnen erschienen war, eine furchtbare Warnung zu verkünden hatten. Einige ihrer Zuhörer, allerdings nicht viele, schienen die Worte zu beachten, wirkten aufgeschreckt. Aber die anderen wandten sich nur lachend ab und stürzten sich noch tiefer in ihren Sündenpfuhl. Und schließlich kam die Zeit, da die Reformer nicht mehr weiterkonnten. Sie gaben auf und überließen ihr degeneriertes Volk seinem Schicksal.

Dann erblickten wir ein merkwürdiges Bild. Da gab es einen Reformer, einen Mann von einzigartiger physischer wie geistiger Kraft, der allen anderen mit gutem Beispiel voranging. Er besaß Reichtum, Einfluß und Fähigkeiten, die nicht nur von dieser Welt zu sein schienen. Wir sahen, wie er in einen Zustand der Trance trat und mit höheren Wesen zu kommunizieren schien. Er war es, der alle Kenntnisse seines Volkes – wissenschaftliche Kenntnisse, die alle Weisheit unserer modernen Gesellschaft überragten – zu einer großen Aufgabe zusammenfaßte: dem Bau einer Arche zum Schutz vor kommenden Katastrophen. Wir sahen unzählige Arbeiter am Werk. Stetig wuchsen die Mauern der Arche, während ganze Trauben sorgloser Bürger zusahen und ihre Witze über solch emsige Beschäftigung und überflüssige Vorsorge machten. Aber man zeigte uns auch andere, die mit diesem Reformer diskutierten und ihm erklärten, wenn er solche Zukunftsängste hätte, solle er in ein sicheres Land fliehen, das wäre doch einfacher. So weit wir das mitbekommen konnten, lautete seine Antwort, daß er um ihretwillen in dem neuen Hort der Sicherheit bleiben müsse, daß es nämlich einige gebe, die es wert seien, vom Untergang verschont zu werden. Währenddessen scharte er die um sich, die ihm folgen wollten. Und er ließ sie nicht mehr von sich gehen, da auch er selbst weder Tag noch Stunde kannte. Nur Mächte, die über dem Tod standen, hatten ihm das anstehende Ereignis verkündet. Als dann die Arche gebaut und die wasserdichten Tore fertiggestellt und erprobt waren, wartete er mit seiner Familie, seinen Freunden, seinen Jüngern und seinen Dienern auf den Untergang.

Und die Katastrophe kam. Es war ein furchtbares Schauspiel, das selbst als Gedankenprojektion nichts von seinem Schrecken verloren hatte. Nur Gott weiß, von welchen Ausmaßen es in der Realität gewesen sein muß. Zuerst sahen wir einen titanischen, ungebrochenen Wasserberg aus dem ruhigen Ozean zu unglaublicher Höhe ansteigen. Dann begann sein Vormarsch. Weiter und weiter rollte er, Kilometer um Kilometer, ein riesiger, glitzernder Berg mit Schaumkrone, der mit immer größer werdender Geschwindigkeit heranrollte. Zwei kleine Schiffe, die auf dem schneeweißen Gipfel schwankten, wurden zu Trümmern, als die Welle weiterstürmte. Dann sahen wir, wie sie die Küste erreichte. Sie überspülte die Hauptstadt, und die Häuser neigten sich und brachen in ihr wie ein Kornfeld in einem Tornado. Wir sahen die Menschen auf den Dächern ihrer Häuser, wie sie dem heranrollenden Tod entgegenstarrten. Ihre Gesichter waren vor Schrecken verzerrt, ihre Augen blickten wie wahnsinnig drein, ihre Münder waren weit aufgerissen oder bissen in die Handknöchel. Sie zitterten vor Furcht wie solche, die vor Angst den Verstand verloren haben. Man sah Männer und Frauen, die zuvor noch die Warnung des Reformers verlacht hatten, jetzt heulend den Himmel um Gnade bitten. Sie vergruben die Gesichter in der Erde oder baten kniend und mit ausgestreckten Armen verzweifelt um Milde. Es war zu spät für sie, die Arche noch zu erreichen, denn sie befand sich außerhalb der Stadt. So strömten Tausende von ihnen zur Zitadelle, die an einer höheren Stelle stand. Die zinnenbewehrten Mauern waren schwarz vor Menschen. Dann begann die Zitadelle plötzlich zu sinken. Alles trieb nach unten. Das Wasser war in den tiefen Schoß der Erde gestürzt und vom Feuer im Erdkern zu Dampf verwandelt worden. Der Kontinent wurde an seiner Basis auseinandergerissen. Hinab sank die Stadt, und ihr Sturz wollte kein Ende nehmen. Dieser Anblick ließ uns und das Publikum erschrocken aufschreien. Die Pier brach entzwei und verschwand. Der hohe Leuchtturm brach unter den Wellen zusammen. Die Dächer wirkten eine Zeit lang wie eine felsige Rifflinie, an der sich die Wellen brachen, bis auch sie untergingen. Nur die Zitadelle blieb an der Oberfläche, ganz allein wie ein titanisches Schiff. Doch dann rutschte auch sie in den Abgrund hinab. Ein Saum hilflos ausgestreckter Hände umkränzte ihre höchste Stelle. Das entsetzliche Drama war vorüber, und eine leere Wasserfläche war dort, wo vorher der Kontinent gelegen hatte. Ein Meer, auf dem kein neues Leben gedeihen konnte. Aber in seinen gewaltigen, schäumenden Strudeln und Wirbeln zeigten sich die Trümmer der Katastrophe, wie sie hin und her, auf und ab geschleudert wurden: tote Menschen und Tiere, Stühle, Tische, Kleidungsstücke, Hüte und Warenballen. Alles stürzte ruckartig aufeinander zu und hob und senkte sich in einer gewaltigen flüssigen Gärung. Wir sahen, wie die Masse allmählich verschwand. Eine endlos weite Wasserfläche, so glatt und glänzend wie Quecksilber, an deren Horizont trübe und tief die Sonne stand, zeigte uns das Grab des Kontinents, von dem Gott sich abgewandt hatte.

(1929)

John Ronald Reuel Tolkien

Der Untergang von Nūmenōr

[...] Und sie nannten das Land Elenna, was »dem Stern nach« bedeutet, aber auch Anadûnê, das heißt »Westernis«, Númenóre in der Sprache der Hoch-Elben.

Dies war der Ursprung jenes Volkes, das im Grauelbischen die Dúnedain heißt: das Volk der Númenórer, der Könige unter den Menschen. Dem Schicksal des Todes aber, das Ilúvatar über das ganze Menschengeschlecht verhängt hatte, entgingen sie nicht, obgleich sie lange lebten und keine Krankheit kannten, ehe der Schatten auf sie fiel. So erlangten sie Weisheit und Ruhm und waren in allen Dingen den Erstgeborenen ähnlicher als den andren Menschenvölkern; sie waren von hohem Wuchs, größer als die größten unter den Söhnen von Mittelerde, und ihre Augen schimmerten hell wie die Sterne. Doch ihre Anzahl vermehrte sich im Lande nur langsam, denn zwar wurden ihnen Töchter und Söhne geboren, die noch schöner waren als ihre Eltern, aber es blieben wenige.

Die alte Hauptstadt, zugleich der Hafen von Númenór, lag an der Westküste, und sie hieß Andúnië, weil sie dem Sonnenuntergang zugekehrt war. Inmitten des Landes aber ragte ein hoher und steiler Berg auf, welcher der Meneltarma hieß, der Himmelspfeiler, und auf dem Gipfel war eine Stätte, die Eru Ilúvatar geweiht war, offen und ohne Dach; andre Tempel oder Heiligtümer gab es im Land der Númenórer nicht. Am Fuß des Berges wurden die Grabmäler der Könige erbaut, und nebenbei auf einem Hügel lag Armenelos, die schönste aller Städte, und dort standen der Turm und die Zitadelle, die Elros errichtet hatte, Earendils Sohn; und ihn ernannten die Valar zum ersten König der Dúnedain.

[...] Denn die Númenórer wurden mächtig in allen Künsten, und wäre es ihre Absicht gewesen, so hätten sie leicht die üblen Könige von Mittelerde in der Kriegführung und im Waffenschmieden zu übertreffen vermocht; doch waren sie friedliebende Menschen geworden. Vor allen anderen Künsten pflegten sie den Schiffbau und die Seefahrt, und sie wurden zu Seefahrern, die in der seither verkleinerten Welt nie wieder ihresgleichen haben werden; und Fahrten über die weiten Meere waren die Heldentaten und Abenteuer ihrer unerschrockenen Männer in den Tagen ihrer Jugend.

Doch verboten ihnen die Herren von Valinor, so weit nach Westen zu segeln, daß die Küsten von Númenór nicht mehr sichtbar waren; und lange Zeit waren die Dúnedain es zufrieden, obgleich sie den Sinn dieses Banns nicht recht verstanden. Manwes Absicht aber war, daß die Númenórer nicht versucht sein sollten, das Segensreich zu betreten oder die Grenzen zu überschreiten, die ihrem Glück gesetzt waren, wenn es sie nach der Unsterblichkeit der Valar und der Eldar verlangte und nach den Landen, wo alles von Dauer ist.

[...] So wurde das Glück von Westernis geschmälert, seine Macht aber und sein Glanz wuchsen weiterhin. Denn die Könige und ihr Volk hatten all ihr Wissen noch nicht verloren, und wenn sie die Valar nun auch nicht mehr liebten, sie fürchteten sie noch immer. Den Bann zu brechen und offen über die ihnen gewiesenen Grenzen hinauszufahren wagten sie nicht. Immer noch steuerten sie ihre hochmastigen Schiffe gen Osten. Dunkler und dunkler aber bedrückte sie die Furcht vor dem Tode, und mit allen Mitteln zögerten sie ihn hinaus; und sie begannen große Häuser für ihre Toten zu bauen, während ihre Weisen sich ohne Unterlaß bemühten, das Geheimnis zu entdecken, wie sie das Leben zurückrufen oder doch wenigstens die Tage der Menschen verlängern könnten. Doch nur in der Kunst, der Menschen totes Fleisch unverwest zu erhalten, brachten sie es zur Vollendung, und sie erfüllten das ganze Land mit stillen Gräbern, worin der Gedanke an den Tod ins Dunkel eingeschreint war.

[…] Von allen, die je seit der Gründung von Númenór das Szepter der Seekönige geführt hatten, war Ar-Pharazôn der Goldene am mächtigsten und stolzesten; und dreiundzwanzig Könige, die nun in ihren tiefen Gräbern unter dem Gipfel des Meneltarma und auf goldenen Betten schliefen, hatten vor ihm die Númenórer regiert.

Und wie er nun auf seinem gemeißelten Thron in der Stadt Armenelos saß, in dunklem Brüten, sann er auf Krieg. Denn in Mittelerde hatte er erfahren, wie stark Saurons Reich war und wie sehr Sauron Westernis haßte. Und dann kamen die Hauptleute und Kapitäne aus dem Osten zu ihm und berichteten, wie Sauron alle Kräfte aufgeboten hatte, seit Ar-Pharazôn Mittelerde verlassen, und wieder gegen die Küstenstädte vorrückte. Sauron hatte nun den Titel eines Königs der Menschen angenommen und erklärte offen seine Absicht, die Númenórer ins Meer zu treiben und auch Númenór zu vernichten, sobald er es vermochte.

Groß war Ar-Pharazôns Zorn über diese Nachrichten, und während er lange und heimlich nachsann, erfüllte sich sein Herz mit dem Wunsch nach unumschränkter Macht und Alleinherrschaft seines Willens. Und er entschied, unberaten von den Valar und von allen außer ihm selbst, daß er für sich den Titel des Königs der Menschen fordern, Sauron aber zwingen werde, ihm zu dienen und Gefolgschaft zu leisten; denn in seinem Stolz glaubte er, nie werde je ein König erstehen, mächtig genug, um mit Earendils Erben zu streiten. Daher begann er zu jener Zeit, große Vorräte an Waffen zu schmieden; und viele Kriegsschiffe baute er und rüstete sie; und als alles bereit war, fuhr er selbst mit seinem ganzen Heer nach Osten.

Und die Menschen sahen seine Segel vom Sonnenuntergang her kommen, wie in Purpur getaucht, rot und golden schimmernd, und Furcht befiel die Küstenbewohner, und sie flohen weit von dannen. Die Flotte aber gelangte schließlich zu jenem Ort, der Umbar genannt wurde, wo sich der gewaltige Hafen der Númenórer befand, der nicht von Menschenhand gebaut war. Leer und still lagen die Lande ringsum, als der König der See Mittelerde betrat. Sieben

Tage lang zog er mit Standarten und Trompeten durchs Land, und dann kam er zu einem Hügel und stieg hinauf, und dort schlug er sein Königszelt und seinen Thron auf und setzte sich nieder, mitten im Lande, und rings um ihn reihten sich die Zelte seines Heeres, blau, golden und weiß, wie ein Feld großer Blumen. Dann schickte er Herolde aus und befahl Sauron, herbeizukommen und ihm Gefolgschaft zu schwören.

Und Sauron kam. Aus seinem mächtigen Turm von Barad-dûr kam er, und keine Schlacht bot er an. Denn er erkannte, daß die Macht und Herrlichkeit der Seekönige jedes Gerücht übertraf, so daß auch auf die stärksten unter seinen Dienern kein Verlaß war; und er sah die Zeit noch nicht gekommen, wo er nach seinem Willen mit den Dúnedain verfahren mochte. Und findig, wie er war, wußte er sein Ziel mit List zu erreichen, wo Gewalt nicht half. Also demütigte er sich vor Ar-Pharazôn und sprach mit glatter Zunge; und die Menschen staunten, denn was immer er sagte, schien weise und gerecht.

Ar-Pharazôn aber war nicht leicht zu täuschen, und ihm kam es in den Sinn, daß er Saurons und seiner Treueschwüre sicherer wäre, wenn er ihn nach Númenór brächte, als Geisel für ihn selbst und all seine Diener in Mittelerde. Dem stimmte Sauron zu, wie einer, dem man Zwang antut, insgeheim aber frohlockte er, denn es stimmte zu seinen Plänen. Und Sauron fuhr übers Meer und sah das Land Númenór und die Stadt Armenelos in den Tagen ihres Glanzes, und er war bestürzt; um so mehr aber ging ihm das Herz über vor Neid und Haß.

So gewitzt aber waren sein Geist und seine Reden und so stark sein verhohlener Wille, daß er binnen drei Jahren zum engsten Vertrauten unter des Königs geheimen Räten wurde; denn honigsüße Schmeicheleien gingen ihm stets von der Zunge, und Kenntnis hatte er von vielen den Menschen noch verborgenen Dingen. Und als er einmal in der Gunst ihres Herrn stand, da begannen auch die anderen Räte des Königs vor ihm zu kriechen, nur einer nicht, Amandil, der Fürst von Andúnië. Langsam kam nun ein Wandel über das Land, und die Herzen der Elbenfreunde wurden streng geprüft, und viele sagten ihnen ab aus Furcht; und obwohl die restlichen sich immer noch die Getreuen nannten, hießen ihre Feinde sie nun Rebellen. Denn jetzt, da er das Ohr der Menschen hatte, widerlegte Sauron mit hundert Gründen alles, was die Valar gelehrt hatten; er machte die Menschen glauben, daß es auf der Welt, im Osten und sogar im Westen, noch viele Meere und Länder für sie zu erobern gäbe, mit unermeßlichen Reichtümern.

[...] Dennoch schien es den Númenórern lange Zeit, daß sie wohl gediehen, und wenn sie schon nicht glücklicher wurden, so wurden sie doch noch stärker, und ihre Reichen wurden immer reicher. Denn mit Saurons Rat und Hilfe mehrten sie ihren Besitz, und sie bauten Maschinen und immer größere Schiffe. Und nach Mittelerde fuhren sie nun nur noch gewappnet und gepanzert, und sie kamen nicht mehr mit Geschenken, sondern mit blutigem Krieg. Sie machten Jagd auf die Menschen von Mittelerde, nahmen ihnen ihre Habe und versklavten sie; und viele schlachteten sie grausam auf ihren Altären. Denn auch in ihren Festungen bauten sie zu jener Zeit Tempel und große Grabmäler; und die Menschen fürchteten sich vor ihnen, und das Andenken der freundlichen Könige der alten Zeit verschwand aus der Welt und wurde von manch einer Greuelgeschichte verdunkelt.

So wurde Ar-Pharazôn, der König des Sternenlandes, zum mächtigsten Tyrannen, den die Welt seit der Herrschaft Morgoths gekannt hatte, doch in Wahrheit stand Sauron hinter dem Thron und beherrschte alles. Aber die Jahre gingen hin, und der König fühlte den Schatten des Todes nahen, als seine Tage länger wurden; und er war voller Angst und Wut. Nun kam die Stunde, die Sauron vorbereitet und lange erwartet hatte. Und Sauron sprach zu dem König und sagte, so groß sei nun seine Stärke, daß er daran denken könne, seinen Willen in allem zu haben, ohne Rücksicht auf jeden Befehl oder Bann.

Und er sagte: »Des Landes, wo kein Tod ist, haben die Valar sich bemächtigt; und was dies Land angeht, belügen sie dich und verstecken es vor dir, so gut sie nur können, denn geizig sind sie und voller Furcht, die Könige der Menschen möchten ihnen das todlose Land entreißen und die Welt an ihrer Statt regieren. Und wenn auch, ohne Zweifel, die Gabe unendlichen Lebens nicht für jeden ist, sondern nur für die Würdigen, Männer von Macht und Stolz und hoher Geburt, so geschieht es doch wider alles Recht, daß diese Gabe dem vorenthalten wird, dem sie gebührt, dem König aller Könige, Ar-Pharazôn, dem Mächtigsten unter allen Erdensöhnen, mit dem einzig Manwe zu vergleichen wäre, wenn überhaupt einer. Große Könige aber lassen sich nichts verweigern und nehmen sich, was ihnen zukommt.«

Ar-Pharazôn hörte auf Sauron, denn er war von Sinnen, und der Schatten des Todes lag auf ihm, und seine Zeit lief ab; und im Herzen begann er zu erwägen, wie er gegen die Valar Krieg führen könnte. Lange rüstete er für diesen Plan; er sprach nicht offen davon, doch nicht vor allen ließ er sich verbergen.

[...] Nun war einst auf der Insel Númenór das Wetter stets den Wünschen und Neigungen der Menschen entgegengekommen: Es regnete zur rechten Jahreszeit und im rechten Maße, die Sonne schien bald wärmer, bald kühler, und Winde kamen von der See. Und wenn der Wind von Westen kam, so schien es vielen, als wäre er von einem Duft erfüllt, zart, doch süß, und herzbewegend, wie von Blumen, die ewig auf den unsterblichen Wiesen blühen und an den Küsten der Menschen keinen Namen haben. All dies aber war nun anders geworden; denn der Himmel selbst war verdunkelt, und es gab Regen und Hagelstürme in jenen Tagen und heftige Winde; und hin und wieder ging ein großes Schiff der Númenórer unter und kehrte nicht in seinen Hafen zurück, ein Unglück, das sie bis dahin seit dem Anfang des Sterns nicht mehr befallen hatte. Und aus Westen kam abends bisweilen eine große Wolke, von der Gestalt eines Adlers, die Schwingen nach Norden und Süden gebreitet; und langsam zog sie herauf und verdunkelte die untergehende Sonne, und tiefe Nacht fiel über Númenór. Und manche der Adler trugen den Blitz zwischen den Flügeln, und Donner hallten wider zwischen dem Meer und der Wolke.

[...] Dann rief Manwe auf dem Berge Ilúvatar an, und für diese Zeit legten die Valar die Herrschaft über Arda nieder. Ilúvatar aber zeigte seine Macht, und er änderte den Bau der Welt; und ein großer Spalt tat sich auf im Meer zwischen Númenór und den Unsterblichen Landen, und die Wasser strömten hinein, und der Lärm und Rauch der Katarakte stiegen zum Himmel auf, und die Welt bebte. Und all die Flotten der Númenórer wurden in den Abgrund gezogen und gingen unter und wurden für immer verschlungen. Ar-Pharazôn aber, der König und seine sterblichen Krieger, welche den Fuß auf das Land Aman gesetzt, wurden unter herabstürzenden Bergen begraben: Dort, so wird gesagt, liegen sie in die Höhlen der Vergessenen eingekerkert bis zur letzten Schlacht und dem Tag des Schicksals.

Das Land Aman und Eressea, die Insel der Eldar, wurden für immer entrückt und außer Reichweite der Menschen gebracht. Und Andor, das Land der Gabe, das Númenór der Könige, Elenna unter Earendils Stern, wurde ganz und gar vernichtet. Denn es lag nahe östlich des großen Schlundes, und seine Grundfesten wurden umgeworfen, und es stürzte hinab ins Dunkel und ist nicht mehr. Und jetzt ist ein Ort auf Erden, wo die Erinnerung an die Zeit ohne das Böse gewahrt bliebe. Denn Ilúvatar stieß die Großen Meere in den Westen von Mittelerde zurück und die Leeren Lande im Osten, und neue Länder und Meere wurden geschaffen; und die Welt wurde kleiner, denn Valinor und Eressea wurden ins Reich der verborgenen Dinge entrückt.

Zu unerwarteter Stunde kam das Verhängnis, am neununddreißigsten Tag nach der Abfahrt der Flotten. Feuer brach plötzlich aus dem Meneltarma, und ein Orkan kam auf, die Erde tobte, und der Himmel drehte sich, und die Berge kamen herab, und Númenór versank im Meer mit all seinen Kindern und Müttern und Mädchen und stolzen Damen; und all seine Gärten und Hallen und Türme, seine Gräber und Reichtümer, und seine Juwelen und Teppiche, und alles Gemalte und Gemeißelte, und sein Gelächter und seine Vergnügungen und seine Musik, seine Wissenschaft und Kunst: sie verschwanden für immer. Und als letzte zog die steigende Flut, die grün und kalt und schaumgefiedert über das Land sprang, Tar-Míriel an ihr Herz, die Königin, heller als Silber oder Elfenbein oder Perlen. Zu spät wollte sie den steilen Weg zum Heiligtum auf dem Meneltarma erklimmen; die Wasser holten sie ein, und ihr Schrei verlor sich im Heulen des Windes.

Ob nun aber Amandil wirklich nach Valinor gelangt war und Manwe sein Gebet angehört hatte oder nicht, die Gnade der Valar verschonte Elendil und seine Söhne und ihr Volk vor dem Verderben dieses Tages. Denn Elendil war in Rómenna geblieben, ohne dem Aufruf des Königs, als er in den Krieg zog, Folge zu leisten; und den Söldnern Saurons ausweichend, die kamen, um ihn zu greifen und zu den Feuern des Tempels zu schleppen, ging er an Bord seines Schiffes und hielt sich von der Küste fern, seine Zeit abwartend. Dort schützte ihn das Land vor dem mächtigen Sog des Meeres, der alles zum Abgrund hinriß, und später gab es ihm Deckung gegen das erste Wüten des Sturmes. Als aber die verzehrende Flut über das Land rollte und Númenór wankte und fiel, da wäre auch er weggespült worden, und als das geringere Leid hätte er es erachtet, zu sterben, denn kein Todesschmerz konnte bitterer sein als der Verlust und die Qual jenes Tages; aber der große Wind ergriff ihn, wilder als jeder Wind, den Menschen je gekannt, von Westen her brüllend, und blies seine Schiffe weit davon; ihre Segel zerreißend und ihre Masten brechend, jagte er die Unglücklichen wie Spreu über das Wasser.

Neun Schiffe waren es: vier für Elendil, für Isildur drei und für Anárion zwei; und sie flohen vor dem schwarzen Sturm aus dem Zwielicht des Verhängnisses in das Dunkel der Welt. Und unter ihnen türmten sich im Zorn die Tiefen, und Wellen gleich Bergen mit großen Hauben von stäubendem Schnee trugen sie empor zwischen die zerfetzten Wolken und schleuderten sie, nach vielen Tagen, an die Gestade von Mittelerde. Und alle Küsten und küstennahen Gebiete der westlichen Welt erlitten zu jener Zeit viel Wandel und Vernichtung; denn das Meer drang in die Länder ein, Küsten zerbrachen, alte Inseln versanken, und neue Inseln stiegen auf; und Berge fielen zusammen, und Flüsse nahmen einen fremden Lauf.

Elendil und seine Söhne gründeten später Königreiche in Mittelerde, und wenn auch ihre Wissenschaft und Kunst nur ein Nachhall dessen waren, was einst gewesen, ehe Sauron nach Númenor kam, so erschienen sie doch den wilden Menschen der Welt als gewaltig. Und vieles ist in andren Geschichten von den Taten der Erben Elendils in dem Zeitalter, das folgte, gemeldet, und von ihrem Kampf mit Sauron, der noch nicht zu Ende war. Denn Sauron selbst war voll tiefer Furcht bei dem Zorn der Valar und dem Unglück, das Eru über Land und Meer verhängt hatte. Bei weitem größer war es als alles, was er erstrebte, denn nur auf den Tod der Númenórer und den Sturz ihres stolzen Königs hatte er gehofft. Und Sauron hatte gelacht, als er auf seinem schwarzen Thron im Tempel saß und die Trompeten Ar-Pharazôns zur Schlacht blasen hörte; und abermals hatte er gelacht, als er den Sturm donnern hörte; und als er ein drittes Mal lachte, im Gedanken, was er nun in der Welt leisten könne, da er die Edain für immer los war, da wurde er aus seiner Freude gerissen, und sein Thron und sein ganzer Tempel stürzten in den Abgrund. Doch Sauron war nicht von sterblichem Fleische, und wenn er auch nun jener Gestalt, in der er so viel Unheil gewirkt, beraubt wurde und nie wieder den Menschen freundlich vor Augen zu treten vermochte, so stieg doch sein Geist wieder aus der Tiefe empor und fuhr wie ein Schatten und schwarzer Wind übers Meer, zurück nach Mittelerde und seiner Heimstatt in Mordor. Er nahm seinen großen Ring in

Barad-dûr wieder auf und hauste dort, stumm und dunkel, bis er sich eine neue Gestalt gegeben hatte, das unverhüllte Bild von Haß und Tücke; und dem Auge Saurons des Grausamen hielten wenige stand.

Doch von diesen Dingen ist nicht die Rede in der Geschichte vom Untergang Númenórs, wovon nun alles berichtet ist. Und selbst der Name dieses Landes ging unter, und die Menschen sprachen später nicht mehr von Elenna, noch von Andor, der Gabe, die wieder genommen wurde, noch von Númenórern an den Grenzen der Welt; die Flüchtlinge an den Meeresküsten aber, wenn sie sich sehnenden Herzens nach Westen wandten, sprachen sie von Mar-nu-Falmar, der von den Wogen Überwältigten, von Akallabêth, der Versunkenen, Atalante in der Hochsprache der Elben.

(Erstveröffentlichung 1977)

Nachwort

Aneignungen einer untergegangenen Insel

Zur Geschichte des Mythos Atlantis

Wer kennt nicht die Sage vom mächtigen Königreich Atlantis, das in grauer Vorzeit blühte und in nur einem Tag und einer Nacht versank?

Der berühmte Mythos berichtet von einer glücklichen, fruchtbaren Insel, deren Bewohner zunächst im Einklang mit den Göttern lebten, eine hohe Zivilisation entwickelten und schließlich, nach der Entstehung von Gier und Eroberungslust, von einer gewaltigen Naturkatastrophe getroffen wurden. Überliefert wurde der Mythos allerdings nicht von einem Dichter, sondern von dem griechischen Philosophen Platon. In seinen Spätdialogen *Timaios* und *Kritias* erzählt er jene Geschichte vom idealen und verschwundenen Inselreich, welche die Phantasie des Abendlands seitdem immer wieder heimsucht.

Die scheinbar selbstverständliche Rede vom »Mythos Atlantis« übersieht, dass Platon die Erzählung über die versunkene Insel ausdrücklich nicht als »Mythos« (als »Fabel« bzw. »Unwahrheit«) ausgibt, sondern als »Logos«, d.h. als wahre Wiedergabe von historischen Ereignissen. Dennoch war die Beziehung der Atlantis-Erzählung zur Wirklichkeit stets umstritten. Einerseits wurde »Atlantis« als »Logos« wahrgenommen, d.h. als buchstäbliche Wahrheit interpretiert. Mit positivistischem Eifer wurden zahllose Theorien einer archäologischen Verortung der untergegangenen Insel aufgestellt. Die immer neuen »Auffindungen« von Atlantis in nahezu allen Regionen der Welt sind Teil einer »Kulturgeschichte der Irrtümer und Mißverständnisse«.[1] Man kann von ei-

1 Vgl. dazu G. Henschel, »Jäger des verlorenen Schatzes. Von der Insel Atlantis«, in: E. Henscheid / G. Henschel / B. Kronauer, *Kulturgeschichte der Mißverständnisse. Studien zum Geistesleben*, Stuttgart 2000, S. 207–222, hier S. 216: »Überall feiern die zur Wiedergeburt bereiten Forscher ihre Entdeckung von Atlantis, in Cádiz, in Tartessos, auf Helgoland, auf den Azoren, auf Thera und im Garten Eden.«

ner Neurose[2] oder einem Syndrom[3] sprechen. Andererseits wurde Atlantis als reine Fiktion betrachtet, als Konstrukt des griechischen Philosophen Platon, der ja auch in anderen Texten seines Werkes Mythen erzählt. So haben die positiven und negativen Elemente der Erzählung zu vielfältigen Fort- und Umschreibungen angeregt, die Platons Mythos mit je neuer Phantasie erfüllen. Der vorliegende Band versucht, die bis heute andauernde Faszination und »Arbeit am Mythos« Atlantis zu bezeugen.

Platons Berichte über die untergegangene Insel enthalten nicht wenige Widersprüchlichkeiten, durch welche die außerordentliche Offenheit des Mythos für verschiedene Ausdeutungen begünstigt wird (vgl. Abschnitt »Die Erfindung der versunkenen Insel ›Atlantis‹« im vorliegenden Buch). Die literarischen und philosophischen Atlantis-Variationen nach Platon formulieren in gewisser Weise die Leerstellen aus, die von den offenen Fragen in Platons Text hinterlassen werden.

Die Frage der Glaubwürdigkeit der Geschichte ist dabei natürlich von besonderer Bedeutung, und bereits hier gibt Platons Text Rätsel auf. Einerseits wird trotz der hyperbolischen Elemente ausdrücklich betont, die Geschichte sei absolut wahr: »andererseits ist es wohl außerordentlich wichtig, dass es sich nicht um eine erdichtete Sage, sondern um eine wahre Geschichte handelt.«[4] Die Geschichte sei also kein »Mythos«, sondern »Logos«. Der umfangreiche und umständliche Bericht über die Art und Weise, wie der Erzähler Kritias von der Geschichte erfahren haben will, dient zweifellos auch dem Zweck, der Erzählung eine gewisse Wahrhaftigkeit zu sichern. Andererseits aber werden diese Versuche der Authentifizierung von Platons eigenem Text unterlaufen, indem der Berichterstatter Solon, der die Geschichte bei den Ägyptern gehört haben soll, ausdrücklich als »Dichter« eingeführt wird, als ein Erzähler erfundener Geschichte. Hätte Solon, so sagt es Kritias in Platons Dialog, die »Dichtung« ernsthafter betrieben, »mit dem gleichen Ernst wie andere«, dann hätte er weder von Hesiod noch von Homer »an Ruhm übertroffen« (Timaios 21d) werden können. Solon, Platons Berichterstatter über Atlantis, ist somit nicht nur

2 Vgl. L. S. de Camp, *Lost Continents. The Atlantis Theme in History, Science and Literature*, New York 1954, S. 28.

3 Vgl. P. Jordan, *The Atlantis Syndrome*, Sparkford 2001, S. 7.

4 Platon, *Timaios* 26e.

ein Dichter, sondern sogar ein Dichter, dem es an Ernsthaftigkeit mangelt: Die Authentizität der Geschichte wird bereits durch Platons eigene Darstellung untergraben.

Das nächste Rätsel bildet die Identität der Insel Atlantis: es wird von einem vor 9000 Jahren geschehenen Krieg zwischen einem von der Insel Atlantis ausgesandten Heer auf der einen und dem Ur-Athen auf der anderen Seite erzählt. Entsprechend weist Platons Atlantis eine ganze Reihe von Merkmalen auf, die es als das vollständige Gegenteil von Athen, als dessen absolut Anderes, erkennbar machen. Die Insel soll im äußersten Westen der damaligen Welt gelegen sein, sagt Platon: Jenseits der Säulen des Herakles, im Atlantik, der zu seiner Zeit als unbefahrbar galt und von dem die damaligen Griechen glaubten, er werde von fabelhaften Wesen bevölkert. Zugleich fungiert die militärische Bedrohung Griechenlands durch das »westliche« Atlantis als ein kryptischer Verweis auf das im Osten gelegene Perserreich. In *Kritias* erinnern die Größe der Insel, die Darstellung der Königsburg, das erbliche Königtum und dessen zentralisierte Macht an das despotische und »barbarische« Perserreich.

Auf der einen Seite ist Atlantis also das geographische und politische Gegenteil von Athen, auf der anderen Seite gibt es jedoch auch irritierende Ähnlichkeiten mit Athen. Die Einteilung Atlantis' in zehn Herrscherstämme erinnert an die politische Organisation Athens, das seit Kleisthenes in zehn *Phylai* unterteilt war. Außerdem betont Platon zwar das »Barbarische« bei der Beschreibung der prachtvollen Ausschmückung der Poseidon-Statue in Atlantis, aber deren Überzug aus Edelmetallen erinnert nicht nur an orientalische Kunst, sondern auch an die verschollene Statue der Athena Parthenos in Athen.

Pierre Vidal-Naquet interpretiert diese Doppeldeutigkeit, indem er den bei Platon erzählten Kampf zwischen Atlantis und Athen als eine Darstellung des Gegensatzes zwischen zwei unterschiedlichen Versionen Athens versteht. Das im Mythos dargestellte und Atlantis besiegende Athen sei ein idealisiertes Ur-Athen, Platons Wunschvorstellung der Polis; Atlantis dagegen stelle das imperialistische und kriegerische Athen dar, das Platon in seiner Gegenwart wahrnehme und kritisiere.[5] Die fließende Gren-

5 Vgl. P. Vidal-Naquet, *Atlantis. Geschichte eines Traums*, München 2006, S. 26 f.

ze zwischen Atlantis und Athen im Mythos führt also zur Austauschbarkeit des Fremden und des Eigenen: Atlantis erscheint als untergegangene Version eines anderen Athens, Athen – von dem ein kleiner Samen überlebt – als jederzeit mögliches neues Atlantis. Der Mythos erzählt so von einer jederzeit möglichen anderen Gegenwart, aber auch von einer Katastrophe, und eröffnet interessante utopische, aber auch gesellschaftskritische Dimensionen.

Noch in der griechischen Antike ließen sich Schriftsteller von den phantastischen Elementen in Platons Atlantis inspirieren und schrieben den Mythos in märchenhaften Darstellungen, fiktiven Reiseberichten und allegorischen Umgestaltungen fort. Beispiele dafür sind *Silens Bericht über ein Wunderland* (um 324 v. Chr.) des griechischen Historikers Theopompos von Chios (378/7–320 v. Chr.), die *Heilige Geschichte* (3. Jh. v. Chr.) des griechischen Schriftstellers Euhemeros und der Bericht von Jambulos (1. Jh. v. Chr.). Auf wunderbaren Inseln angekommene Seefahrer begegneten einfachen Gesellschaften, die sie in ihrer Darstellung idealisierten. In der römisch-christlichen Antike dagegen (vgl. Abschnitt »Antike und spätantike Rezeption« im vorliegenden Buch) wurde Atlantis eher als Beweis für Naturkatastrophen und geologische Veränderungen herangezogen. Erst der spätantike griechische Philosoph Proklos entdeckte das allegorische Potential in seinem berühmten »Timaios-Kommentar« wieder, ohne aber der Versuchung einer Moralisierung zu widerstehen. Der Krieg der Athener gegen Atlantis sei die allegorische Darstellung einer kosmischen Auseinandersetzung zwischen Besserem und Schlechterem. Atlantis repräsentiere demzufolge das Meer der Ungleichheit, es sei eine überwundene chaotische Stufe der Schöpfung. Kosmas Indikopleustes schließlich ist der erste antike Autor, der Zweifel an der Urheberschaft Platons äußert. Er versucht, den Mythos Atlantis mit der jüdischen Überlieferung in Einklang zu bringen – und interpretiert die Geschichte folglich als Umgestaltung alttestamentarischer Erzählungen wie der von den zehn Treiben Israels oder der Sintflut. Einige Jahrhunderte später wird niemand anderes als Thomas Mann ähnliche Gedanken notieren.

Nach der Entdeckung Amerikas 1492 gab es eine ganze Reihe neuer Interpretationen und Aneignungen des Atlantis-Mythos, die diesen nun auf den neu entdeckten Kontinent bezogen (vgl.

Abschnitt »Amerika als ›wiederentdecktes Atlantis‹?« im vorliegenden Band). Wie bereits Alexander von Humboldt im Rückblick notiert (in seinen *Kritischen Untersuchungen über die historische Entwickelung der geographischen Kenntnisse von der neuen Welt*), gab es für die Europäer nach 1492 wohl keine Möglichkeit, den neuen Kontinent zu begreifen, als mit den hergebrachten mythischen Kategorien. Neben der Bibel und der Odyssee wurde dabei vor allem der Atlantis-Mythos auf die Fläche des neuen Landes Amerika projiziert. In Girolamo Fracastoros *Lehrgedicht über die Syphilis* (1530) begegnen die Kolonialisten auf dem Boden Amerikas nicht ungebildeten Wilden, sondern den Nachkommen der untergegangenen Insel Atlantis. Diese erzählen den Europäern, wie Atlantis als Teil einer göttlichen Strafe von der Krankheit Syphilis befallen wurde und wie aus einem in Amerika/Atlantis wachsenden Baum ein Heilmittel gewonnen werden konnte. Fracastoros episches Gedicht stellt damit das früheste literarische Zeugnis für die Gleichsetzung Amerikas mit Atlantis dar. Obwohl schon Montaigne – und nach ihm Voltaire – an der Identität von Atlantis und Amerika zweifelten, entwickelte sich diese Assoziation zu einem literarischen Topos. Noch die moderne Lyrik greift auf diesen Topos zurück, wie Hart Crane, der in seinem Gedicht *Die Brücke* (1930) eine Ähnlichkeit zwischen dem Anblick der Brooklyn Bridge mit Atlantis evoziert und sich auf eine fiktive Reise in die Geschichte Amerikas begibt.

Ein wichtiger Text in dieser Tradition, der auch die christliche Allegorisierung von Atlantis wiederbelebt, ist Vincentius Placcius' *Atlantis Retecta* aus dem Jahr 1659. In diesem neulateinischen Kolumbusepos, verfasst von dem Deutschen Placcius im Alter von nur fünfzehn Jahren, tritt Atlantis als allegorische Personifikation auf. Sie beklagt die Rohheit der Naturvölker in Amerika und bittet Gott um die Entdeckung des Kontinents durch Kolumbus und um die Kolonialisierung durch die Europäer. Die Gleichsetzung von Atlantis und Amerika folgt hier einer recht durchsichtigen legitimatorischen Strategie: Wenn Amerika (als Atlantis) immer schon Teil des europäischen Kulturraums gewesen ist und nur durch die Wildheit der »barbarischen« Indianer verkommen ist, dann erscheint seine Kolonialisierung nicht mehr als rücksichtslose Eroberung, sondern als eine legitime *Rück*eroberung eines längst bekannten Terrains und als die Erfüllung eines göttlichen Plans. Das »Fremde«, das in Platons Atlantis-Erzählung nicht einfach zuzuordnen war, hat hier und auch in Verdaguers *Atlantis* (1877) klare Konnotationen erhalten: das Weibliche, das Heidnische und mit andersartigen Völkern Assoziierte.

Die Gleichsetzung von Atlantis und Amerika war nicht nur für die Epik, sondern auch für die Gattung der philosophischen und literarischen Sozialutopien (vgl. Abschnitt »Atlantis und utopische Entwürfe« im vorliegenden Buch) anregend. Das Genre der Utopie, begründet durch Thomas Morus' *Utopia* (1516), bot im Zeitalter der Entdeckungen eine weitere Möglichkeit an, die neu entdeckten Länder in die Sphäre der europäischen Phantasien zu integrieren. Francis Bacons *Neu-Atlantis* (1624) identifiziert, wie bereits Fracastoro, Atlantis mit Amerika und erklärt dessen Rückständigkeit mit der Katastrophe der Überschwemmung. Bacons *Neu-Atlantis* hat dagegen keine Ähnlichkeit mit der kriegerischen Macht aus Platons Erzählung oder mit Campanellas streng organisiertem *Sonnenstaat* (1623). Allerdings sind die Bewohner von Bacons Insel an wissenschaftlichem Fortschritt und technischer Beherrschung der Natur interessiert: *Neu-Atlantis* ist nicht nur die Utopie einer idealen politischen und sozialen Ordnung, sondern vor allem auch die Utopie einer naturwissenschaftlich dominierten Gesellschaft. Atlantis, in Platons Mythos noch ein wesentlich feindseliger und feindlicher Ort, wird in dieser utopischen Tradition zu einem Ort einer – möglicherweise nie vollständig im Meer versunkenen oder doch aus ihm wiederauftauchenden – Hoffnung. Der Glaube an eine mögliche Rassen- und Geschlechterverschmelzung und an eine humanere Entwicklung der Menschengeschichte, den David Herbert Lawrence in seinem Roman *Die gefiederte Schlange* (1926) noch ausdrückt, mündet aber nach den Katastrophen des 20. Jahrhunderts in einen Kulturpessimismus, der »Atlantis« eher mit dem totalitären Charakter von Utopien und der Gewalt in der Geschichte assoziiert.

Eine Variante der utopischen Atlantis-Ausgestaltung bildet die Darstellung der Insel als Sphäre der Phantasie (vgl. Abschnitt »Atlantis als poetischer Fluchtort« im vorliegenden Band). Diese Aneignung des Mythos stellt eine wahrscheinlich erst in der Romantik einsetzende Radikalisierung der utopischen Tradition dar: Atlantis wird hier wiederum als idealer Ort imaginiert, aber nicht mit einer realen Insel oder einem realen Kontinent identifiziert, sondern mit dem schöpferischen Potential der Dichter selbst. Novalis' Atlantis-Märchen beispielsweise, eine in den unvollendeten

Roman *Heinrich von Ofterdingen* (1802) eingebundene Binnenerzählung, beschreibt eine imaginäre Welt, in der Liebe und Poesie eine besondere Harmonie ermöglichen. Erst im letzten Satz des Märchens nennt Novalis Atlantis als den Ort der Handlung – und verweist das Reich der Harmonie damit in die Sphäre des auf ewig Verlorenen und Versunkenen. Auf eine vergleichbare Art und Weise nimmt E. T. A. Hoffmanns *Der goldne Topf* (1814) den Atlantis-Mythos auf. Hoffmanns Erzählung spielt in zwei Welten, in der »Wirklichkeit« des zeitgenössischen Dresdens sowie in der Traumwelt Atlantis. Der Student Anselmus nimmt eine Arbeit als Abschreiber beim Archivarius Lindhorst an und erfährt dort, dass sein scheinbar unbescholtener Arbeitgeber eine zweite Identität als Salamander in der Phantasiewelt Atlantis besitzt. Gegen Ende der Erzählung schließlich zieht Anselmus auf ein Rittergut nach Atlantis, um dort »Dichter« zu werden. Atlantis ist demnach auch bei Hoffmann das Symbol für eine »poetische« Welt, aber im Gegensatz zu dem Märchen des Novalis ist diese Welt nicht verloren, sondern bleibt als paralleles Universum für diejenigen erhalten, die über entsprechende Phantasie verfügen.

Dieser besonderen romantischen Prägung von Atlantis als Inbegriff des Phantastischen verdankt der Mythos wiederum seine Aufnahme in zahlreichen literarischen Entwürfen, insbesondere in der Lyrik. Die Dichter wenden sich der Vision von Atlantis zu und entdecken ihre vielfältige Symbolkraft. Sie erhoffen sich die Geburt des Poetischen (Friedrich Rückert), die Entdeckung der unberührten Weiblichkeit und der verborgenen Geheimnisse in der Dichtung (Gertrud Kolmar) – beklagen aber auch die Entmachtung der Dichter und den versunkenen Sinn (Rose Ausländer). Atlantis wird nicht selten zu einer Vision, die mit Todessehnsucht (Gerhart Hauptmann), Untergangsprophezeiung (Stefan George) und Apokalypse (Heiner Müller) in Verbindung gebracht wird. Was zählt, ist einfach die Reise nach Atlantis, wie Wystan Hugh Auden in seinem Atlantis-Gedicht (1941) formuliert. In Anlehnung an das Gedicht *Ithaka* des griechischen Dichters Konstantinos Kavafis malt er die imaginäre Reise nach Atlantis als eine Reise aus, die nur mit einem »Narrenschiff« und nur um der Reise willen angetreten wird.

Die Geschichte des Atlantis-Mythos im 20. Jahrhundert ist aber leider auch geprägt durch esoterische, szientifistische Aneignungen des Mythos. Ignatius Donnelly erklärt die untergegangene

Insel in seinem wirkmächtigen Buch *Atlantis, die vorsintflutliche Welt* (1882) zum Ursprungsort aller menschlichen Kultur (vgl. Abschnitt »Atlantis als Ursprung der Kultur« im vorliegenden Band). Damit ist nicht nur die Möglichkeit von geographischen Verschiebungen eröffnet, sondern eine wesentliche Aussage des platonischen Mythos wird in ihr glattes Gegenteil verkehrt. Atlantis wird bei Platon in zahlreichen Details als das barbarische »Andere« der Athener Kultur dargestellt – und nur irritierend wird eine Identität des imperialistischen Atlantis mit dem athenischen Staat in Platons Gegenwart angedeutet. Diese Mehrdeutigkeit verschwindet aber in Donnellys Interpretation – und in den zahlreichen Aneignungen des Mythos, die sich durch Donnelly anregen lassen. Hier dient »Atlantis« als Verleugnung der Abhängigkeit von der griechischen oder der orientalischen Kultur und als ein leerer, je auszufüllender Auserwähltheitsmythos.

Diese Interpretation hat den Mythos schließlich für umfassende ideologische Aneignungen in der ersten Hälfte des 20. Jahrhunderts attraktiv gemacht. Dass Donnelly den Ursprung höherer menschlicher Kultur nicht mehr im Orient oder in Griechenland, sondern in einem im Westen Europas versunkenen Kontinent vermutet, war den nationalistischen und rassistischen Ideologen der damaligen Zeit nicht unsympathisch. Es war nur noch nötig, die Bewohner von Atlantis mit einem vorzeitlichen »Germanentum«, mit einem verlorenen Mutterland zu assoziieren, um dieses von seiner historisch überlieferten kulturellen Rückständigkeit gegenüber den mediterranen und orientalischen Kulturen zu befreien. In diesem Sinne fabuliert Rudolf Steiner von den Atlantiden als einer »Wurzelrasse«.

Antonin Artauds Essay über den *Ritus der Könige von Atlantis* (1936) führt vor, dass diese kulturtheoretischen Spekulationen wiederum auch die literarische Imagination beeinflussen konnten. Weniger originell, als es Artaud selbst vermutlich bewusst war, wird hier eine prähistorische Verbindung zwischen der Kultur der Indianer und Atlantis assoziiert: die mexikanischen Tarahumara-Indianer erscheinen Artaud als »direkte Nachkommen« der Atlantiden. Wie bei Bacon erscheint die Welt der (Nachkommen der) Atlantiden als utopische Gegenwelt zur eigenen Kultur, freilich hier mit umgekehrten Vorzeichen: Während die westliche Welt sich völlig dem materiellen und dem technischen Fortschritt verschrieben hat, leben Artauds Tarahumaras in Einklang mit der Natur und beweisen durch ihre geheimnisvollen Rituale den Zugang zu einem mythischen Wissen, das den Europäern längst verloren ist. In diesem Wissen ist der Ursprung der Kultur mit der Trauer über die geopferte Natur verbunden: die Indianer entlarven die Barbarei in der Kultur.

Die (deutsche) nationalistische Ideologie in der ersten Hälfte des 20. Jahrhunderts hat sich dennoch intensiv mit der Möglichkeit beschäftigt, in Atlantis den Ursprung der »germanischen« Kultur vorzufinden, um die rassische Alterität zu eliminieren. Politische Pamphlete wie Rosenbergs *Mythus des 20. Jahrhunderts* (1930), aber auch rassistisch geprägte historische Romane wie Hans Dominiks *Atlantis* (1925) oder Edmund Kiß' *Die letzte Königin von Atlantis* (1931) zeigen eine wachsende Obsession durch den Atlantis-Mythos. In den 1920er und 1930er Jahren entstand eine beeindruckende Fülle von Atlantis-Romanen (von denen Kiß' Roman der meistgelesene war), die nicht selten um das Wiederauftauchen des untergegangenen Reichs Atlantis kreisen und damit wohl nicht zuletzt, nach dem Trauma des verlorenen Weltkriegs, eine Identifikation von Atlantis und dem auserwählten Deutschland nahelegen.

Die Gleichsetzung des untergegangenen Atlantis mit Deutschland hat jedoch nicht nur nationalistische Pamphlete und Fiktionen beflügelt, sondern auch kritische Gegenentwürfe. 1943 haben die beiden Deportierten Viktor Ullmann (Komponist) und Peter Kien (Librettist) im Konzentrationslager Theresienstadt die Oper *Der Kaiser von Atlantis* verfasst, die erst 1975 in Amsterdam aufgeführt wurde. Ullmann und Kien spielen auf den totalitären Charakter des Nationalsozialismus an, indem sie auf den Mythos von Atlantis zurückgreifen. Kaiser Overall (ein Wortspiel: der Name evoziert zugleich das einfache Bekleidungsstück wie das diktatorische »Über alles«), unter anderem Kaiser von Atlantis, verkündet den Krieg »aller gegen alle«, einen heiligen Krieg zur Verteidigung des Vaterlandes.

Auch Georges Perecs Roman *W oder die Kindheitserinnerung* (1975) nimmt die Atlantis-Geschichte auf, um sie als totalitären Mythos kritisch zu interpretieren. Die in den Roman eingeflochtene Beschreibung der Insel »W« beginnt wie ein fiktionaler Reisebericht über einen utopischen Staat. Erst im Lauf der Darstellung gewinnt dieser Staat bei Perec totalitäre und erschreckende Züge. Die Insel »W« ist vollständig auf den sportlichen Wettkampf fixiert, welcher allerdings mit absoluter Härte und Unmenschlichkeit verbunden ist. Kinder werden hier auf als Sportveranstaltungen deklarierten Massenvergewaltigungen gezeugt, die »Atlantiaden« heißen – wodurch Perec auf die mit dem mythischen Inselreich verbundene sozialutopische Tradition und zugleich auf die nationalsozialistische Perversion der Utopie verweist. Perecs Darstellung erinnert beklemmend an ein Konzentrationslager und damit an die fatale politische Besetzung eines Platonischen Mythos, dessen ursprüngliches Motiv möglicherweise gerade war, vor fatalen politischen Praktiken zu warnen.

Zumindest auf den ersten Blick weniger politisch geprägt ist die Rezeption des Mythos im Genre des Phantastischen und in der Science-Fiction (vgl. Abschnitt »Atlantis in der ›Science Fiction‹ und in der Fantasyliteratur« im vorliegenden Buch). Das Genre des Phantastischen bildet in der modernen Literatur einen bevorzugten Ort für die Aufnahme der Atlantis-Thematik: Hier dient zumeist die Wiederentdeckung des versunkenen Atlantis – oder eines nicht versunkenen Rests der Insel – als Inhalt einer phantastischen Reise. Jules Vernes *Zwanzigtausend Meilen unter dem Meer* (1869) ist vielleicht der erste phantastische Roman, der den Mythos Atlantis aufnimmt. Vernes Protagonist Aronnax unternimmt hier mit dem Erbauer des Unterseebootes, Kapitän Nemo, eine Wanderung auf dem Grund des Meeres und sieht dabei die Ruinen des untergegangenen Atlantis, die von der Lava eines ausbrechenden Vulkans beleuchtet werden. Offensichtlich handelt es sich um einen der bevorzugten Orte des rätselhaften Kapitäns Nemo, um sein eigentliches Herrschaftsgebiet. Der Kapitän, der sich aus jeder menschlichen Gesellschaft in sein selbstgeschaffenes Unterwasserreich zurückgezogen hat, erscheint hier gewissermaßen als der letzte Bewohner von Atlantis.

In Pierre Benoits Abenteuerroman *Die Königin von Atlantis* (1919) findet der junge Soldat de Saint-Avit auf einer Expedition durch die nordafrikanische Sahara eine Oase, die sich als letzter Überrest von Atlantis herausstellt; dieses ist hier nicht im Meer, sondern in der Wüste versunken. Beherrscht wird die Oase von Antinea – der Name bedeutet die »neue Atlante«, wie der Leser erfährt –, einer direkten Nachkommin der von Platon beschriebenen Atlantenkönige. Die feminine Herrschaft beruht auf nichts anderem als auf sexueller Attraktion und Macht, die Benoit nicht ohne Verzicht auf orientalistische Klischees beschreibt. Antinea verkörpert in diesem Roman sowohl den Typus der femme fatale als auch eine bedrohliche rassische Alterität.

Zu den Überlebenden von Atlantis gelangen auch die Protagonisten der *Maracot-Tiefe* (1929) von Sir Arthur Conan Doyle. Im Rahmen einer von Dr. Maracot organisierten Ozeanerforschung entdecken sie die Ruinen des alten Atlantis und die neue Stadt. Doyle schildert, im Anschluss an Bacons Atlantis-Fiktion, die technischen Errungenschaften der Atlanter, die ihren Nachkommen das Überleben auf dem Meeresboden ermöglichen. Sie verfügen sogar über einen atlantischen Gedankenreflektor, mit Hilfe dessen sie die Geschichte ihres Volkes auf Leinwand projizieren.

An Atlantis' Untergang knüpft auch der berühmte Erfinder der Phantasiewelt Mittelerde John R.R. Tolkien an. An seinem posthum veröffentlichten Werk *Silmarillion,* das die Mittelerde-Mythologie erklärt und ergänzt, arbeitete Tolkien von etwa 1917 bis in die letzten Jahre seines Lebens. In der Erzählung *Der Untergang von Númenor* schildert er die Hybris der Númenórer, eines glücklichen Volkes auf der Insel »Westernis«, das an seinem Begehren nach Unsterblichkeit zugrunde ging. Tolkien bietet damit einen recht originellen Beitrag zum Mythos, indem er den Grund von Herrschaft und Hybris hinterfragt.

Die Geschichte des Mythos Atlantis wird sicherlich weiter fortgeschrieben. Die naturbedingte Austilgung eines Kontinents entbehrt in Hinsicht auf eine befürchtete Klimakatastrophe nicht einer gewissen Aktualität. Atlantis wird auch in der Zukunft als fragile Utopie heraufbeschworen werden.

Literaturhinweise

Altenbuchner, Klaus / Nerdinger, Winfried (Hrsg.): Architektur wie sie im Buche steht. Fiktive Bauten und Städte in der Literatur. Salzburg u.a. 2006.

Bichler, Reinhold: Von der Insel der Seligen zu Platons Staat. Geschichte der antiken Utopie. Wien u.a. 1995.

Boura, Olivier: Les Atlantides: généalogie d'un mythe. Paris 1993.

Brentjes, Burchard: Atlantis. Geschichte einer Utopie. Köln 1993.

Brisson, Luc: Le même et l'autre dans la structure ontologique du Timée de Platon. Un commentaire systématique du Timée de Platon. St. Augustin 1998.

Clay, Diskin: Plato's Atlantis. The Anatomy of a Fiction. In: Proceedings of the Boston Area in Ancient Philosophy 15 (1999) S. 1–19.

De Camp, Lyon Sprague: Lost Continents. The Atlantis Theme in History, Science and Literature. New York 1954.

Derrida, Jacques: Chōra. Aus dem Französischen von Hans-Dieter Gondek. Wien 1990.

Ellis, Richard: Imagining Atlantis. New York 1998.

Foucrier, Chantal: Le mythe littéraire de l'Atlantide (1800–1939): l'origine et la fin. Grenoble 2004.

– (Hrsg.): Atlantides imaginaires: Réécritures d'un mythe. Paris 2005.

Gill, Christoper: The Genre of the Atlantis Story. In: Classical Philology 72 (1977) S. 287–304.

Görgemanns, Herwig: Wahrheit und Fiktion in Platons Atlantis-Erzählung. In: Hermes 128 (2000) S. 405–420.

Henschel, Gerhard: Jäger des verlorenen Schatzes. Von der Insel Atlantis. In: Eckhard Henscheid / Gerhard Henschel / Brigitte Kronauer: Kulturgeschichte der Mißverständnisse. Studien zum Geistesleben. Stuttgart 2000.

Hofmann, Heinz: Columbus in Neo-Latin Epic Poetry (16th–18th Centuries). In: The Classical Tradition and The Americas. Hrsg. von Wolfgang Haase und Meyer Reinhold. Vol. 1. Part 1. Berlin / New York 1993. S. 420–656.

Imbelloni, José / Vivante, Armando: Le livre des Atlantides. Paris 1942. S. 37–65.

Jordan, Paul: The Atlantis syndrome. Sparkford 2001.

Kamper, Dietmar / Sonnemann, Ulrich (Hrsg.): Atlantis zum Beispiel. Darmstadt/Neuwied 1986.

Lindemann, Klaus: Von Atlantis zur vergessenen Zukunft. Unterwasserwelten – themengleiche Gedichte – der Wald: Lyrikreihen. Paderborn u.a. 1997.

Manguel, Alberto / Gianni Guadelpi: Von Atlantis bis Utopia. Ein Führer zu den imaginären Schauplätzen der Weltliteratur. Bd. I (Abaton bis Gynopyrea). Übers. von Gertrud Baruch u.a. Frankfurt a.M. u.a. 1984. S. 70–74.

Martin, Thomas Henri: Dissertation sur l'Atlantide. In: Th. H. M.: Études sur le Timée de Platon. Bd. 1. Paris [1841]. Nachdruck New York 1976.

Müller, Lothar / Sens, Eberhard: Einige Anmerkungen zur Legende von Atlantis. In: Ästhetik und Kommunikation 17 (1986) H. 64.

Münkler, Herfried: Atlantis. Die Suche nach der versunkenen Insel. In: Dimensionen der Politik: Aufklärung – Utopie – Demokratie. Festschrift für Richard Saage zum 65. Geburtstag. Berlin 2006. S. 225–233.

Nesselrath, Heinz-Günther: Platon und die Erfindung von Atlantis. München/Leipzig 2002.

Partsch, J.: Atlantis 1. In: Paulys Realencyclopädie der classischen Altertumswissenschaft. Hrsg. von Georg Wissowa. Reihe 1. Bd. 2. Teil 2. Stuttgart 1958 (Nachdruck der Ausgabe 1896). Sp. 2109–2116.

Pradeau, Jean-François: Le monde de la politique: sur le récit atlante de Platon, Timée (17–27) et Critias. St. Augustin 1997.

Price, Bronwen (Hrsg.): Francis Bacon's »New Atlantis«: New Interdisciplinary Essays. Manchester 2003.

Rohde, Erwin: Der griechische Roman und seine Vorläufer. Leipzig 1876.

Schaffenrath, Florian: Über Atlantis nach Amerika. Zur Bedeutung des Atlantis-Mythos in der lateinischen Kolumbusepik. In: ›Parodia‹ und Parodie. Aspekte intertextuellen Schreibens in der lateinischen Literatur der Frühen Neuzeit. Hrsg. von Reinhold F. Glei und Robert Seidel. Tübingen 2006. S. 345–357.

See, Klaus von: Nord-Glaube und Atlantis-Sehnsucht. In: K. v. S.: Ideologie und Philologie. Aufsätze zur Kultur- und Wissenschaftsgeschichte. Heidelberg 2006. S. 91–117.

Vidal-Naquet, Pierre: Atlantis. Geschichte eines Traums. München 2006.

Verzeichnis der Autoren, Texte und Druckvorlagen

31 CLAUDIUS AELIANUS (röm. Schriftsteller, 170/180–230/240 n.Chr.): Tiergeschichten. In: C. A.: Werke. Zweite Abteilung: Tiergeschichten. Fünftes Bändchen. Übers. von Friedrich Jacobs. Stuttgart 1841. S. 992.

33 ARNOBIUS AFER (röm. Rhetoriker, 3/4. Jh. n.Chr.): Sieben Bücher wider die Heiden. Aus dem Lateinischen übers. und erl. von Franz Anton von Besnard. Landshut 1842. S. 28.

119 ANTONIN ARTAUD (frz. Schriftsteller, Schauspieler und Bühnentheoretiker, 1896–1948): Der Ritus der Könige von Atlantis. In: A. A.: Die Tarahumaras. Revolutionäre Botschaften. Aus dem Französischen von Brigitte Weidmann. Mit einem Exkurs von Stephan Broser. München 1975. S. 74–78.

109 WYSTAN HUGH AUDEN (engl. Schriftsteller, 1907–1973): Atlantis. In: W. H. A.: Collected Poems. Ed. by Edward Mendelson. London 2004. S. 315–317. – © 2004 by W. H. Auden. Reprinted by permission of Curtis Brown, Ltd., New York. Aus dem Englischen übersetzt von Oliver Kohns.

114 ROSE AUSLÄNDER (dt. Lyrikerin, 1901–1988): Hieroglyphen. In: R. A.: Noch ist Raum. Gedichte. Duisburg 1976. S. 75. – Alle Rechte vorbehalten: S. Fischer Verlag GmbH, Frankfurt a.M.

64 FRANCIS BACON (engl. Philosoph und Schriftsteller, 1561–1626): Neu-Atlantis. Übers. von Günther Bugge. Durchgesehen und neu hrsg. von Jürgen Klein. Stuttgart 1982. S. 21–25, 42–47 und 52–54.

146 PIERRE BENOIT (frz. Schriftsteller, 1886–1962): Die Königin von Atlantis. Aus dem Französischen von Widulind Clerc-Erle. Frankfurt a.M. 1987. S. 108–112, 114–115, 117–119, 121–125, 128–130.

9 NICOLAS BORN (dt. Schriftsteller, 1937–1979): Das Auge des Entdeckers. In: N. B.: Gedichte. Hrsg. von Katharina Born. Göttingen 2004. S. 91. – © Wallstein Verlag GmbH, Göttingen, 2004.

78 BERTOLT BRECHT (dt. Schriftsteller, 1898–1956): Fragen eines lesenden Arbeiters. In: B. B.: Werke. Große Kommentierte Berliner und Frankfurtes Ausgabe. Bd. 12: Gedichte 2. Frankfurt 1989. – © Suhrkamp Verlag, Frankfurt a.M. 1989.

60 HART CRANE (amerik. Lyriker, 1899–1932): Die Brücke. Ein Gedicht. Aus dem amerikanischen Englisch übers. und komm. von Ute Eisinger. Mit einem Nachwort von Klaus Reichert. Salzburg/Wien 2004. S. 129, 131, 133. – © Jung und Jung Verlag GmbH, Salzburg, 2004.

116 IGNATIUS LOYOLA DONNELLY (amerik. Redner und Abgeordneter, 1831–1901): Atlantis, die vorsintflutliche Welt. Ins Deutsche übertragen von Wolfgang Schaumburg. Eßlingen [2]1911. S. 3f.

162 Arthur Conan Doyle (engl. Schriftsteller, 1859–1930): Die Maracot-Tiefe. Phantastischer Roman. Ins Deutsche übertragen von Marcel Bieger. Bergisch Gladbach 1981. S. 72–79, 83, 91 f., 94–100. – © für die deutsche Übersetzung: 1981 Verlagsgruppe Lübbe GmbH & Co. KG, Bergisch-Gladbach.

112 Louis Dudek (kanad. Lyriker, 1918–2001): Atlantis. Montreal 1967. S. 10, 148. Aus dem Englischen übers. von Ourania Sideri.

39 Girolamo Fracastoro (ital. Arzt und Dichter, 1478–1553): Lehrgedicht über die Syphilis. Hrsg. und übers. von Georg Wöhrle. Bamberg 1988. S. 75, 85–87.

104 Stefan George (dt. Lyriker, 1868–1933): Die tote Stadt. In: St. G.: Gedichte. Hrsg. von Günter Baumann. Stuttgart 2004. S. 87 f.

105 Gerhart Hauptmann (dt. Schriftsteller, 1862–1946): Atlantis. Roman. Berlin 1912. S. 127–129. – © Gerhart Hauptmann Erben, Berlin.

96 Ernst Theodor Amadeus Hoffmann (dt. Jurist und Schriftsteller, 1776–1822): Der goldne Topf. Ein Märchen aus der neuen Zeit. Stuttgart 2004. S. 64–73.

51 Alexander von Humboldt (dt. Geograph und Universalgelehrter, 1769–1859): Kritische Untersuchungen über die historische Entwickelung der geographischen Erkenntnisse von der neuen Welt und die Fortschritte der nautischen Astronomie in dem 15ten und 16ten Jahrhundert. Übers. von Jul. Ludw. Ideler. Erster Bd. Berlin 1852. S. 108–110, 155–158.

73 Immanuel Kant (dt. Philosoph, 1724–1804): Der Streit der Fakultäten. In: I. K.: Werke. Bd. VII. Berlin 1917. S. 91 f.

107 Gertrud Kolmar (dt. Schriftstellerin, 1894–1943): Die Unerschlossene. In: G. K.: Das lyrische Werk. Bd. 2: Gedichte 1927–1937. Hrsg. von Regina Nörtemann. Göttingen 2003. S. 95 f. – © Suhrkamp Verlag, Frankfurt am Main, 2003.

37 Kosmas Indikopleustes (griech. Schriftsteller und Reisender, etwa 5./6. Jh. n. Chr.): Christliche Topographie. In: Patrologiae Cursus Completus. Accurante J.-P. Migne. Tomus LXXXVIII. Paris 1860. Sp. 452–453, 456. Ins Deutsche übers. von Ourania Sideri.

80 Günter Kunert (dt. Schriftsteller, geb. 1929): Atlantis. In: G. K.: Fremd daheim. Gedichte. München/Wien 1990. S. 117. – © 1990 Carl Hanser Verlag, München.

75 David Herbert Lawrence (engl. Schriftsteller, 1885–1930): Die gefiederte Schlange. Roman. Aus dem Englischen von Georg Goyert. Zürich 1986. S. 454–458. – © 1986 Diogenes Verlag AG, Zürich.

61 Claude Lévi-Strauss (frz. Ethnologe, geb. 1908): Traurige Tropen. Aus dem Französischen von Eva Moldenhauer. Leipzig 1988. S. 71 f.

108 Oskar Loerke (dt. Schriftsteller, 1884–1941): Ödes Meer über Atlantis. In: O. L.: Gedichte und Prosa. Hrsg. von Peter Suhrkamp. Bd. 1–2.

Frankfurt am Main 1958. Bd. 1. S. 516–517. – © Suhrkamp Verlag, Frankfurt a.M., 1958.

155 Howard Phillips Lovecraft (amerik. Schriftsteller, 1890–1937): Der Tempel. In: H. Ph. L.: Stadt ohne Namen. Horrorgeschichten. Mit einem Nachwort von Dirk W. Mosig. Deutsch von Charlotte Gräfin von Klinckowstroem. Frankfurt a.M. 1981. S. 157–172. – © Suhrkamp Verlag, Frankfurt am Main, 1981.

123 Thomas Mann (dt. Schriftsteller, 1875–1955): Vorspiel: Höllenfahrt. In: Th. M.: Joseph und seine Brüder [1933–1944]. Frankfurt a.M. 1975. S. 18 f., 21–23. – © S. Fischer Verlag GmbH, Frankfurt am Main, 1975.

33 Ammianus Marcellinus (röm. Historiker, um 330–400 n.Chr.): Römische Geschichte. Übers. von Carl Büchele. 2. Bändchen. Stuttgart 1853. S. 206 f.

41 Michel Eyquem de Montaigne (frz. Philosoph, 1533–1592): Von den Cannibalen. In: M. E. de M.: Essais nebst des Verfassers Leben nach der Ausgabe von Pierre Coste ins Deutsche übersetzt von Johann Daniel Tietz. Bd. 1–3. Zürich 1992. Bd. 1. S. 364–367. – © 1992 Diogenes Verlag AG, Zürich.

113 Heiner Müller (dt. Schriftsteller und Dramaturg, 1929–1995): Leben Gundlings Friedrich von Preußen Lessings Schlaf Traum Schrei. Ein Greuelmärchen. In: H. M.: Stücke. Texte über Deutschland (1957–1979). Hrsg. und mit einem Nachw. von Frank Hörnigk. Leipzig 1989. S. 279 f. – © Suhrkamp Verlag, Frankfurt am Main.

81 Novalis, d. i. Friedrich Freiherr von Hardenberg (dt. Schriftsteller und Philosoph, 1772–1801): Heinrich von Ofterdingen. Ein Roman. Hrsg. von Wolfgang Frühwald. Stuttgart 2004. S. 31–49.

131 Georges Perec (frz. Schriftsteller, 1936–1982): W oder die Kindheitserinnerung. Aus dem Französischen von Eugen Helmlé. Frankfurt a.M. 1982. S. 81–84, 88–90, 109, 150–152, 193–195. – © Éditions Denoël, 1975. – © für die deutsche Übersetzung: Suhrkamp Verlag, Frankfurt am Main, 1982.

42 Vincentius Placcius (dt. Gelehrter und Schriftsteller, 1642–1699): Atlantis retecta. Die wiederentdeckte Atlantis. Das erste neulateinisch-deutsche Kolumbusepos. Hrsg. u. übers. von Hermann Wiegand unter Mitarbeit von Martin Völkert. Heidelberg 1992. S. 25, 27, 29, 31, 33, 35, 37, 39, 41, 69, 75, 77, 83. – © Manutius-Verlag, Heidelberg, 1992.

49 August von Platen (dt. Schriftsteller, 1796–1835): Colombos Geist. In: A. v. P.: Sämtliche Werke in zwölf Bänden. Historisch-kritische Ausgabe mit Einschluss des handschriftlichen Nachlasses. Hrsg. von Max Koch und Erich Peket. Zweiter Bd. Leipzig 1910. S. 25 f.

11, 18 Platon (griech. Philosoph, 428/27–348/47 v.Chr.): (1) Timaios. Griechisch/Deutsch. Übers., Anm. und Nachw. von Thomas Paulsen und Rudolf Rehn. Stuttgart 2003. S. 13–33. – (2) Kritias. In: Platon's Sämmtliche Werke. Übers. von Hieronymus Müller, mit Einl. begleitet von Karl Steinhart. 6. Bd. Leipzig: F. A. Brockhaus 1857, S. 324, 329–339.

29 Gaius Plinius Secundus (röm. Naturhistoriker, etwa 23 n. Chr. – 79 n. Chr.): Naturgeschichte. Übers. und erl. von Ph. H. Külb. Erste Abteilung. Erstes Bändchen. Stuttgart 1840. S. 225.

30 Plutarchos (griech. Schriftsteller, um 45 n. Chr. – vor 125 n. Chr.): Solon. In: Plutarchs Ausgewählte Biographien. Deutsch von Eduard Eyth. Sechstes Bändchen. Berlin/Schöneberg 1925. S. 96, 105.

34 Proklos (griech. Philosoph, 412–485 n. Chr.): Kommentar zum Timaios. Procli Diadochi in Platonis Timaeum Commentaria. Ed. Ernestus Diehl. I. Lipsiae 1903 [Amsterdam 1965], S. 75–78, 172, 174, 177. Aus dem Griechischen übers. von Ourania Sideri.

103 Friedrich Rückert (dt. Orientalist und Lyriker 1788–1866): Wanderung. In: F. R.: Werke. Auswahl in acht Teilen. Hrsg. von Edgar Groß und Elsa Hertzer. Vierter Teil. Wanderung. Berlin u. a. 1910. S. 94.

115 Silke Scheuermann (dt. Schriftstellerin, geb. 1973): Schwimmer an Atlantis' Stränden. In: S. Sch.: Über Nacht ist es Winter. Gedichte. Frankfurt a. M. 2007. S. 49 f. – © Schöffling & Co Verlagsbuchhandlung GmbH, Frankfurt am Main, 2007.

118 Rudolf Steiner (österr. Esoteriker, 1861–1925): Aus der Akasha-Chronik. Hrsg. von Marie Steiner. Dornach/Schweiz 1973. S. 32 f.

29 Strabon (griech. Geograph und Historiker, 1. Jh. v. Chr. / 1. Jh. n. Chr.): Geographie. Übers. von Karl Kärcher. Erste Abtheilung. 2. Bändchen. Stuttgart 1830. S. 198 f.

79 Wisława Szymborska (poln. Lyrikerin, geb. 1923): Atlantis. In: W. Sz.: Salz. Gedichte. Übers. und hrsg. von Karl Dedecius. Frankfurt a. M. 1973. S. 92 f. – © Suhrkamp Verlag, Frankfurt am Main, 1973.

31, 32 Tertullian (röm. Kirchenschriftsteller, um 155/160 – um 220/240 n. Chr.): Über das Pallium. Verteidigungsschrift. In: T.: Sämtliche Schriften. Aus dem Lateinischen übers. von Karl Ad. Heinrich Kellner. Erster Bd.: Die apologetischen und praktischen Schriften. Köln 1882. S. 5 f., 87 f.

172 John Ronald Reuel Tolkien (engl. Schriftsteller, Sprach- und Literaturwissenschaftler, 1892–1973): Der Untergang von Númenor. In: Das Silmarillion. Hrsg. von Christopher Tolkien. Aus dem Englischen übers. von Wolfgang Krege. Stuttgart 2003. S. 268 f., 270, 274, 278–280, 282 f., 285, 287–290. – © 1977 George Allen & Unwin Ltd. Published by arrangement with HarperCollins Publishers Ltd., London. Klett-Cotta, Stuttgart 1978.

127 Viktor Ullmann (österr. Komponist, 1898–1944) / Peter Kien (czech. Librettist, 1919–1944): Der Kaiser von Atlantis oder die Tod-Verwei-

gerung. Spiel in einem Akt von Peter Kien (Op. 49, 1943). Nach den Quellen hrsg. und für die Bühne eingerichtet von Henning Brauel. Musikwissenschaftliche Revision von Andreas Krause. Mainz u.a. 1993. S. 9, 36–45, 53–56, 88–106. – Mit Genehmigung der SCHOTT MUSIK GmbH & Co. KG, Mainz.

54 Jacinto Verdaguer (katalanischer Dichter, 1845–1902): Atlantis. Deutsch von Clara Sommer. Freiburg i. Br. 1897. S. 8, 30, 32, 44–47, 49, 100–103, 115.

140 Jules Verne (frz. Schriftsteller, 1828–1905): Zwanzigtausend Meilen unter dem Meer. Aus dem Französischen von Peter G. Hubler. Zürich 1976. S. 164–166, 170–182. – © 1976 Diogenes Verlag AG, Zürich.

49 Voltaire, d. i. François Marie Arouet (frz. Philosoph, 1694–1778): Über den Geist und die Sitten der Nationen. Aus dem Französischen von K. F. Wachsmuth. Erster Theil. Leipzig 1867. S. 25 f.